"老艺术家口述历史"丛书

上海音像资料馆　组编
丛书总主编　乐建强　沈小榆
丛书执行主编　李丹青

我的杂技生涯

柴亦文　主编

上海大学出版社

图书在版编目(CIP)数据

我的杂技生涯 / 柴亦文主编 . —上海：上海大学出版社，2020.10
（老艺术家口述历史 / 乐建强，沈小榆总主编）
ISBN 978-7-5671-3939-8

Ⅰ.①我… Ⅱ.①柴… Ⅲ.①杂技-艺术家-访问记-中国-现代 Ⅳ.①G759.2

中国版本图书馆CIP数据核字（2020）第174431号

本书由上海文化发展基金会图书出版专项基金、上大社·锦珂优秀图书出版基金资助出版

责任编辑　陈　强
助理编辑　王　俊
封面设计　柯国富
技术编辑　金　鑫　钱宇珅

"老艺术家口述历史"丛书
我的杂技生涯
上海音像资料馆　组编
柴亦文　主编
上海大学出版社出版发行
（上海市上大路99号　邮政编码200444）
（http://www.shupress.cn　发行热线021-66135112）
出版人　戴骏豪
*
南京展望文化发展有限公司排版
江阴市机关印刷服务有限公司印刷　各地新华书店经销
开本710mm×1000mm　1/16　印张18.5　字数239千
2020年10月第1版　2020年10月第1次印刷
ISBN 978-7-5671-3939-8/G·3141　定价　64.00元

版权所有　侵权必究
如发现本书有印装质量问题请与印刷厂质量科联系
联系电话：0510-86688678

丛书编委会

总 主 编

乐建强　沈小榆

执行主编

李丹青

撰　　稿

李丹青　陈家彦　陈姿彤　田　虹
陈　娅　柴亦文　马玉娟

丛书总序

致敬前辈　继往开来

　　岁月如梭，位居长江入海口的上海，以其优越的地理位置，经过无数生活在这片土地上的人民的勤奋耕耘，历经沧桑巨变，从昔日一个小小的渔村发展成为如今的国际化大都市。东西方文化在此交汇，不同国家、不同民族、不同地区、不同流派的文化在此交融碰撞，从而形成了海纳百川、兼容并蓄、别具一格、创新精致的海派文化。

　　在上海城市文化艺术的发展历程中，除了本土的沪剧之外，京剧、昆曲、粤剧、甬剧、锡剧、扬剧、绍剧、越剧、淮剧、花鼓戏等地方戏剧，评弹、相声、大鼓、单弦、山东快书等曲艺形式，以及杂技、木偶、皮影戏等多种演出门类，相继进入上海，它们有的走街串巷，有的登堂入室，有的在民间迁移流转，有的在茶楼戏院进行表演，更有的直接进入了正规剧院，可谓百花齐放，各显风采。

　　尤其是新中国成立以来，上海的文化艺术事业飞速发展，发生了与时代相适应的深刻变革。十一届三中全会召开之后，改革春风吹遍神州大地，上海的文化艺术事业也迈开了新的步伐。各大文艺院团不断探索、积极完善人才培养体系，广大文艺工作者积极深入生活，创作、编排了一大批反映改革发展、富有时代精神的新作品，极大地丰富了人民群众的文化艺术生活。在此期间，涌现出了话剧《陈毅市长》《商鞅》《秦王李世民》《中国梦》；昆剧《蔡文姬》《司马相如》《游园惊梦》；京剧《曹操与杨修》《贞观盛世》《廉吏于成龙》《盘丝洞》；越剧《三月春潮》《深宫怨》；沪剧《明月照母心》《清风歌》；淮剧《金龙与蜉蝣》《西楚霸王》；木偶剧《哪吒神遇钛星人》《皮影趣事》；杂技《大跳板》《牌技》等一大批优秀作品，门类涵盖各个剧种，内容涉及古今中外，既弘扬了主旋律、突出了正能量，又呈现出多样化的表演风格与艺术风采。

  大多数普通观众往往只能看到艺术家们在舞台上的精彩演出，但对舞台之下他们的艺术生涯并不了解。在这些艺术家的成长过程中，他们付出的汗水与泪水，在艺术创作过程中的辛酸与喜悦，他们的感悟与收获，对自己从事了一辈子的事业的热爱与迷恋，他们的信念与坚持，这些正是培养老艺术家们毕生艺术成就的土壤，给予他们艺术创作源源不断的营养。

  一则则舞台背后的故事，既绘就了一位位老艺术家的人生轨迹，也将整合为包含各艺术门类创作者心路历程的全景式画卷。而我们口述历史工作的意义也正在于此——一方面，通过对亲历者和当事人口述历史的记录，将为正史增加鲜活的细节和不同角度的观照；另一方面，通过收集老艺术家回忆中的吉光片羽，勾连起他们的艺术人生，再将其传递给更多的读者。而读者们将会随着老艺术家们的讲述，回到那往昔岁月，感受他们曾经的喜怒哀乐，了解那些教科书里学不到的历史。

  他们是随着新中国成长起来的一批优秀艺术家，见证了祖国飞速发展的沧桑巨变；他们来自不同院团的多种岗位，个个都是业内翘楚，都是我们的老师前辈，由他们谈创作、谈经验，通过发自切身的情感传递，更显生动具体；他们经历过剧种的兴衰沉浮，对整个艺坛有着深刻的认识与思考。通过此套丛书的字里行间，我们能够感受到他们每个人对艺术的执着与热爱、智慧和涵养，让我们受益良多。

习近平总书记在全国文艺工作座谈会上指出:"中华民族有着强大的文化创造力。每到重大历史关头,文化都能感国运之变化、立时代之潮头、发时代之先声,为亿万人民、为伟大祖国鼓与呼。中华文化既坚守本根又不断与时俱进,使中华民族保持了坚定的民族自信和强大的修复能力,培育了共同的情感和价值、共同的理想和精神。"在过去,上海老艺术家们创作了一大批"立时代之潮头、发时代之先声"的优秀舞台作品,教育和鼓舞了一批又一批青年为建设祖国而奋勇前进。如今,接力棒交到了新一代年轻人的手中,希望青年文艺工作者们能够继承和发扬老一辈文艺工作者的精神,创作出更多"不辜负时代召唤、不辜负人民期待"的文艺精品,向优质文化的高峰不断迈进!

上海市文联副主席
上海电视艺术家协会主席

二〇二〇年四月十日

目　录

杂技团不拿我当女同志用的
　　——朱建平口述 / 001

鸟儿天空飞过，不留痕迹
　　——朱文中口述 / 011

杂技是我认认真真干了一辈子的事业
　　——刘君山口述 / 022

你热爱自己的工作，你就会去琢磨
　　——刘京洲口述 / 039

一般的苦头在我脑子里都没什么
　　——祁晓芸口述 / 051

我们这批人能吃苦，也能创新
　　——芮保罗口述 / 060

每个演员都要爱护自己的艺术生涯
　　——张训导口述 / 072

功夫不负有心人
　　——金克敏口述 / 099

在舞台上,始终要精神饱满
　　——柯慧玲口述 / 112

我对杂技非常热爱
　　——姚振才口述 / 136

父亲给我树立了一个榜样
　　——莫少仙口述 / 149

我和杂技的故事
　　——徐志远口述 / 173

看效果的时候心里特别满足
　　——徐秀娣口述 / 184

舞美使杂技成为一门综合艺术
　　——高进口述 / 193

演到极致,那就是成功了
　　——章连惠口述 / 205

敢于在自己走过的人生道路上留下脚印
　　——蒋正平口述 / 210

我喜欢杂技,所以一辈子都献给了它
　　——谭代清口述 / 226

这是我一生热爱的事业
　　——潘连华口述 / 242

独辟蹊径,飞向世界
　　——戴书成口述 / 267

后记:留下一扇记忆的窗户 / 282

杂技团不拿我当女同志用的

——朱建平口述

朱建平,1935年出生,上海人,国家一级演员。1942年加入邱家班学习杂技,1951年随邱家班加入上海市人民杂技团。主要作品有《晃板》《晃球》《造型艺术》《驯虎》等。1953年随上海文艺界赴朝鲜慰问志愿军。1956年随团赴罗马尼亚、匈牙利、民主德国等国演出。1960年《晃球》在上海青年文艺会演中获奖。1963年开始演出《驯虎》。1983年3月,带着节目《驯虎》赴北京和内蒙古、太原演出,引起轰动。后到上海马戏学校任教,1982年获"上海市三八红旗手"称号,1991年荣获"上海市园丁奖"。

采访人: 朱老师,您几岁去的邱家班?

朱建平: 我去的时候年纪很小,大概七岁都不到,什么事都不懂,父亲把我送过去,就在人家家里住着。七岁能学什么?太小了。等长大一些了,就一点点开始练杂技了。邱家也没有什么大人,有两个儿子,一个练杂技,一个不练,后来又来了一个小姑娘,加上我一个,就我们三个人在家里练功,拿顶、下腰、压腿,一开始就是练这些基本功。

采访人: 请您讲讲小时候练功的情况。

朱建平: 邱胜奎老师负责我们的训练,他很严厉。我们在苏州一个公园里面练功,公园的后门有一个大厅,我们就在那里练倒立,他规定了倒立的时间以后,就到茶馆去喝茶了,到了时候他就回来了。日子一长,我们就能估算得出他什么时候回来,所以他一走我们就下来了,一看时间要到了,我们再上去。等他回来看到我们一个个都倒立得蛮好,还挺高兴的。但是时间一长,被他发现了,因为倒立这么久,你们怎么没有累的感觉? 一下子就发现了,一发现就挨揍了。哪有小孩这么听话的? 大人不在还老老实实地练,不会的。后来我们就不敢了,因为要挨打的。这样子一点一点地锻炼出来,等大一点以后,逐渐练成节目了,就慢慢地开始演出了。那时邱家班在苏州专门演堂会,就是老人过生日、年轻人结婚、小孩出生或者过周岁,请我们去演堂会。

采访人: 邱胜奎老师他平时演出吗?

朱建平: 他是表演"古彩戏法"的。新中国成立以后,我们到了上海,在国际饭店演出。那个时候我们的节目也已经成形了,比方说有《板凳顶》《滚杯》《地圈》。《滚杯》是一种柔术节目,四肢、额头、嘴,托着由许多玻璃水杯摞成的水晶塔。《地圈》就是将圈竖着叠起来,大家

苏州邱家班时期的朱建平

以轻巧的穿越技能,在圈中进出往返,表演各种动作。后来上海市人民杂技团成立,他就带着我们一起加入了杂技团,当时有不少人,邓家班、邱家班,还有李殿起、李殿彦、王玉振、申方明、申方良兄妹四人,他们是从南洋回来的。建团的时候大概五十人不到。团长是文化局派过来的潘全福。

采访人: 到了人民杂技团,训练状态有什么不一样吗?

朱建平: 到了人民杂技团可以混合搭配了。比方说我的节目需要一个男孩,他不是邱家班的,而是王玉振的徒弟刘君山,我们就可以一起配合训练和演出,节目更加精彩些。

采访人: 您那个时候主要是演《晃板》?

朱建平: 主要是《晃板》,《晃板》这个节目好像是到了杂技团才有的,以前我们没有这个节目,不知道谁想出来的这个创意。下面是一个长的圆筒,一块板放上去,底座站在板上,人要保持平衡,我头顶上面站一个人再表演动作,两个人还不能掉下来。后来日子长了,就变成三个人了,一个底座,两个尖。

采访人:《晃球》跟《晃板》名字听上去差不多,是一回事儿吗?

朱建平: 不是一回事。晃板的下面是一个长的圆轱辘,要晃也就是两边晃。晃球就是一个球,四面都会动,一不行就会滑出去,球上面再要搁块板,人还得站住,这个难度就高了。20世纪50年代的时候提倡艺术创新,尤其杂技表演,我们也看了外国的杂技节目,主要是苏联、东欧社会主

1951年建团初期的《晃板》,底座为朱建平,尖子为刘君山

义国家的杂技团的节目,借鉴他们的东西,在里面加一些自己的技巧。田双亮在国外看到过这个节目,他跟我说,你可以试试。我们说晃板已经不容易了,晃球难度更大。

采访人: 您是怎么练的?

朱建平: 只有多练,先扶着东西练,要摔也就是在原地摔,不会摔到很远。因为我有晃板的基础,有腿部力量和平衡感,时间长了就站住了。

练好站稳了以后,我上面还要再加一个人,两个人就更困难了。因为我脚底下是个球,本身就在晃悠,上头再站个人,既要掌握上面的平衡又要掌握下面的平衡。《晃球》这个节目当时只有上海杂技团有,别家没有。中国杂技团只有《晃板》没有《晃球》,因为难度太大。你要把难度再发展上去也很困难,所以只有两个人表演,我和一个学生。那个时候杂技团已经有学馆了,我把学生叫过来一起演的。《晃球》这个节目在1960年青年会演时就得了奖。

1960年上海青年文艺会演节目《晃球》,底座为朱建平

采访人: 1953年您参加了中国人民赴朝慰问团,在前线演出时有遇到危险吗?

朱建平: 我是1953年3月去的,在朝鲜待了八个月,到年底停战以后回来的。我们大概是属于第三批去朝鲜的,我和刘君山两个人搭档表演《晃板》。我们晚上就睡在防空洞里,那个时候人小,什么都不懂,也不知道害怕。有的时候外面飞机在轰炸,志愿军都坐着不动,我们也照常演出。

后来说不行了,飞机轰炸太危险了,就停下来不演了。

采访人: 1956年您参加出访东欧的演出,有没有印象深刻的事?

朱建平: 那次演出我们去了差不多整个东欧的社会主义国家,罗马尼亚、波兰、匈牙利、民主德国。他们先来中国访问演出,然后中国艺术团回访。我们是坐火车去的,因为之前飞机出过事故,所以艺术团没有坐飞机而是坐火车。等到我们的演出任务基本要完成了,发生了"匈牙利事件",当时我们正好在布达佩斯停下来休息,中国外交部就把我们带到了苏联的莫斯科,在那里碰到了上海京剧院的出访队伍,是周信芳院长带队到莫斯科演出,我和我爱人在苏联碰的头。那会儿我们俩刚结婚,刚结婚一个礼拜就出国了,结果在苏联又碰到了。

采访人: 人民广场的大篷是什么时候建起来的?

朱建平: 1958年我们开始在大篷演出,训练也在那边。如果人民广场第二天有游行活动,那么当天晚上演出结束后马上就要把大篷拆掉,第二天游行完了再搭,是蛮累的,而且都是我们演员自己装台。有的时候拆完了没地方睡觉,只能躺在地上,游行完了马上就要搭起来,晚上还要演出。春节的时候最多一天演了五场,早上起床,把一天要吃的东西带好,那时候也没有食堂给你做饭,挺艰苦的,但是没人喊苦,也没有人提条件,一个都没有。

采访人: 您什么时候开始驯兽的?

朱建平: 好像是1955年,先驯狮子,后来驯老虎。那时候提倡创造新节目,有人建议是不是驯点动物,领导说好吧。最早是驯狗、驯猴子这些小动物,然后就想驯大型动物。因为大型动物只有西郊公园有,杂技团跟他们商量第一批先驯狮子。狮子小时候像猫一样大。我驯动物之前已经有一个女同志在驯了,但是缺一个帮手,领导就把我调过去帮着她一道驯。"文革"期间就不让搞了。"文革"以后,我的搭档被调到外地杂技团了,剩我一个人没法演了。我师父说你到学馆来当老师吧,

朱建平驯狮

你不懂我教你。我说我不当老师,我当老师不行。后来团长说驯老虎没人,你去吗?我说去就去吧,就那么一句话,我就到动物组驯老虎去了,那时候我已经46岁了。

采访人:之前您驯过狮子,再驯老虎,是不是比较容易上手?

朱建平:驯狮子的时候主要是配合别人,这次驯老虎是我一个人单独完成,以我为主了。从西郊公园拿来的小老虎,我把它慢慢养大。开始我到西郊公园去跟它们熟悉,公园里的饲养员把它们牵出来,我每天到公园里和它们玩,熟悉了以后,我就带回杂技团开始训练了。它们刚拿来时就一点大,两只小老虎,都是我们自己喂的,动物园会告诉我们给它们吃什么、吃多少、怎么吃。小的时候还蛮可爱的,就像养个小猫小狗一样,大了以后不行了。

采访人:它们跟您亲吗?

朱建平:亲的。亲归亲,但是人总归要防它一手,毕竟是老虎,它咬你一下蛮厉害的,它是咬着玩的,但是你受不了的。跟我最亲的那只老虎就是峰峰,比较温和,所以我演的喂老虎吃饭、跟它亲嘴什么的,都是跟峰峰演的,它还会跟我撒撒娇,舔舔我。另外一只老虎凯罗就不行,脾气坏。

采访人:您是在慢慢训练的过程中发现它们性格差异的吗?

朱建平:接触时间长了就熟悉了,晓得哪一只老虎脾气比较好,你教它学东西学得快,它脾气好你也容易跟它接近,你越跟它接近,它也越跟你亲近。

采访人：老虎"跳圈""踩球"，这些动作是怎么训练的？

朱建平：饿的时候驯它，驯的时候棍子上插一块肉，看见我有肉它就跟我走，今天让它坐在凳子上，坐好了我给它吃块肉，它要吃就要听指令，形成条件反射。

采访人：训练的时候有什么保护措施吗？

朱建平：没有什么保护措施，我们手里就是一根鞭子，还有一根电棒。不过电棒一般不用的，你用电棒它以后看见你就害怕了，就不听你的了。

采访人：您给它指令它能听懂吗？

朱建平：时间长了它听得懂，你喊它名字它也晓得。一喊它名字它头就回过来了，跟养小猫、小狗一样，老虎就是比较凶，实际上也一样的。

采访人：我们看到您和老虎表演的"衔肉喂虎"，觉得非常惊险。

朱建平：我把肉叼在嘴里它会过来舔掉，有一次它咬到我的下巴，虽然没有咬破，但毕竟是这么尖利的牙齿，万一它一用劲，会把我的下巴颏给咬掉的。所以后来这个动作我就不演了。

采访人：您和老虎相处中还有什么小故事吗？

朱建平：有一次峰峰发高烧演出，高烧很厉害，也不吃东西了。还好演出前就发现了，它病得都起不来了，后来要上场了，它好像知道自己要注意形象一样，

1984年9月7日上海《文汇报》报道朱建平表演"衔肉喂虎"

朱建平和老虎峰峰

一下子打起精神来,很感人的。演完以后,我跟兽医两个人都陪着它,守了它一晚上,给它打针。第二天好了还照样演出。

采访人:您拍电影还受了伤,这是怎么回事?

朱建平:我受伤是在拍一个纪录片的时候,导演要我驯老虎跳圈。我手里拿了个大的圈,让老虎从圈里跳过去,拍完一条,导演说再拍一次,没想到出事情了。跳第二次的时候,老虎用劲用小了,它可能觉得够不到对面的台子,半空中想借个力,我的头正好在它爪子下面,它的爪子一搭我的头,我眼睛附近就被抠了一个洞,血一下子就流出来了。马上把老虎关起来,把我送医院。它只是想搭一下借个力,但是人给老虎搭一下哪儿受得了。它这个爪子平时是缩在里面的,非常尖利,要用劲了就会伸出来,它轻轻搭了我

《老虎钻圈》

一下,我就进医院了。那时候到医院不像现在这么方便,出门就有汽车。那时候没有车,我们单位对面有一个食堂,是用买菜的车把我送到广慈医院的。

采访人:有没有后怕?

朱建平:我们习惯了,受点伤没什么,你也不能怪它,左一遍右一遍地让它跳,跳太多了它也累的。

采访人:后来您缝了多少针?

朱建平:缝了26针,用眼科针缝的,比较细,而且医生缝得很好,基本上没有落疤,现在看不出来,痊愈了还是照样演出。

采访人:您还有一个"扛虎"的动作,老虎体形那么大,又很重,怎么扛呢?

朱建平:让它站在两个凳子上,我跑过去,从它肚子这里一扛。它的两个爪子靠过来,它的头在这儿,舌头还舔我手呢。

采访人:您还参加过消防类节目的演出,请您介绍一下。

朱建平:主要是爬大绳,还有用一根竹竿,人站在竹竿两头,后面的人用力推,前面的人手撑杆子,然后脚蹬墙上到楼上去。我们先是去淮海路嵩山路的消防队去体验生活的。有一次他们出任务去救火,我也参加了。还有一次在外滩的演习,在中国人民银行大楼和对面的一

朱建平表演"扛虎"

幢大楼之间拉了一根绳子,然后爬过去,挺惊险的。南京路上好多人在看。我们有一根保险绳就钩在绳子上,要是摔下去就会吊在空中,可以保护我们掉不到地面上。那时候杂技团不拿我当女同志用的,当男的用的。我不像一般的小姑娘娇滴滴的,干活都很细致的。

采访人: 后来您离开舞台去做老师了?

朱建平: 80年代我还在演,后来因为年龄关系,我就去教学生了,当时成立马戏学校,正好缺老师,我就去了。

采访人: 您们小时候训练挨过打,新社会肯定是不能打学生了,但是学生不认真学怎么办?

朱建平: 现在的学生肯定不能打的,不好好学只能苦口婆心地劝。杂技这门艺术还是很吃功夫的,但是我的两个学生还不错,条件也好,比较好带,很听话,也很聪明。开始练不好也没关系,慢慢练,多练几次就好了。后来她们都改行了,不过逢年过节她们都会打电话来问候我。

(采访:柴亦文　整理:李丹青)

鸟儿天空飞过,不留痕迹

——朱文中口述

朱文中,1943年出生,籍贯江苏。上海杂技团演员,口技表演艺术家。1950年进入潘家班童子团学习杂技艺术,在上海大世界常驻演出,以《大跳板》《空中飞人》《独轮单车》《顶碗》和《倒立》等节目为主。1956年和1960年分别凭借其主演的《独轮单车》和《顶碗》节目,两次随上海市人民杂技团代表国家出访欧洲和非洲,同年拜师周志成学习口技。1964年为上海美术电影制片厂的《半夜鸡叫》中的动物配音。其口技节目以模拟大气派声音为主,创作了《国庆大游行》《原子弹爆炸》《人造地球卫星上天》《打虎上山》等顺应时代的节目。1970年调入上海市人民杂技团,主演口技节目,淋漓尽致地模拟了各种交通工具、动物、乐器及兵器的声音。以中国女排精神为题材创作的《一场顽强的拼搏》于1983年作为五一劳动节晚会的特别节目献演于人民大会堂主会场。1974年作为中日邦交正常化后中国政府派遣的第一个艺术团体访问日本,日本朝日新闻专访了朱文中并报道了其表演的口技节目。1979年到1997年间多次出访日本及欧美等国家。

采访人： 您很小就开始在大世界演出，当时您主要演哪些节目？

朱文中： 我是1943年出生的，1950年我在潘家班童子团做随团学员，经常在大世界演出。那个时候很苦，冬天在大世界的中央舞台练功，很冷。我那时人小分量轻，就是演尖子，《扛杆》《蹬梯》《跳板》。一边练，一边就开始演出了，踢腿、翻前桥等都是童子功。

小时候我们很听话，老师怎么教我们就怎么练，有一些危险的动作我们不懂，也不怕，反正下面给你保险保着，也不像现在有海绵垫，当时就是地毯一折三作为保护。跳板两周下来双脚站住，一会儿用脚后跟站住，一会儿用脚尖站住，训练很艰苦。

我和潘连志有一个节目《独轮车》，他是底座，我是尖，他一边骑车一边顶着我，头顶头，现在想想这个动作很危险。我们在台上跑，中间还要面对观众敬礼，他敬礼是朝正面，我倒立在上面，所以敬礼是倒过来的。然后有一个动作是我站在他肩膀上，做一个"双排楼"，就是左右手各拉两个人，一个尹国明，一个杨小弟。1956年出访欧洲就是带这个节目去的。

我们在匈牙利演出时，看到当地杂技演员表演的单臂倒立，单臂倒立在一根拐棍上，两个脚上各挂一个圈，嘴上有两个圈，手上再有两个圈。这个节目很漂亮，我觉得很新鲜，当时我们团里没有这个节目。我师父潘玉善1958年就去世了，我就自己练功，那个时候很能吃苦，觉得一定要拿出好节目来献给观众。

大世界游乐场有十多个舞台，包括中央舞台和顶层露天音乐场，还有电影院。每两三个月会邀请全国各地戏剧团体轮换来大世界演出，有杂技、魔术、古装戏、文明戏、歌舞、民族乐、独脚戏、口技、滑稽戏、三弦拉书。当时的电影院也很热闹，每天有好几场，每礼拜都会换一部新的电影，包括进口片。我在大世界演出学到了很多，对之后的创作有很大帮助。

在大世界我也看到很多过去文艺界的陋习。我老师就提醒我对道具要当心，比如说《扛杆》，演出之前要检查一下套子扣有没有扣牢，万一被动过手脚，演出中出了事故，演员会掉下来。独轮车气门是不是漏气，演出前也要检查好，因为后台是大家一起用的，为了安全，所以要检查。他是旧社会过来的人，看得太多了，经历太多了，有人嫉妒你们，可能会来搞破坏。

采访人：您很小就开始练杂技，平时有哪些兴趣爱好？

朱文中：我小时候住在宁海西路的八仙坊，和尹国明是邻居，他父亲尹士林，艺名开口笑，是孙泰的岳父。我们住在一条弄堂，我住11号，他住2号，我们在聊天的时候就会说到口技，我从小就喜欢口技。

1955年公私合营以前，我们一直是在大世界演出。我们每天要演出两场，两场之间这一段时间我们就去看戏、看电影。大世界是文化的百花园，对我以后的艺术成长产生了较大的影响。我那时候喜欢看周志成老师（周志成是孙泰的哥哥，1960年我拜师周志成）的演出，他们一场15分钟，一天两场，所以小时候我就酷爱口技。

采访人：您是什么时候开始拜师学口技的？

朱文中：1960年上海市人民杂技团去非洲访问，把我从红色杂技团临时调过去演《顶碗》，从1959年集训开始到演出结束一共十个月。我们到达第一个国家苏丹时，我就向团长屈武、副团长周康仁恳切地表达了我想跟周志成老师学口技的意愿，我还把自己会的一些口技声音表演给他们看。周康仁副团长很高兴，他说年轻人要学东西好啊，青年人出国这段时间可以学一点东西带回自己的团多好啊。周志成老师是党员，他很听组织的话，当场就同意收我做徒弟，我在全团大会上拜师，场面很隆重。所以我很感恩领导，也很感恩周老师。

回国以后，我就专攻口技节目了，如痴如醉。我经常去周老师家跟他学，把他的口技继承下来，周老师是真教，他很喜欢我。他还跟我说，他在江西团的女儿海玉以及另外几个在杭州、山东、桂林的徒弟如果要请教我，让我不要保守，我说好的，师父你放心。

采访人：周志成老师给您最大的启发是什么？

朱文中：我老师教的最重要的是一句话是"文中，你记住，你要学什么声音，那就是你的老师"，这是他的原话。我师父这句话让我终身受益，我就按照他的教导，创造发明了很多的声音。师父领进门，修行靠自身。艺术来源于生活，你要去生活当中学，但又高于生活，要把它提炼出来，再精炼起来。为什么我的节目会受欢迎，因为我都是演大声音。过去纺棉花、推小木独轮车的声音，大家很熟悉，但是时代在进步，我也要改变，除了学习传统，更要加入现代元素，跟上时代的节拍。好比我的交通工具那一组声音，我在加拿大演出时，有些观众不止一次来看我的演出，他就是要听火车声，这个声音真的是出神入化，我自己都能感觉到。为了真实地再现火车的声音，我十多次往返上海和南京，把火车出站、启动、加速、过桥梁、进隧道、两辆车会车等声音熟记于心，再表演出来。所以口技表演一定要有所发明，有所创造，要了解观众喜欢什么，当今时代发生了什么。

采访人：我们看有些口技表演中，表演者在表现有些声音时会捂住嘴巴或者鼻子，这是怎么回事？

朱文中：最早的口技叫隔壁戏，因为演员是躲在布帐里表演，观众只能听到声音，看不到人。后来逐渐去掉布帐，演员出来站在舞台上表演。我师父他们就直接表演了，既不用手挡，也不用捂住鼻子，也不用再加什么东西，就是口技表演，观众能明显地感觉到，这样表演口技节目很大气。

采访人：您的创作主题都很大气，顺应时代，请您介绍一下。

朱文中：我喜欢演大气的东西、鼓舞人心的东西、观众喜闻乐见的东西。1965年美国驻南越大使馆被炸，我当时就创作了一个类似于活报剧的段子。我把越南民族乐器独弦琴演奏的《往北方》这首曲子放在这个节目里，描述美丽富饶的越南南方，一边朗诵一边用口技"演奏"独弦琴声，同时把大使馆的爆炸声、警车驶过的呼啸声都运用进去,力求还原真实现场。

又如1981年中国女排首次夺得世界杯赛冠军,振奋人心,我就创作了《一场顽强的拼搏》。要怎么演体育节目呢？平平淡淡地表演肯定不行,一定要有激情,让观众身临其境。首先我用口技声音演奏了运动员进行曲,双方运动员入场,然后我模仿宋世雄讲解比赛,并通过口技声音把决赛的对阵双方——中国队和日本队的最后一局中的紧张气氛营造出来。我们还使用了肢体动作来配合声音,表现出中国女排奋力拼搏的精神,最后中国队取得了胜利,场上奏起国歌。有一次我们去山东、沈阳、扬州的几个体育馆演出,效果很好,很轰动。后来又不断传来女排夺冠的好消息,当时在秘鲁的一场比赛给我的印象最深,秘鲁观众一边倒地支持他们的运动员,对中国运动员就是吵得受不了,还有一个拉拉队,这个很有特色。所以我又结合这个比赛情况,增加了一些声音到节目里,比如拉拉队的鼓声、口号声,通过模拟赛场上的各种声音把整个场内活跃、紧张的气氛烘托出来。并通过不断完善、丰富和充实这个节目,做到精益求精。1983年初,这个段子基本上定型了,当年去北京演出时,口技节目很受欢迎。

周老师曾经问我,你怎么都是演大声音,小声音你应该也要演一点。1976年朝鲜大型歌舞团访华,在文化广场演出,带来了一个《卖花姑娘》的表演。事后,我就马上用口技模仿小号吹奏的一段《卖花姑娘》的主题曲,因为观众刚刚看过,还很熟悉它的旋律,并且我也是在文化广场的舞台上演出,所以观众看了也很有回味。"文化大革命"期间,样板戏很吃香,"杨子荣打虎上山"家喻户晓,我就创作了一段口技,把风声、雪声、老虎咆哮声、马蹄声组成了一个段子,在美琪大剧院演出,观众也很是喜欢。

采访人：在口技创作中您遇到过什么困难吗？

朱文中：我也走过很多弯路。1962年中国第一台万吨水压机制造成功,当时很轰动的,我想这个声音好,马上去下生活,去听万吨水压机的声音。跑过去一听,声音很轻,几乎没有声音,我想即使表演出来,观众也不一定听得明白。再比如说我去纺织厂下生活,去听纺织机的声音,但是如果观众不是纺织厂工人也听不懂,所以模仿声音一定要选择大家熟悉的,并且喜闻乐见的声音。

采访人: 口技表演没有道具,在这种无实物表演中,您怎么抓住观众?

朱文中: 作为演员,我们要学会换位思考,你只知道自己表演,不知道观众的心理是不行的。我怎么一上来就抓住观众,使他们感到有兴趣,就完全要靠我的表演了。比如火车怎么会车,怎么过桥梁,怎么钻隧道,这个声音和动作怎么配合?又比如学鸟叫,百鸟朝凤,不仅是学鸟的声音,你还要表演,结合你的外部形体动作。你的身体要微微往前倾,眼神望着那边,就好像你在看着那几只鸟,不仅要看着它,还要欣赏它,这只鸟怎么那么好,通过鸟的语言、形体表演,让观众产生共鸣。

我印象比较深的还有孙泰在表演小孩哭的时候,可以演到观众和他一起憋气,最后孩子哭出声了,才松一口气,这就达到效果了。又比如说我师父演出锯木头,锯啊锯,当中观众也是憋着一口气,一直到木头断了,掉在地上发出"咔嗒"的声音,观众才放松下来。还有在表演抓知了的时候,知了在飞,吱儿吱儿,用手拍了几下,知了没声音了,打

表演口技节目

开手一看,它就飞掉了,原来是在装死,接着观众掌声就来了,这个包袱抓得很好。这些表演中既没有木头、锯子,也没有知了,完全是靠演员的表演,把声音和动作完美结合所呈现的效果。我们学老师的东西,学人家的东西,要充实到自己的创作里,要举一反三。

盖叫天曾经在给我们讲课的时候说到,他演武松打虎是经过研究的,他说真的打虎头低着打才像,但是这样的话,观众就看不到我的脸部表情,最后他怎么处理的呢?他把自己的创作想法讲出来,他说,我是拉着虎头,然后拳头举得很高,我脸面对观众,但是我的眼睛是看着老虎的。当时我听了很受启发,就拿来用到我的口技表演里。

采访人: 在演出时您如何掌握声音和形体之间的节奏感?

朱文中: 我们过去看过很多外国电影,演员的表演什么时候松,什么时候紧,是不是能抓住你,是有讲究的。如果能把握好节奏感,就会很生动,如果不懂得节奏,就会很平很淡。有的人讲话很生动,这就是他的特长,他能够吸引人,因为他的语言节奏掌握得好。

不仅仅要注意语言节奏,还要注意形体节奏。我一个人在舞台上表演,前面一个话筒架,也就是在话筒后面进三步、退三步,或者左三步、右三步这个范围内表演,那么多观众看你,你要把观众吸引过来,走得太快也不行,太慢也不行。因为现在的舞台不像过去有幕布,是开敞式的舞台,演员是被请上场的,所从上场开始就要掌握好节奏感。当然,节奏感要靠你自己去体悟、发现和总结,教是教不会的。有一次我演两只年轻的画眉鸟在谈恋爱的声音,因为好久不演了,有点忘词了,导致了声音和形体的不协调,明明是指着这里,我说成是那里,效果马上就不一样了。因为口技节目的语言很精练,所以台词不能讲颠倒,更不能有一点出入。演出前一定要做好准备,这一段声音,我要怎么演绎?这样才能恰到好处地把握演出节奏。

采访人： 20世纪80年代，您参加了魔术队，能跟我们讲讲那段经历吗？

朱文中： 我去得比较晚，1982年去日本商业演出回来了以后，因为魔术队要充实力量，周良铁叫我去。他给我的印象就是很谦虚，能吃苦，而且也懂演员的辛苦，1974年到日本去他是帮我配口技的，在边上换气，他很努力。

那个时候魔术队队伍很精干，人员不多，而且是自负盈亏，工资根据你的演出票房来发放，大家的积极性蛮高。虽然两三天换一个地方，要装台、拆台，而且都在小城市演出，条件也很艰苦，演员自己带铺盖，很少住招待所，但是大家有一股干劲，我在这个队里也很开心。当时文化部就点名上海杂技团的魔术队搞得不错，专门挑了我们到北京演出。五一劳动节文化部特别点名要我和朱文节的口技《一场顽强的拼搏》到人民大会堂主会场招待全国劳动模范代表。我们提前到场地上去试音响、试话筒，人民大会堂音响师很认真，效果也好，那一场演出很轰动。

采访人：《半夜鸡叫》这部动画片家喻户晓，您还为其中一个特殊的角色配了音，请您介绍一下。

朱文中： 这个我印象很深，1964年我刚学口技没多久，红霞歌舞团的编导言荣发（我的好友，过去我们同在大世界演出）来找我，再三恳请我帮忙，替美影厂的动画片《半夜鸡叫》配音，动画片除了人物形象，声音也蛮重要的。我去了以后，先让我看一遍他们做好的动画，我说再看一遍，两遍看好以后，我说来试一试。然后我就按照它的动作来配音，有半夜公鸡叫的声音、周扒皮引鸡叫的声音，以及周扒皮被打了以后，往鸡窝里钻的声音，各种各样的鸡叫声，一气呵成。我老师教过我怎么模仿公鸡叫、母鸡叫、母鸡孵小鸡、老鹰抓小鸡以及斗鸡的声音，这些都是口技中的基本功。不过等电影播放时，仔细一看我配音的名字没有写上去，我也糊里糊涂，算了算了，也没有当一回事。我这个人很低调，就是鸟儿天空飞过，不留痕迹。

采访人：您现在使用的传声器和一般的话筒还是有很大的区别？

朱文中：过去孙泰在大篷演出时，我经常去看，我就请教他用的是什么话筒，他只告诉我是美国货。过去的话筒主要是用于放大剧场内的声音，它的内部元件是用很多蜡烛油来固定的，很容易坏，所以一般剧场有话筒也不给你用的，因为你要吹，怕你弄坏。所以我花费了很大的精力，想办法做我们口技专用的、适合我们表演的话筒。过去话筒一般是国产的，我省吃俭用买了一个日本进口的青蛙式话筒，大概是六十多块钱，相当于我一个多月的工资，虽然价格不菲，但是我喜欢口技，像着迷了一样，所以在这方面很舍得投入。我买下这个话筒，认识了上海无线电十一厂的徐根棠，他当时还是技术员，后来成了总工程师，我同他成为了朋友，他和我一起研究，把这个话筒改造成适合我们口技表演的专用话筒，不仅耐用，而且可以发出不同的声音，这样就拓展了口技表演的内容。后来我们团里另外一支演出队通过团党委书记向我要这个话筒，我考虑后觉得应该答应，并且无偿赠送给他们。因为我懂得感恩，我能够拜师学口技真的是党和国家培养的，否则也没有我口技事业的今天。

采访人：经过改造以后，打开了口技表演的新局面？

朱文中：成功改造话筒以后，我就创作了很多新的声音。比如，打雷、刮风、暴雨、开枪、开炮的声音等等，这些过去是没有的。通过传声器和扬声器，我一个人可以做到人家两个人换气的声音。除了专用的话筒，我还向上海民族乐团的唢呐吹奏家任同祥求教。他运用特殊循环换气法吹奏的《百鸟朝凤》家喻户晓，他能在表演中换气，但是观众听不出换气声，所以我向他请教，并得到他的真传，用在我的口技《中国第一颗原子弹爆炸》里，逼真还原了当时激动人心的场面。

采访人：后来您南下到深圳发展？

朱文中：1998年深圳华侨城欢乐谷请我去演出，开了一个卡通

表演口技节目

剧场,专门请我演森林爷爷,给游客表演口技,平均每天演三场,是欢乐谷的招牌节目。后来广东省文化厅、文联会也常常请我去演出,还有组织部、统战部到香港搞联谊活动也经常找我去慰问驻港部队,有时候香港同乡会社团也会聘请我演出,比我原来在团里面还要忙。

采访人:您对口技有一种怎样的感情?

朱文中:我一直是非常认真地对待每一场演出,不管是早场、晚场还是儿童场,不能因为对象不一样而放松了。我想如果八岁小孩子来看演出,等他到了八十岁,他或许还记得在儿时看到过一个演口技的老艺人,他的声音是什么样的,因为印象太深了。口技演出需要使用传声器和扬声器,并且通过这些设备更好地展现口技声音的特色,所以每场演出我都提前去试音,和音响师做好沟通,请他按照我演出的要求调好音,我才可以演。我要把我的节目以最好的状态呈现给观众,这就是我对艺术的追求。

我也很感激这个年代,能够学到很多东西,包括毛主席的教导,他在莫斯科对留学生讲:"世界是你们的,也是我们的,但是归根到底是你们的,你们青年人朝气蓬勃,正在兴旺时期,好像早晨八九点钟的太阳。"他还讲过,你们年轻人要大胆地创造、创新和发展。伟人毛泽东的这些话语使我受益匪浅。比如当年我创作模拟的原子弹爆炸的声音、人造地球卫星上天的声音,以及其中遥测信号和"东方红"的电波声,都是受了这些启发和教育,从而创作出来的。

  我觉得自己对口技这份事业是非常喜爱的,不是谁要我做,而是我自己要做,并且想办法要做出成绩来。虽然我花了很多精力和时间,但是我创作了很多口技节目,并创新扩展了新声音,同时在口技话筒方面也做了一些技术革新,这其中得到了我的好朋友徐根棠的鼎力相助,很感谢他。我觉得自己是很幸运的,现在回忆起来,我活出了自己的价值,可以心安理得,安享晚年了。

(采访:柴亦文 整理:柴亦文)

杂技是我认认真真干了一辈子的事业
——刘君山口述

刘君山,1941年出生,江苏苏州人。1951年加入上海市人民杂技团。在《大跳板》中创造了"三周坐高椅""后空翻两周上三节""四节人站头"等技巧动作,并改革发展了空中秋千飞人节目。其他代表节目还有《蹦床飞人》《晃梯》《爬杆》等。1960年、1973年代表上海杂技团出访非洲和欧洲进行访问演出。1965年获文化局团委表彰,1977、1991、1992、1993年度被评为杂技团个人先进。1981年《秋千飞人》在华东六省一市优秀杂技节目会演中获三等奖。1991年参加的《大跳板》获第三届全国杂技比赛金奖。

采访人: 上海市人民杂技团1951年成立,您是什么时候到团里报到的?

刘君山: 1951年我跟着王玉振一起到延安中路547号报到,当时门牌上写着"上海魔技团(筹)",报到以后我们就在里面训练了,每周六下午放假可以回家,周日回团。同年的11月21日,上海文化局在上海人民大舞台召开大会，正式成立了九个人民文艺团体，名称都是以"上海市人民"几个字开头，有上海市人民杂技团、上海市人民评弹工作团，等等。我们第一任的团长原来是搞地下工作的，叫潘全福。因为杂技界的人文化水平不高，所以团里配备了一些文化课老师，开办了扫盲班，从拼音"b""p""m""f"开始教起，这

上海市人民杂技团徽章

样杂技演员就开始有点文化了。1952年，一批老演员从香港回来，加入上海杂技团，有潘家班的申方良、申方民、申金凤，还有邓玉芳、孙泰，田双亮也是那个时候加入上海杂技团的，他的《扯铃》，也就是扯铜盖，是首屈一指的。人家为什么叫他双亮呢？那个铜盖是镀克罗米（铬）的，很亮，他本人又是光头，所以在大世界演出的时候，人家给他起了一个名字叫"双亮"，因为两个都是亮的，他姓田，所以就叫田双亮了。在这以后我们到全国各个地方巡回演出。

采访人：1953年您参加了中国人民赴朝鲜慰问团，您能讲讲这段经历吗？

刘君山：1952年、1953年我们团里先后有两批同事到朝鲜去慰问中国人民志愿军。1952年去了一批，1953年元旦以后又去了一批。1953年我参加了中国人民赴朝慰问文艺工作团第三团，其中有杂技、京剧、舞蹈、合唱、民乐等团体的演员。我们坐火车经过沈阳到安东（今辽宁丹东），在安东进行集训，并学习了防空知识。然后我们跨过鸭绿江到达朝鲜，在朝鲜为志愿军演出。

有一次我们正在演出，敌人的飞机来轰炸，我们马上各自分散、隐蔽，等敌机飞走再继续演出。还有一次在山洞里演出，演到一半防

1953年上海杂技团赴朝鲜慰问团,刘君山与志愿军战士合影

《扛杆》,杆顶的尖子演员为刘君山

空警报响了,一下子灯就灭了,一片漆黑,我们正好在演《扛杆》节目,我还在扛杆的顶端,这时候挺危险的,因为灯一暗下面底座就没有参照物,很难稳住杆子,如果杆子晃动,那上面演员要摔下来的,而且在山洞演出,没人保托。还好说时迟那时快,志愿军战士马上打开手电筒,照在我身上,这样一来杆子就稳住了,多亏他们保护了我的安全。

在朝鲜演出日子长了,我们带去的衣服裤子都破了,志愿军就发给我们每人一套军服,那时我才13岁,个子比较小,发下来的军服尺码大了,合唱团有位女同志就帮我把军装改小了再给我穿。

我们去志愿军司令部演出时还见到了彭德怀司令员,演出后他亲切地跟我们合影。停战以后,为了庆祝胜利我们还举办了联欢会,见到

在朝鲜演出，前排左六为彭德怀，彭德怀前面的男孩为刘君山

了志愿军后勤部司令员洪学智。我们一直到停战以后才开始回国。

我们回国以后，正好天津杂技团到上海来演出，我们招收了姚振才、秦德林、秦瑛，排练了爬杆节目，之后又加入了满开兰等一些人，一起演出。

赴朝慰问纪念册及胸章

《爬杆》，从上至下分别为刘君山、朱复正、赵金来、姚振才

采访人：请您介绍一下杂技团成立初期学馆的情况。

刘君山：1956年团里从教养院招了一批学员，这是上海杂技团学馆的第一批学员。那批学员培养得很好，出了很多好的节目。他们1956年进来，1957年个别的几个就和我们一起表演了，由刘秀英和郑亚儿表演的女子《双人空中吊子》最早加入到我们的演出中，还有沙小心、刘秀英、王莹莹以及周碧萍演的《女子四人造型》，以及杨惠芳、章小芬、姜瑞林表演的《女子走钢丝》，后来杨惠芳发展了钢丝后空翻，章小芬表演的是钢丝上三面弹坐，姜瑞林是前手翻，当时都是很突出的。

1960年上海杂技团又招收了第二批学员，1965年整个节目已经成型，有《小武术》《车技》《水流星》《蹬技》《转碟》以及《滑稽武术》，另外还有《擦镜子》。这是第一批学员中的双胞胎金克敏、金克强他们先搞出来的。团里把两批学员放在一起，成立了一个学员队，整队出去巡回演出。实际上第一批和第二批学员都是为杂技团立了功劳的，所以上海杂技团的新生力量一直培养得很好。

采访人：上海市人民杂技团成立之初，主要在哪里演出？

刘君山：杂技团成立后第一次演出是在青岛路的明星大戏院，后

左图为《双人空中吊子》，上为刘秀英、下为郑亚儿；右图为《女子四人造型》，由下至上分别为沙小心、周碧萍、刘秀英、王莹莹。

来陆续在解放剧场、新仙林等地方演出，但是没有一个固定的演出场所。到1957年开始我们有大篷了，最早是搭在人民公园里，后来搭到人民大道边上演出。不过一旦人民广场有游行，我们就要把大篷拆掉，到游行结束以后我们再装起来。有时候我们需要连夜安装，因为第二天马上有演出，所有装台都是我们自己干，不会像现在那样去找搬运工人。一个大篷搭起来，四面都是要打桩打下去的，有时候干完活，手都拿不起筷子，很吃力、很辛苦。我们还带大篷到大连、济南、沈阳等一些地方去巡回演出，大家都很能吃苦耐劳。

采访人：上海杂技团作为"外交先行队"曾经多次完成对外文化交流任务，为中国的外交事业做出了贡献，您也多次随团出访，请您跟我们讲讲当时的情况。

刘君山：我们是代表政府去做文化交流。1956年4月，我们团里一些同志去了罗马尼亚、波兰、民主德国、匈牙利等一些国家访问演出，

1954年，上海市人民杂技团在简陋的条件下演出空中飞人

杂技大篷演出开幕场景

当时出国前我们整个团一起拍了一张合影。那个时候出去怕出事,也是以防万一,所以留了一半的人员在上海,另外一半人出国访问。当他们演出快结束时,爆发了"匈牙利事件",当地形势很紧张,最后他们是通过莫斯科回到国内的。

1960年2月,我们到非洲访问演出,我也参加了。由当时的对外文化联络委员会主任屈武带队,去了苏丹、埃塞俄比亚、几内亚、摩洛哥。苏丹大使王雨田和我们一起到埃塞俄比亚,其间他和海尔·塞拉西皇帝会谈,中国就和埃塞俄比亚建立了外交关系。我们到几内亚时,柯华大使接待了我们,塞古杜尔总统及夫人在演出后上台和我们一一握手。之后再到摩洛哥,最后经过英国、法国回国的。中央新闻电影制片厂派了摄影记者冯世昌和李振羽随队去拍摄了很多片子。

1973年的"杂技外交"主要是指对欧洲九国的访问演出,包括阿尔巴尼亚、罗马尼亚、意大利、法国、英国、联邦德国等。在法国演出的时候,观众看得高兴了,不仅仅是鼓掌,他们还蹬脚,又蹬脚又鼓掌,我们的节目特别受欢迎,法国人对我们印象也很好。到土耳其演出时,他们总理也很随和,说我们原来是一家人,是邻居。在意大利演出的时候,当地的政局不稳定,他们有一位领导人就说我要是像你这样的"三周坐高椅"那么稳的话,我就放心了,意思就是他这个位置就坐稳了。

采访人:"文革"中,文艺演出基本上中断了,杂技恢复得比较早,您能讲讲"文革"中几次比较重要的演出吗?

刘君山:"文革"当中杂技团接待过好几次外宾,从埃塞俄比亚的塞拉西皇帝、柬埔寨的西哈努克亲王,到美国总统尼克松。如果请外宾看传统的戏剧演出,因为语言关系,人家也听不懂,杂技是通过肢体语言来表演的,几乎没有台词,外宾也能看得懂,所以我们杂技恢复得比较早。我记得招待尼克松的时候,我们一早上起来以后就集合了,车子开到成都路延安路的浦东同乡会,在那里候场。一直到吃过早夜饭,车子再送我们到友谊电影院,就是现在的上海展览馆剧场(市委召开重大会议或者宴会的地方）去演出。这中间不能外出，剧场保卫很严格，要保证安全。《大跳板》作为压轴演出，还是有点紧张的，我告诉自己一定要注意，不要失手。

采访人：1976年，您和同事一起改革了《秋千飞人》节目，请您介绍一下这个节目。

刘君山：我们把双人秋千和另一个空中抛人的节目结合起来了。一边是空中高台，一个小演员被抛出去，对面空中秋千上一个演员倒立，他要在秋千左右摇动的过程中算好时间，正好接住这个飞过来的小演员，然后再把小演员送回去。这个节目在华东地区比赛的时候，得了一个优秀奖。

采访人：刘老师，您作为上海杂技团《跳板》节目的主要演员，请您回顾一下这个传统项目。

刘君山：上海杂技团的《大跳板》一直处于领先地位。因为我们对这个节目比较重视，也是重点抓的。发起人是李殿起、李殿彦、张立永，他们原来在苏联马戏团演出，所以他们基本上是按照苏联那套规格来训练的，比较正规，所以上海杂技团的《大跳板》节目可以发展得又快又好，并且很扎实。

杂技团刚成立的时候人数不多，李殿起、李殿彦、张立永，以及乔荆州、张凤池、张洪海和张铁山一起组成了一个跳板。那个时候的练习很艰苦，我们就是在杂技团院子里露天训练，靠两棵大树装了一个保险，就这样练了。后来去朝鲜的时候，因为我们都是住在山洞里面，很潮湿，李殿起受了寒，他的腿不行了，回来以后就不再演出，转而担任第一届学馆学员的老师。1957年，李殿彦在保护别人时脖子被砸伤了。所以1957年以后，我们就开始重新组织一支队伍练大跳板，有王玉振、邱涌泉、我，还有王世良也参加练习，小的一批有郑亚儿、刘京洲、杨惠芳他们也都参加过练习，后来老演员也回来了，张立永、张凤池、乔荆州回来，队伍人员就更充实了。我们第一届学员里的双胞胎金克敏、金克强

上海杂技团第一代《大跳板》，左上为李殿彦，左下为李殿起，左二为乔荆州，右一为张洪海，空中翻腾者是张立永

在上海杂技团原址延安路外露天训练大跳板，在两棵大树之间拉保险

也都参加过跳板,其中金克强还翻过高跷,就是踩着高跷从跳板上翻起再落地,这个动作是很危险的,我们团就是从他开始的。

因为上海杂技团的训练比较正规,所以难度能够上得去。一开始张铁山翻一个跟斗坐高椅,到了邱涌泉就可以翻两个跟斗坐高椅,因为我基本功比较扎实,跟斗也稳,所以后来我是后空翻三个跟斗坐高椅,再以后翻四个跟斗的也有,后空翻周数越多说明技巧越高,难度越大。实际上这个空中跟斗的难度始终是在提高,到90年代以后,开始有翻五周落地了,现在踩着高跷也能翻两周了。我们团队的《大跳板》就是这样在一点点往上发展。而且我们单位还帮助过别的兄弟单位,比如说安徽杂技团、原来解放军的战士杂技团,他们的《大跳板》经过我们的辅导以后,在法国比赛中拿了一个金奖。

采访人: 您还演出了后空翻一周上四节人站头,那么站头和落肩的主要难度区别在哪里?

刘君山: 原来我们是四节人落肩膀,后来就是四节人站头。落肩是上面演员通过空中翻转后两只脚分别落在下面演员的肩膀上;站头就是双脚要并拢,立于下面演员的头顶。相对于落肩而言,站头的落脚面积更小,而且头顶没有肩膀平,所以对尖子演员的稳定发挥提出了更高的要求。同时尖子演员在站头时也不能重重往人家头上砸,在表演过程中要提气,轻巧地落下去,同时下面演员配合好同步抓住上面演员的腿,这样一个动作就完成了。

"三周坐高椅",椅上为刘君山

《大跳板》四节人站头，
第四节为刘君山

采访人： 一般一个《大跳板》节目表演有哪些动作？

刘君山： 一般来说我们演员出场就是翻几个跟斗、跑跳，并摆放好跳板。先轮翻表演各种各样的落地动作，然后就开始接人，那个时候一开始是单节，后来逐渐发展到两节、三节、四节，现在发展到五节，甚至六节，一点点加上去，除了高度，空中跟斗也由一周发展到三周，有团身翻、有转体翻（杂技行话中把转体叫做"拧个"）。还有抖杠，就是空中翻转并落杠的动作。从接地到接高椅，两周、三周坐高椅，逐渐发展出各种各样的动作。比如说有双跳板，就是两块跳板面对面，一个演员砸板后，跳板另一端的演员翻起后砸到另外一块跳板上，这块跳板上的演员再翻起来。还有像肚杆接人，就是用一根杆子一头顶在腹部，撑上去，杆子顶上站个人，另外一个演员翻跟斗过去，杆子顶上的演员用手接住他。还有一根扛杆竖在那里，然后翻上去扯旗双翻，还有"双翻双

《大跳板》中的"双跳板",左二为刘君山

大跳板中的双三节,外侧正在做团身翻转的为刘君山

三节""跳板倒立"、卢盘的"三周砸双板""两周坐低椅",包括武汉比赛时,张颖的"三周直体落三节",这个难度高了。哪个演员适应哪些动作,就专攻哪些动作。

采访人: 请您具体谈谈《大跳板》中每一节演员的要求。

刘君山: 一般来说底座个子要大一点,上面的尖子的个儿要小一点。我们跳板有一个规定,底座要灵活,如果上面一个人翻不准靠前了一点,底座就要往前赶,如果上面的人翻远了一点,底座就要往后退,一定要想办法接住。但是尖子在翻的时候,也要有一个原则,不能一会儿远了,一会儿近了,基本上要在这个位置,像砸双跳板的时候,如果不准确落到前面或者后面的话,就落空了。跳板高度越往上,上面尖子演员翻得越要准,如果翻到第五节人,基本上要非常准确了,因为这个时候底座扛了四个人不可能来回走动,基本上就是这样稳了,尖子一个跟斗上去了,他直接接住了,稍微有那么一步,靠前一点、靠后一点是可以的,但是跑几步肯定是不行的。

采访人: 一般来说,《大跳板》节目配合多久可以成型?

刘君山: 各有各的练法,下面底座要扛着人来回跑,一个要吃得住分量,一个要来回走动,熟了以后你活动就方便了。尖子要保证基本准确性,分差没多少,这样子翻的和接的两个人一配合,就很默契了。

采访人:《大跳板》训练或者演出当中,演员都带保险吗?

刘君山: 练的时候带的,演出的时候有的就不带了。以前国务院有过一个规定,高空演出,特别高的一定要带保险。随着条件的发展,现在比赛又不能带保险,似乎带保险就觉得你不行了,评委打分打不上去了,也就是要放弃保险。当然比赛就是赛场,一定要鼓足勇气上去,下面保护的人也要特别注意。像一般的演出,第五节人还是带保险的。

采访人: 万一有失误的话怎么办?

刘君山: 有失误的话,就是看我们下面保托的人,要马上上去把他抱住。我们上海杂技团有一个优良传统,保托的人都是很认真负责的,不是说你下来了我不管，而是非常齐心协力，马上把他抱住。所以演员很少受伤就是这个道理，你保护不住，人就要摔坏了。

采访人：您在做保托时也受过不少伤？

刘君山：对的，有时候也要受伤的。有一次上面的人翻得很远，我就马上往后退想要保护他，身体一仰，结果一个惯性就摔倒了。当时我们练功房旁边都有道具箱，道具箱有四个角，我后退的时候背就敲在铝皮道具箱上，当时我就知道肯定骨折了，我马上被送到瑞金医院，医生拍了片子说断了三根肋骨。

采访人：所以保托工作也很危险。

刘君山：保托也不是人人都可以做的，他必须非常熟悉这些专门的动作，不然位置不对接不住人，同时要反应快，一看不对就要赶到相应位置等着演员，才能接住。如果等他掉下来，你再去接，那是来不及的。抱的时候也很有讲究，千万不能抱腿，抱腿的话就是头落地了，一定要抱住上身，保持双脚在下面。

采访人：您在平时演出或者训练中受伤多吗？

刘君山：杂技演员没有不受伤的，平时训练或者演出都有可能受伤。1952年，我在演皮条的时候，因为上面钩子没钩牢，松了，我就掉了下来，当时就昏过去了，后来慢慢醒过来，还出场去谢幕，因为总要给观众一个交待。还有一次在拆大篷的时候，我爬到支撑的钢丝上去拆顶部的装置，然后不知道下面固定钢丝的位置被动了一下，整个钢丝一下子就掉下去了，我还骑在上面呢，还好我反应快，赶紧一提气，两个脚八字分开，卡在木桩上，没出事。

采访人：1991年上海杂技团的《大跳板》在第三届全国杂技比赛获得了金奖，请您介绍一下比赛的准备情况，以及有哪些难度比较高的动作。

刘君山：当时团里有两支演出队都有《大跳板》节目，第三届全国杂技比赛之前，我们就集中了团里比较好的力量进行训练，比如说小张

1991年第三届全国杂技比赛,上海杂技团《大跳板》获得金奖。上图为全体人员合影,下图为刘君山

颖的"三周直体后空翻上三节"、卢盘的"后空翻四周坐高椅"等高难度的动作。那时我已经做教练了,比赛前训练中,我告诉演员做动作时要掌握哪些要领,比如卢盘的坐高椅,起翻的时候要挺胸,往后仰,落到还有半周的时候背部、肘就要往上提,就是我们说的扣胸提背,比赛之前我也会再跟他们强调一些动作要领。另外,我做保托比较有经验,演员对我也很信任,所以有我在,他们比较放心,情绪也很稳定,有利于他

们动作的发挥。

采访人：您是什么时候离开舞台做业务指导老师的？

刘君山：40岁以后我就不演了，所以从1981年开始一直到2001年退休，做了20年老师，也带了不少学员。

采访人：刘老师从事杂技50年，有哪些体会和感悟吗？

刘君山：我进了杂技团，就是认认真真干一辈子，不会半途而废，哪怕从舞台上退下来了，也可以把自己做演员时总结和积累下来的经验传授给下一代的学员。还有些老演员动手能力比较强，在道具的改革研制方面出了力，或者转到行政工作上。现在情况不一样了，有的演员今天在这里，如果钱给少了明天就走了，所以杂技团也很难留得住人。而且现在学杂技的小孩不是很多了，马戏学校培养的学生可以输送一些过来，或者到外地去招学生。我演了一辈子杂技，还是希望杂技能够繁荣，能有一代一代人接上去。

（采访：柴亦文　整理：柴亦文）

你热爱自己的工作,你就会去琢磨

——刘京洲口述

刘京洲,1944年出生。中国杂技家协会会员,中国杂技家协会滑稽艺术委员会委员,上海杂技艺术家协会会员。上海杂技团首批国家培养的杂技演员,1957年1月插班进入上海杂技团学馆。从艺六十余年,擅长高空节目,如《蹦床飞人》《秋千飞人》《大跳板》《小跳板》《滑稽跳板》《空中坐椅》等三十余个节目。又是马戏小丑多面手,与搭档及同事共同创作了《滑稽大力士》《滑稽音乐》《刀筒》《椅上人头》以及五十多个幕间滑稽。曾获上海优秀青年表演奖,以及全国首届杂技滑稽比赛特别奖、铜奖。退休后仍活跃在杂技滑稽的舞台上,受聘于上海青年马戏团,任舞台监督、演员。参与多部儿童剧,并创作了《古彩戏法——箩圈》新的表演形式,表演"反串换衣术""禁止赌博"等宣传节目,深受社区好评。

采访人:刘老师,您是什么时候到上海杂技团的?

刘京洲:我是上海杂技团学馆第一批学员。我们这一届大都是在

1956年的时候招生老师去孤儿院招的，当时招了30个学生，经过训练以后有一部分被淘汰了。

我父亲的朋友、杂技界的老前辈艺术家甄毓清告诉他，杂技团要招生，补充学员，让我妹妹去，我也正好一起去。结果她到那里一看害怕，不愿意去，我一去就被老师看中了，马上就收了。那个时候我已经念初一了，我们班主任不让我去，因为我学习还可以的，所以我的小学毕业证书就先放在他那里，要是不行就回学校。后来我自己喜欢也就去了，因为我年轻的时候长得比较秀气，而且当时也是顽皮，翻翻跟斗、倒立什么的都可以，就这样直接从学校去了杂技团。1957年1月8日我正式进杂技团报到，等于是插班生，也是最小的小师弟。

采访人： 请您讲讲学馆的一天是怎么安排的？

刘京洲： 早上六点钟我们就起来练早功，八点钟吃早饭，饭后一直练到十一点半，吃午饭，午饭吃完以后休息一个半小时，接下来就上文化课，文化课下课后吃晚饭，之后是练夜功。我们那时有30个学生，分为高年级班和低年级班，就两个班。当时我已经念初一了，不算大也不算小，下面还有比我小两三岁的，他们念低年级班，我念高年级班。文化课不能不上，演员也一定要有文化，但主要精力不是放在学习方面，我们当时读书要求不像在正规学校里，能写字就行了。

采访人： 真正的训练还是很艰苦吧？

刘京洲： 真正练的时候还是比较苦的，有的练不好就会被打。但我小时候比较聪明，基本上没被老师打过，他一教我就会了。我们这批学员特别是从孤儿院来的人，从小就是吃苦长大的，所以在吃苦耐劳这方面，应该说他们比我好，真的能吃苦。

采访人： 团里的老一辈演员带你们训练？

刘京洲： 教我们的老师有甄毓清、王信志、王玉振。张风池和张铁山是演滑稽的，那时候张风池老师很胖，我又很小，所以我们一起演抢椅子，很好玩。虽然练功时老师很严格，但平时跟我们关系都很好，也很爱护我们,老师真不错。我们这一批同学应该说发展得很不错,很能吃苦耐劳,因为我们这些学生要承上启下。

采访人: 上海杂技团前后一共招了几批学员?

刘京洲: 1956年招收第一批学生,我们这一批是速成的,两年后就参加演出了。到了1960年学馆招了第二批学员,他们训练了六年,基本功就比我们更扎实了。我们要承上启下,和老一辈、小一辈演员一块合演。1972年招了第三批学员,是工农兵大学的时候招收的,一部分是到农村、学校去招,一部分是自己报名来的。我们在魔术队的时候也带过一些学生,那一批现在基本上不演出了,已经退居二线。第四批是1983年招收的,我女儿就是属于这一批,她是1987年补充进去的,学制是7年。马戏学校那时候刚盖好,他们就进去了,原来他们算是学馆学员,马戏学校成立以后,他们就算马戏学校第一批的毕业生。

采访人: 您是从什么时候开始登台演出的?

刘京洲: 我练了九个月就被王玉振老师挑去演员队了,算是比较早上台的。因为上海杂技团成立的时候把一些流浪在外面的老艺人集

上海杂技团第一届学馆学员毕业照

中起来了，主要是邱家班、邓家班、李殿彦、李殿起等，大概一共三五十个人。当时他们都是有点年纪了，团里新生力量不足，有点青黄不接，所以就招了我们这些学生，像速成班一样，练得特别快。不到两年我们就有了一整台戏，从高空到地面，从文的到武的都有，如《跳板》《蹦床飞人》《秋千飞人》《走大绳》《硬钢丝》《软钢丝》，女孩子的《双咬花》《蹬伞》《四人造型》等，这一台节目在当时来说都是非常棒了。因为这一台戏，让整个杂技界了解到上海杂技团有这么一批年轻演员。

采访人：您当时主要参加了《大跳板》的演出？

刘京洲：我到王玉振老师的演出队专门演《大跳板》。有一个360度的动作，在杂技界称为"拧个"，后来体育界称之为"360度旋"。这个动作是张立永老师从国外引进的，就是从大跳板上弹起后，后空翻360度旋，落在底座的肩上，像叠罗汉一样，我是最上面的一节，一共三节人。张立永老师是第一个表演这个动作的演员，我是第二个。那时候这个动作难度已经是非常高了，那时的体操队、技巧队都还没有达到这个水平，所以他们都到我们这里来学习。

当时《大跳板》最高是到四节人，我主要演尖子，三节或者是四节。中间是刘君山老大哥，他是王玉振老师的学生，随团学员。刘君山对我们帮助也蛮大的，他比我大4岁，我练跳板的时候他和我一块练。我们两个头差不多，训练的时候我们有一个新动作，叫"双三节"，就是两个人抱在一块同时往后翻，在空中分开各自落在下面两节人的肩上，完成"双三节"的动作。后来君山大哥做老师去了，教大飞人和大跳板，所以后来上海杂技团《大跳板》节目里面好多演员都是他的学生。

采访人：《大跳板》训练或者演出过程中，演员带保险吗？

刘京洲：《大跳板》四节以上要带保险了，第四个人肯定要戴的，第三个人带就很难看。另一个原因是第三节要是摔下来，下面保托的人还可以抱得住，到第四个人就更危险了。新中国成立以后的新社会，首先从人的安全角度出发，要保护好演员，所以我们加了保险带，原来根本就没有的。

采访人：除了《大跳板》，您还表演哪些节目？

刘京洲：我练的集体项目《蹦床飞人》是在1957年看了苏联大马戏团的演出后开始练的。我以马戏小丑的身份参与其中，有一个动作叫"蛤蟆转"，就是在蹦床上连着上下蹦的同时再横向如同蛤蟆一样在空中旋转，每上下一次就在空中转一次，这个动作受到观众特别是小朋友的喜爱和好评。这个节目我们练了大概有两三个月就演出了，拼命地练，所以很快就出节目了。

我们在《秋千飞人》中创作了一些高难度动作，一个是"直体720度转两圈"，从这一头一直飞到那一头，上面有一个人倒过来接住你，离地有六七米。这个节目也是蛮危险的，秋千还没到顶的时候人就要出发，到顶再出发就要翻过头了。有一次我翻的角度可能偏了一点，速度很快，一下飞出去飞到网边上了，上面倒过来接我的演员一看不对，马上从外边拉我，就这么拉进去。现在这个节目已经不再单独演出了，部分改革了一下加在《大跳板》里了。

还有《双爬杆》，这是一个中型节目，两根杆竖立着，上面分别有四位演员，左右两边的演员从各自原来的位置飞到另外一根杆上，再飞回来，跳来跳去，有的时候三个人一起飞，像插花一样。现在这种形式很少了，训练起来是很苦的，但是节目本身很好看，很受欢迎。应该说除了女性节目，杂技的其他项目我都练过。我们会在整个演出过程中观察，凡是观众喜欢看的东西我们就多练。

采访人：上海杂技场建成之前都是在哪里演出？

刘京洲：最早在人民大道搭大篷用来演出。一天演四场：早上九点，中午十二点，下午三点，晚上七点。今天演出一队是前面两场，演出二队是后面两场，到了第二天前面两场是二队，后面两场是一队，就这么大家轮换着演。前面大篷演出，后面小篷就是化妆间、服装间，我在里面搭个床就睡在那里了，因为我演小丑，所以两个演出队我都参加。辛苦是蛮辛苦的,但还蛮开心的,因为年纪小,看到那么多的观众很兴奋。

有的节目比如说《蹦床飞人》,占地比较大,要练功就在白天大篷里不演出的时候练。过去在大篷里演出,刮风下雨,大篷就受影响,下大雪的话,篷都给压扁了,冬天很冷,夏天很热。而且人民大道一有集会游行就要拆,白天游行完,晚上再搭起来。

采访人:1963年到北京演出,您还有印象吗?

刘京洲:1963年我们带着大篷到北京去演出,原来是到北京劳动人民文化宫外面搭建,但是搭大篷要砍树,那都是百年老树,不能砍。所以就停演了,停了以后连饭都没得吃了,没钱,就吃干菠菜。之后我们联系到北京体育馆,就在那里演出了。当天正好是五一劳动节,周总理过来看我们演出了,我心情很激动。

采访人:1964年上海杂技场建成了。

刘京洲:等我们北京演出完了回来以后,南京西路上的上海杂技场造好了,大篷就不用了。那个时候杂技演出的门票供不应求,基本上每场都是满的,一天演两场,过年的时候连着五天,一天四场。

采访人:上海杂技团经常为外宾演出,有哪些让您印象深刻的事情?

刘京洲:1958年朝鲜领导人金日成访华,也看了我们的表演。我们早上就到了文化广场集合,在那里排练,为晚上演出做准备。那时安检很严格,我们进去以后就不能出去了,还有工兵用扫雷器在舞台和观众席中做检查,以保证安全。舞台扫清楚后,我们也不能上舞台了,只能在后台。整个演出很顺利,金日成

1965年9月11日的上海杂技场演出票

还到台上跟我们握手。

还有一次是在上海卢湾区体育馆,我们和技巧队、京剧院一起演跟斗大会串,大家都是表演翻跟斗,陈毅市长在楼上看得很激动,都站起来看了,这件事让我印象非常深刻。

采访人:改革开放以后,随着经济转型,上海杂技团进行了哪些改革探索?

刘京洲:改革开放以后,我们演出队就搞自负盈亏,朱腾云、周良铁等一起成立了魔术队,我们就自己跑场子,接演出任务。电视台来采访过,正好拍到一个镜头是我在数钱。因为我参加演出的节目比较多,跟农村一样挣工分,我工分最多,多劳多得,演得多,拿的工分也就高。一年中我们基本上有四个月到半年都在外地演出,不演出你没饭吃,钱是自己赚出来的。1983年到北京演出的时候,文化部把我们的周焕金副团长、队长、几个主要演员聚在一起,专门了解了一些改革的情况。

采访人:您在训练和演出中受过伤吗?

刘京洲:我那个时候个子比较小、体重比较轻,不管是《跳板》《空中飞人》还是《蹦床》,我都是做尖子,所以受伤是经常的。我两只手、两只脚都上过石膏。1958年的六一儿童节,杂技团就在人民公园的大篷演出了一整场节目,当时我参加演出《大跳板》节目,还演了《空中座椅》,演了几场以后,出事了,保险带断了,我从上面直接掉到地上,手就摔坏了,休息了大概有半年多时间。实际上我这个手是残废的,比另一只手短一截,所以好了以后跟斗就不大能翻了,因为双手有长短就很难保持平衡。

采访人:这之后您就转到滑稽节目了?

刘京洲:是的,那个时候还是幕间滑稽,我就演小丑,当时我们练的大型节目中也有一些动作以小丑的面貌来展现。

采访人:对滑稽节目的创作,您有哪些心得?

刘京洲:我们魔术队在演出之余经常创作一些节目。演出结束吃宵夜的时候，我和搭档潘连华、潘连庆，音乐制作管同造，道具设计制作彭兆光等经常一块研究节目。那段时间创作了不少节目，有《滑稽音乐》《大力士》《滑稽车技》等。《滑稽音乐》是1982年我们到青岛去的时候创作的，并在青岛演出。节目开始是一个音乐家在表演吹萨克管，吹着吹着没声音了，然后就发出了鸡下蛋时发出的"咯咯蛋"的声音，然后一看嘴里出来一个鸡蛋，而且一个接一个从嘴里出来，正在观众看得津津有味的时候，演员一转身抖了包袱，鸡蛋全在他身后的篮子里面。

我们还学习了北京的《滑稽车技》，就是两个演员骑自行车，两个人一抢自行车散掉了，再把它装起来，龙头在上面，坐垫到下面去了，就没法骑了。我就爬到上面去了，翘着屁股这么踩，还可以踩得动。

采访人：您如何看待滑稽节目的传承？

刘京洲：我有一个观点，即我告诉你我是怎么演的，你可以照我

刘京洲（右）和潘连华表演的《滑稽音乐》

刘京洲表演《滑稽大力士》节目

的样子去做,但是不能完全模仿我,而是要自己去化出自己的东西。我认为一个滑稽演员要有自己的特点,这样才能有发展,有时候你这个动作做的像,有时候你就是学不像,学不像反而更糟。我们学的时候也是这样的,就是看老一辈演员怎么演,看了学,学完自己再去琢磨,自己消化,一点点地投入进去。其实我们老一辈的演员也都是自己琢磨的。

滑稽节目和杂技还是不一样,杂技我可以教你,这个动作做得不对,应该怎么做,但是滑稽没办法手把手教,只有自己去领会,我应该怎么表演,用什么动作比较好,这点跟其他戏曲剧种应该是相通的。

采访人:每个人的天赋、特点各有不同,也就是说有可能您表演,观众觉得很滑稽,换个人演不一定有效果。

刘京洲:对,看上去杂技表演好像是没有什么人物,直接演就好了,我认为不是这样的,其实我们都有潜台词,你要把你表演的东西讲清楚,但是尽量不说话。一定要仔细琢磨,怎么样从一个动作、一个眼神,让观众知道你在干什么,把它演活了。比如说,我曾经演过老太太,就要去研究这个角色,空下来我就在马圈里面走,学老太太走路。演女的就要像女的,演流氓也要像坏人的样子,演警察就要像个警察,一定要有自己性格的东西。我经常给他们说电影演员赵丹的故事,他演聂耳,提前几个月开始拉小提琴,到拍摄的时候,他拉起来就像音乐家,不像有的演员在台上抱个琵琶都抱得不像。我们老一辈的演员演农村角色,下乡体验生活,体验半年、一年,有了一定的认识和体会,就能更好地刻画人物。

采访人:也就是说杂技中滑稽节目没有口白,那怎样通过肢体语言来传达这种幽默感?

刘京洲:对,不用口白。所以更加强调你的内心戏,你的肢体语言,要通过动作表达出来。比如说《擦镜子》,两个人对着镜子,但其实只有一个镜框,中间没有玻璃的,是无实物演出。前面老爷问题不大,镜子后面那个佣人就很难演,前面的人怎么做,后面的人要跟着,不是光演,一定要去琢磨,你在镜子里怎么看的,你自己去看一看,想一想。还有一个情节是玻璃被打碎以后,你要把碎玻璃拿下来,要很当心的,碰到手是什么感觉要通过你的表演让观众感受,最后走路被一颗掉在地上的小玻璃渣扎了一下,是怎么被扎的,扎得怎么疼,怎么样跳一下,怎么样用手拔出来,再扔掉,这些都没有台词,但都要表现出来。

《大力士》这个节目是根据举重项目而创作的。我专门去体育学院看运动员训练,开始之前,他们都先要吹口气,然后我就观察他们怎么举,什么时候应该是吐气,什么时候应该是吸气。虽然我表演时没有任何口白,但是通过把这些细节表现出来,就很真实了。有一次我在泉州演出,表演结束,当我把杠铃放下后,它就往前滚了,坐在第一排有个女孩子吓得直往后跑,全场都笑起来了,她以为我的杠铃是真的，到最后她一看是泡沫的，害羞地低头笑了起来。因为节目演得太逼真了，除了一系列的动作，还配上了"当当当"的声音。这个节目也是蛮受欢迎的。

每行每业，每一件工作都是这样的，你要是热爱自己的工作你就会去琢磨，去找生活、去看、去研究。你研究了才能够知道像还是不像，我们也要让别人来看，提出建议然后再去一遍遍地打磨。

采访人： 除了杂技节目、滑稽节目，您还演过马戏？

刘京洲： 是的，我也驯过马。因为我受伤后就不能翻跟斗了，所以1959年我跟齐齐哈尔马戏团学了驯马。我驯的小马是一匹蒙古马，很聪明，个头很矮小。马戏演出当中一般都有马术，但都是大马。到我演滑稽的时候是一匹小马出场，就有一种反差，所以我演的节目叫《滑稽马》。我骑着它出去，它走走走，停下来了，不走就是肚子饿了咯？要吃东西，我就给它吃东西，它吃完东西跑得很快。然后我就骑着它走，一会儿又停在那儿，再让它走，它干脆就睡在那儿，你拉它尾巴它也不走，拉它头它也不走。后来我就拿了药箱来，给它量血压、测脉搏，还给它量体温，一看体温表有一百多度，我就拿了一个很大的针筒给它"打针"，针一打下去它就跳起来了，就醒了，原来是装死。配合这些夸张的道具，观众看了反响也很好。

采访人： 怎么训练它做动作？

刘京洲： 比如说，让它倒下是有一个技巧的，拉住缰绳，往下拉再往上提，它就知道要倒下去。一开始要用点劲的，到后来就不用了，因为它知道你这么一拉，自己就要倒下去。马很聪明的，有的时候也要一些食物来引导它做动作。

采访人： 在训练过程中您是怎么和马培养感情的？

刘京洲： 这匹马有一点基础，之前是张立永老师训练它的，后来他去驯老虎了，我就接下来了，再加一点工。因为换人驯养，它一开始对我有点陌生，我一空就牵着它去走，喂它吃东西，它也就知道了。要跟它培养感情,马最喜欢的不是拍它马屁,而是要摸它脖子,这样它很开心很舒服的。这个训练过程是蛮有趣的,我们吃住都在一起,晚上我也起来去看它。有一次我带它去换马掌,就像我们人要修老茧一样的,我带它去专门的地方修,那当然不能坐汽车去,要骑着马去。那天早上五六点钟我就骑着马出去了,要过交通路铁路,马路上警察看见了说这个地方不能走。我说这是马路,马路不走马怎么行?他说不可以,我只能往回走,后来马一掉头冲过去了,我也只好跟过去。还有一次正好走在交通路边上,来了一辆火车,一鸣笛,马受惊了,一下摔下来,就把旁边晒衣服的竹竿撞断了,赶紧赔了人家十块钱,那时候十块钱挺多的。

采访人: 回顾您六十年的杂技人生,您最大的感悟是什么?

刘京洲: 我们杂技演员有一个好,就是放得下,天大的事我不会放在脸上。我母亲也是很厉害的,为什么?我掉下来那次,她看见了,但是她还是很镇静,刺激肯定有点刺激,后来身体就不太好了,血压高,63岁就脑溢血去世了。我母亲的追悼会是下午开的,晚上我把家人送到绿杨村酒家之后,马上就赶到剧场去演出了。这边在哭,那边还要笑,但我在台上不能哭啊,在台上我不能把失去母亲的这种心情带给观众,我还得笑,这个笑真的很难受的,那种感受只有自己心里知道。即使在自己最悲伤的情绪下,也要把最开心的事情演出来,所以我更有深切的体会,做演员很不容易,好在我太太很支持我的工作。

(采访:柴亦文　整理:柴亦文)

一般的苦头在我脑子里都没什么

——祁晓芸口述

祁晓芸,1947年出生,浙江绍兴人。13岁进入上海杂技团学馆学习。毕业后参加演出的节目主要有《双蹬技》《集体车技》以及魔术节目。1969年曾因腰伤两次接受手术治疗,之后又恢复演出。1974年到1989年多次参加海外演出。1994年离开舞台,从事艺术档案工作。1993年、1994年连续两年荣获文化局优秀艺术档案集体奖及个人先进工作者荣誉。后在马戏学校兼任蹬技老师。

采访人: 祁老师,您是怎么会想到去报考上海杂技团的?进团时您几岁?

祁晓芸: 我小时候很喜欢体操,本来就参加体操班的训练,舞蹈、唱歌也都喜欢,是一个文体活跃分子。当时我是陪着一个同学去报考杂技团的,老师一起面试,结果我被选上了,她反倒没考上,这样我就进了杂技团学馆。我爸爸一直很喜欢文艺的,我被选进去,他也挺开心,而且家里兄弟姐妹五个,我是老大,进了杂技团不用家里开销,能够帮

1963年上海杂技团第二批学员小干部合影，前排左侧为祁晓芸

家里担当一点也挺好。进团的时候我虚岁13岁，同班同学中最小的虚岁只有7岁。我们那个时候招了40个人，20个男孩，20个女孩，后来有些同学中途退出了，有些同学不适应或者生病了，被退回去了，剩下二十多个人。

采访人： 平时的训练是不是很艰苦？

祁晓芸： 练功是很苦的，但我也坚持下来了。当时杂技团在延安中路549号，前半段是上海评弹团，后半段是我们杂技团，有一个练功房，还有一个在室外搭建的半露天的舞台，整个舞台三分之一是露天的，像竹棚，天冷的时候会很冷。十二月数九寒冬，我们就在水泥地上拿顶，两只手上生满冻疮，练功又不能多穿衣服。不像现在练功房、剧场都有空调，当时冬天冷，夏天热，连风扇都从来没用过。

最苦的是要加大运动量，每个周末加大运动量训练基本功。一大早，全体学员跑步到外滩，一个来回。回到团里围着练功房排一圈长凳子，像跳障碍一样地跳凳子，大概有二三十条长板凳要跳。跳好之后回去在一条大毯子上来回四排翻跟斗,一般的训练两排最多了,我们来回要四排。翻跟斗的要求是一定要翻得直,翻得准确,量也加大了,要翻四个。速度和数量都增加了,这些项目练完真是气喘吁吁。这个练好之后还要靠墙顶45分钟或者一个小时。接着还要压腿,一条很小的毯子上面要容下六个人劈叉,除了身体都是一个挨一个,紧贴着,又也是并拢着,八字开有时还不只是直,还要弯过头。整个上午的综合性大运动量训练,为的是提高身体素质。

采访人:那时候你们还都是孩子,练功这么苦,训练量又这么大,有人哭吗?

祁晓芸:哭的,没有不哭的,但是我们觉得也是应该练的,就这样熬过来了。现在觉得还是应该科学练功,应该要巧练,你是这块料就去练,硬练容易出事,体力达不到一定程度不要去练。但是以前不是这样的,要求加大运动量,即使达不到也非要达到,实际上很残酷而且不科学。如果不合适的硬要培养,对身体也是一种伤害,而且就算是练出来

第二届学馆学员合影,前排右五为祁晓芸

了,也很难能达到高精尖的水平。

采访人: 请您谈谈《蹬技》节目的基本功和关键点在哪里?

祁晓芸: 当时我们团里大节目比较多、比较洋气,缺少一些民族节目,所以团里就派了我和搭档两个人去杭州杂技团学《蹬技》。我们是从压石担子开始练的,也就是石头的杠铃,当中是竹子的,两头是两块石头盘,先是压这个东西,后来压人。这个是基本功,因为《蹬技》第一需要屁股压住,用力量压住,蹬的时候屁股始终不动的,就是靠两个腿脚在动,也就是说主要是靠腰和腿的力量,力量提高了,才有技巧,没有力量也无法完成技巧。所以首先要压石担子,石担子上面还要坐人。刚刚开始练的时候我们用的道具是铝合金的,外面再涂漆。蹬的方桌是真的,桌脚是实心的,台面是五隔板,上面再放木质框架,有点分量的,我们要用脚掌顶,用脚尖、脚腕、脚趾快速旋转桌子。在杭州学了半年回来之后就参加演出了,而且我们这个节目一直是比较稳定的,不太失手。

表演一开始,两个演员先一个亮相,躺到坐垫上,助演会把道具放到我们脚上,先各自蹬缸、再蹬桌子,通过脚腕和脚尖的配合,水平旋转、垂直旋转、360度旋转以及双脚蹬桌面、桌边,单脚蹬桌脚等,速度由慢到快。接下来就是比较关键的地方了,两个演员互传桌子。这时候两个坐垫要摆到平行的位置,演员侧面对着观众,使观众可以清楚欣赏到交换桌子的过程。我一般在后面的位置,我发口令,我搭档蹬,我抬着头看,根据她蹬过来的高度和速度做出判断,什么时候用什么角度把我脚上的桌子蹬出去,然后,要马上接住她蹬过来的桌子,这个时差一定要掌握好。

采访人:《双蹬技》中两个演员在半空中互传道具,这当中是否讲究一致性?

祁晓芸: 对。第一,两个人要同步训练,实际上这个就是功夫,后面的演员一定要看好,今天是早走(蹬)了一点,还是晚走(蹬)

 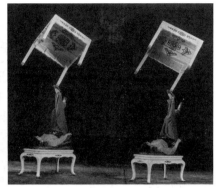

20世纪60年代演出的《双蹬技》节目，右为祁晓芸（左图为蹬缸，右图为蹬桌）

了一点？这个很重要。演员的心情和情绪也很重要，情绪低一点或者高一点就可能撞上，这个差距就算是那么一点点，你心里不上不下做出来的动作就两样，和练出来的就不一样。所以稍微有点情绪也会影响演出效果，真的要很负责才行，一定要调整好心态，发挥要平稳。

在同步性方面，两个人蹬得很整齐就好看、舒服，没有落差，稍微有一点跌跌撞撞，观众看起来就不舒服了。双蹬缸、蹬桌时，两个交换、对传中蹬的高度也是一样的，要么就是差那么一点，看上去有惊无险，相差太多就没有什么惊喜了。

蹬桌子也挺危险，桌子有角的，两个桌子只要碰到一点点，或者斜一点点，没这么平就容易擦到，一有阻力，就会掉下来砸到人，甚至直接砸到脸上。集体节目磨合太重要了，由不得你有丝毫的杂念。

另外，大家要根据音乐的节奏来表演，我们为这个节目专门配了乐，配得挺地道的，动作的转换正好卡在音乐点上，音乐和动作同步配合好，节目就很流畅。在挑选演员上也有讲究，两个演员个头要差不多，像舞蹈一样，看上去比较一致，也好看一点。

采访人：重蹬技和轻蹬技有哪些区别？

祁晓芸：区别很大。重蹬技更要依靠力量和技巧，腰和脚的力量；

《双蹬技》节目，互传花缸，右为祁晓芸

轻蹬技更多是靠技巧，靠脚腕的力量和灵活度，大腿、小腿和腰的力量相对少些。

采访人：1969年和1970年您分别做了两次腰部大手术，是怎么回事？

祁晓芸：1963年开始，我时不时感到腰痛，去医院看了，确诊为右臀筋膜劳损和腰椎间盘突出，做过推拿、针灸、牵引，都没什么效果。1969年冬天下乡劳动后，就更加严重了，不能起床了。再去医院看，医生说是软组织劳损性腰痛，合并坐骨神经痛。然后我在静安区中心医院做了全麻手术，针对皮下神经和肌肉，是骨科宣蛰人医生帮我做的，当时争论很大，他也在探索过程中。1970年初，我觉得尾骨还是有点痛，4月份再局部麻醉补了一次手术。

采访人：两次手术后您还恢复演出，这对您来说意味着什么？

祁晓芸：手术后还是恢复演出的，只能说是有一种坚持和信念，所以我一直演到1994年才离开舞台，去做艺术档案工作。恢复的时候真的很累,虽然手术没有动到很重要的脊椎骨,但也是大手术。由于练功要推开全身的筋骨,要把这些疤痕硬生生地掀开,确实是很痛苦。我的疤很长,从脊柱一直到大腿,缝了五十多针。所以一开始恢复时,肌肉一直是绷着的,后来硬要把它拉扯开再练,这一段时间真的很累,要有毅力,一般的人绝对不会吃这个苦。那时候人很单纯,而且有一种追求,既然我已经搞了杂技,就一定要坚持到底。

采访人: "台上十分钟,台下十年功"体现了杂技演员台前幕后的状态,您在平时的训练和演出中是否受过伤?

祁晓芸: 受伤时有发生,应该说练的时候都苦的,受伤也是不可避免的。我的脸在训练时被敲过。当时老师去开会,我们自己练功,同学之间互相保护,刚刚上来第一个动作,缸就掉下来,没有接住,直接敲到我鼻梁上,我一下子就懵住了,因为满脸是血,同学把我拉起来看哪里出血,正好生活老师来了,说这样不行,要坐下来,弄干净,这样才看清楚是鼻梁被敲到了。马上送医院缝针,所以我的鼻梁有点歪。这样星期天就不能回去了,父母看到心里肯定要难过的,毕竟那时候我还小,所以那个礼拜就没回去,和家里人说有演出。到了第二个礼拜脸还是青的、肿的,我就说是因为不小心,但我妈妈还是很心疼的,因为我当时去杂技团的时候我妈妈就不同意,我爸爸觉得搞文艺挺好,能减轻家里负担,后来他们才知道是敲的。所以各行有各行的苦与乐。

有一次在日本演出的时候我敲到过牙齿。我和搭档两个人一前一后,互相蹬传,我在后面发口令,因为后面的人看得到前面的人,能掌握顺序和节奏。那天我还没有发令,她已经蹬出来,我脚上还有一个,手也来不及接,就被敲了一下,但还是扶住了,场面上不是很难看。当时血已经流很多了,熬着,坚持演完最后一个动作才进去,也挺吓人的。所以回来之后整个牙齿没用了,活体种植了一个牙齿,年纪大了之后,牙床萎缩了,重新再装了一颗假牙。

我在美国还发过一次急性胰腺炎，是在去演出的路上。我疼得跪在地上，人蜷缩着，又不像胃疼，外国老板一看不对劲，马上把我送到医院。我一到医院就开始吐，全部吐在医生身上，一检查是急性胰腺炎，就这样在医院住了一个礼拜。那次出去我负责记账、买菜，有时候还要烧菜，弄好还要演出，是挺累的。我们团长也得过胰腺炎的，他说这是由于过度劳累。等我出院，他们已经转到其他城市演出了，他们把我的行李和道具都带走了，我再赶到另外一个城市。恢复后第一次演出很可怜的，脚都抖的，没有力气，因为不能吃东西，水都不能喝，全部靠吊盐水。

采访人：作为杂技演员，除了身体上要接受巨大的考验，对心理素质也有很高的要求是吗？

祁晓芸：做演员还有一个苦，比如说碰到家里亲人去世，而当时身上又有演出任务。我妈妈走的那天，晚上我还有演出，没有办法，虽然心里很难过，但面对观众脸上还要保持笑容，我自己都觉得表情是很僵的，这种滋味真的很不好受。1988年我们要访问演出，出国之前都要下乡的，等于先去磨炼一下，当时我身体也不好，下乡回来的第二天，我妹妹打电话给我，说爸爸不行了，但是我马上要去演出，只能放下家里，面对来看演出的观众。这当中的苦只有自己知道，自己去面对、去调整，也这样过来了。

作为演员遇到再大的事，演出都是第一位的，最重要的。我看电视里报道有些演员家里遇到不幸，又正好要演出，这种心情，我是有切身体会的。没办法，牵连太大了，不可能因为个人的原因去改变整个演出。我们这代人的身上，永远的烙印就是演出最大，无论什么事都要让路。

回过来想想，把人锻炼得坚强，一般的苦头在脑子里都没什么，一点点小毛病根本不当一回事，也很好啊！我们杂技团的人性格都很坚强、很勇敢，这些基本功练出来，节目练出来，当中吃了多少苦头只有自己知道。所以我们都具备了克服困难的坚韧性，相对都比较坚强和勇敢，女演员不像一个女的，都像汉子。每一个行业、每一个工作实际上都有其辛酸苦辣，我们杂技只不过是更加苦一点，过来了证明你很勇敢。

采访人：对于杂技下一代，您有什么期望和寄语？

祁晓芸：从小到大，我一辈子就是从事这个行业，毕竟一生都交给杂技了，总归希望杂技有更好的发展。上海的杂技就像上海这座城市，我们有一种自豪感，很希望自己这个行业在国际国内可以站住脚。

传承很要紧，真的要好好保留这些传统，民族的就是世界的，希望民族节目传承下去，不要断掉。但是现在从事传统节目的人不多了，还是应该保留传统节目的地位，作为一种传统的东西一直保留下去，毕竟这是一门艺术。虽然以后的杂技往轻巧、大型、训练时间短、出路快这个方向发展，但是耐磨的、有代表性的民族节目也要有的，要兼顾一点，比重上面小一点可以，但是一定要有这个项目，至少能够体现中国的杂技艺术传统。

虽然我说了这么多辛酸泪，但是现在的演员有这样坚韧性的不多。我想告诉他们，不要轻易放弃、让步，要把演出放在第一位。比如说我胰腺炎这么严重，病好了之后马上演出，没有讨价还价，生病是自己的事，自己要克服。希望年轻人也要多一点奉献精神，责任心强一点。

（采访：柴亦文　整理：柴亦文）

我们这批人能吃苦,也能创新
——芮保罗口述

芮保罗,男,1942年出生,安徽当涂县人。1956年进入上海市人民杂技团学馆学习杂技艺术,擅长倒立和跟斗,被评为优秀毕业生。其表演的节目主要有《大武术》《蹦床飞人》《空中飞人》《爬杆》《顶碗》《倒立技巧》《驯虎》《驯狮》等。1959年在上海市青年会演中,凭借在《蹦床飞人》中创造的180度前空翻连后空翻,获得青年优秀奖。1961年被派到哈尔滨杂技马戏团学习演出《驯虎》,学成后回上海演出,表演了"过桥""放炮"和"跳手圈"等动作,深受上海市民欢迎。"文革"中顺利完成杂技团对外演出任务,并根据杂技的奇、绝、美等特色,与同事共同改良了古彩戏法的服装、音乐和表演形式。根据杂技手技改革成《快乐的炊事员》、根据爬杆节目改革成《海岛民兵》以及《地道战》等节目,其中创新节目《小跳板》难度技巧高,受到杂技界同行好评。1977年荣获上海杂技团培养人才奖。《驯狮》节目为国内首次驯群狮,动作惊险、难度大、创新多。1991年应日本木下马戏团邀请出任艺术指导,表演《滑稽转盘》《钓鱼》,并创排了《空中呼拉圈》节目。

采访人：芮老师，您是1956年上海杂技团学馆的第一批学员，给我们讲讲这届学馆的情况。

芮保罗：1956年杂技团到孤儿院招生，从8岁到15岁的小孩中选拔了一些活泼、爱好运动的学生，最后定下来40名学员进上海杂技团。这个学馆应该属于全国第一所，我们这一批学员葆有50年代人肯吃苦的精神，训练非常刻苦。我们的老师都是国外回来的，像李殿起、甄毓清等都是杂技界的老前辈。他们从国外回来，由于过去常年在东南亚及苏联演出，所以对培养学生有很多想法。当时我们学馆就搞出许多新路子、新节目，比如《蹬伞》《女子造型》《女子空中体操》《硬钢丝》《蹦床飞人》《女子扛杆》《双咬花》《浪桥飞人》《倒立技巧》等，其中《硬钢丝》上"后空翻"、《蹬伞》以及《双咬花》都是国内首创。这些节目可以单独组成一台女子演出，数量可达12个。

采访人：请您介绍一下当时的训练情况。

芮保罗：我们先练基本功腰、腿、顶、跟斗，这是很苦的，训练时腰

上海杂技团学馆第一届学员开学典礼上的合影，1956年4月18日摄于上海杂技团练功房外。最后一排左起第五为芮保罗

酸背痛，就像受刑一样。老师会帮你扳腿，也有的老师狠起来就帮你拼命地扳，有一些小孩受不了就哭了。还有下腰，给你狠狠地下，那是很受罪的，有的人就啊啊叫。这时候老师会让你呼吸呼吸，放松一下，但实际上即使是放松时腰也是疼的，骨头已经顶住了，但是扳过去就过去了，多活络活络就好了，到达人的极限了。像我们腰腿软一点，跟斗翻得好，可以全面发展。当时我们受到的教育就是小时候要听老师话，要练出好的成绩，所以大家都很能吃苦。

一年后要开节目了，就是挑选适合你的项目。腰腿软的就练软功节目，比如像《四人造型》《柔术》《转碟》；跟斗好的就练高空节目，比如《跳板》《蹦床飞人》《浪桥飞人》，因材施教。我开节目就开了《蹦床》《跳板》《武术》和《爬杆》。

采访人：1959年，您凭借《蹦床飞人》在上海青年演员会演上获得了青年优秀奖，请介绍一下当时的情况。

芮保罗：1956年苏联马戏团在上海静安体育场演出，很轰动的，他们就有《蹦床》节目。当时上海杂技团和中国杂技团都跟着他们学蹦床。我们创作了一个新的动作，也是偶然想出来的，我在蹦床上蹦着就想可不可以在空中带两个不同方法的跟斗，就是前空翻180度，再接后空翻。我同学朱复正在蹦床上做腾空翻三周半落网，这在当时杂技界和体育界都是绝无仅有的，现在已经不稀奇了，现在三圈都可以了，万事开头难嘛。

采访人：您表演的《小跳板》也融入了自己的创新，请介绍一下。

芮保罗：《小跳板》有几个创新。开场时有一个搭轿子动作，女演员在跳板的一头，另一头双人砸板，女孩子直体翻（燕子）到空中，底下两个演员搭好轿子，她落到轿子中。另外一个动作"举高椅"，底座直臂举高椅，跳板一头演员砸板，另一头女演员后空翻后落座，这个和《大跳板》中的举高椅有所不同，《大跳板》中的高椅是绑在腰部的，而《小跳板》里的高椅是用手举着的，支撑点小，所以更惊险、更好看。还有一个动作是一个演员平躺在地上,我拉她的手,用力猛地一拉拉成直臂倒立(一般都弯着膀子),然后她单臂慢慢落成平身倒立,杂技行话叫"汉水",体育里叫"侧身倒立"。这个动作是极难的,在杂技界和体育界几乎没有,也是挑战人的极限了。还有一个动作是背后接人,我在跳板的一头,单手直臂接翻下来的女演员,上面演员身体要调整好,在空中还要把握好角度,接住以后两个人都要保持单臂倒立的姿势。因为这个过程

芮保罗表演的《小跳板》,单臂直膀背后接人

中我是背朝着她,看不见,加大了难度,对默契度要求也很高,当时在杂技界是很轰动的。《小跳板》中每一步的动作都是连贯好的。我练这个节目一天三功,早上练一功,吃完早饭练一功,午睡完了再练一功,一年不到的时间就把《小跳板》练出来了。

采访人:第一批学员快速成才,成为当时上海杂技团的新生力量,您和您的同学也是不负众望。

芮保罗:我同学薛晶晶,他也是一天三遍功,每天五点钟起来,不吃早饭就练,练好以后吃完早饭再练一遍功,睡好午觉又练一遍功,有的时候晚上还练。所以他的《倒立技巧》难度很高,他单手在一根拐子上倒立,拐子上晃一个圈,嘴上叼着一个东西晃两个圈,另一只手上晃三个圈,两个脚各晃一个圈,一共要八个圈,同时要掌握好重心。接下来他有一个倒立,倒立完了身体下来,现在叫平衡,当时我们叫汉

薛晶晶表演的《倒立技巧》

水,下来很容易,自己再起来就很费力气了,这是他创造的。第三个动作就不仅是倒立,他还跳梯子,有七八级高。这个节目招待过西哈努克亲王、尼克松等外国领导人,包括到美国演出都是必选的。他在我们学馆的时候是比较典型的例子,成绩好,难度高,节目又叫座。

在钢丝上表演的杨惠芳,她的老师李殿起是从国外回来的,他能够在钢丝上倒立,当时我们听到都很震惊,钢丝上怎么倒立,我们在底下倒立都很困难。李殿起不仅能在钢丝上倒立,还创造了钢丝上的空翻,这个动作太难了,因为一根钢丝比小手指头还细。首先起翻要准确,起翻不准确朝外一点,那就要失败了,而且落脚点很小,钢丝又有弹性,落地时你站不稳就不能掌握平衡。杨惠芳在表演时,我经常在旁边保护,要是"骑马"(骑在钢丝上)的话对人伤害太大,要是弹出来摔伤也会很严重。所以这个节目在杂技界轰动一时。我们这一批学员中还有朱复正,他已经去世了。他空中概念很强,打比方说一个人翻跟斗落肩上是不稀奇的,他是双翻,肩膀上再坐一个演员,翻个跟斗把他带到空中,两个人一起落到底座身上。双翻是一个创新,现在《抖杠》节目中也继承了双人翻的动作。另外,张小芬继承了邓文庆的魔术。我们这一批学员在20世纪50年代来讲,在上海乃至全国都是比较突出的一批人物,能吃苦,也能创新。

采访人：杂技和马戏虽然是一家，但训练和表演方式完全不同，您后来怎么会从事马戏表演的？

芮保罗：我那个时候很刻苦，人老实，领导非常看重这些。当时孙泰跟艺委会一谈到我，大家都一致好评。当时的副市长宋季文负责体育和文艺，他和哈尔滨有一个互助协议，上海帮助哈尔滨培养一个越剧团，哈尔滨马戏团帮助我们培养马戏队。所以上海就派了七个人去学驯兽，驯狗熊当时是顾耀富，驯狗是刘春燕，驯马是从体委调过来的两个人，驯虎就是我。

采访人：当时您多大？驯兽时有没有害怕？

芮保罗：我当时就18岁的样子。首先驯动物有一点很重要，要从小培养感情。老虎三个月断奶，断奶的时候是最佳训练期，这个时候你就开始驯它，问题不大。我们那时驯的两只老虎都半岁了，有一百多斤重，很凶的，而且老虎毕竟是猛兽，再小也是猛兽，所以当时我是很怕的。

一开始训练时，老师傅就叫我坐在老虎笼子里面，我就更怕了，老师傅在场问题不大，结果他走了，叫我拿着棍子眼睛盯着老虎，我蛮紧张的。这也是一种经历吧，最怕的是老虎刚一出来门还没关，两只一起扑过来，它们对人很反感，两只都很凶。我就每天都坐在老虎旁边，给它喂食物，跟它建立感情。基本上两个月下来，它们不怕人了。驯兽环境也蛮危险的，有一次我站在老虎笼边，两头狮子驯完后进狮房，从我身边走过，我真是进退两难，怕得魂都没了，心里想这下完了，不要被吃掉或者咬成残废。狮子那四个灯泡眼睛冲过来，我一身冷汗，还好它们被驯狮师给控制住了。

在哈尔滨学了半年，回来以后我就在西郊公园驯虎。东北虎长得快，一般来说，一年左右它就长成大虎了，起码有三百多斤，有的甚至可以长到五六百斤。1962年我在文化广场演了几场，又在大篷演了半年，全部爆满。演出的时候上海市委领导特地来看驯兽节目，看完到后台来祝贺我们演出成功。当时各方面都报道上海马戏团有驯兽节目,我感觉是比较成功的。

采访人: "文革"以后团里又开设了驯狮节目?

芮保罗: 王峰团长看着我长大,他说感觉我是个人才,就问我驯狮子可以吗?我说可以的,要是驯的话数量要多一点,一头两头没意思,但太多的话又没有足够资金。后来我们就到杭州、安徽等地方去选,买了四头狮子回来,分别取名"东东""非非""芳芳""平平"。这四个名字是什么意思?就是说,虽然它们是非洲狮,但我要训练出东方的水平,所以把这个含义放在四头狮子的名字里。

采访人: 您驯过老虎又驯过狮子,请您谈谈驯兽的体会。

芮保罗: 驯兽这项工作还是有一定危险性的,动物小的时候就要开始和它培养感情,特别是有些比较危险的动作一定要从小开始练,建立感情才能保证演员的人身安全。你要和它玩,它也会和你玩,它会往你身上扑的。你一摔倒给它压到底下滚一滚,就是这个动作。这个动作是什么地方来的?苏联电影《运虎记》看过吗?船上有个驯兽师和老虎搏斗,这个是真驯出来的,不是剪辑出来的电影镜头。以前听说苏联驯兽节目中有一个动作是驯兽员把头伸进狮子嘴巴里,因为人的头发弄得狮子喉咙发痒,它就咬下去了。所以驯养动物,安全是要放在第一位的。

采访人: 狮虎表演主要有哪些动作?是如何做到的?

芮保罗: 比如说有叠罗汉,国外有些狮虎叠罗汉就是站在凳子上,相对比较容易。我这个叠罗汉是不一样的,就像叠人那样。前面是一只狮子或者老虎,后面的就把两个爪子放在前面的屁股上,老虎狮子的屁股都是很小的,而且不仅屁股小,屁股还是活络的,你踩上去屁股就会塌下去。只有聪明的老虎和狮子才可以承担这个工作,笨一点或者胆小的不行,胆小的就站在前面。

又比如狮子表演摩托车,我开一辆摩托车,狮子坐在我后面。"非非"很聪明的，我就从简单的动作开始，第一步我先让它跳凳子，从凳子上面跳下来、跳上去，不断重复。每天跳几十次，跳熟练以后再跳车子，逐渐它就能完成这个动作了，之后再把车子开动起来，一步一步来。而且它坐到摩托车上，我的头就正好在它的下巴底下，要是它咬一口就完了，但是它不咬，这就是我们训练狮子的成功之处。

狮子表演摩托车。图中开车者为芮保罗，身后为狮子"非非"，左侧女演员为张秀红

采访人：哪些动作表演起来难度比较高？

芮保罗：驯狮虎最难的动作就是跳圈，就是让老虎、狮子从圈里钻过去。一般来说，圈底下会有一个架子，如果底下没东西支撑，只有一个腾空的圈，要叫它跳过去就很难。我们训练的时候，一开始把圈架在底座上，一边靠墙，一边有人站在旁边，让它习惯从圈里跳过去，然后再一点一点把障碍拿掉。因为一开始墙壁堵住它了，底座堵住它了，人也堵住它了，它只能从圈里跳过去。慢慢的，时间长了以后它就习惯了，不管周围这些障碍物是否还在，它都会往圈里跳，然后再一点一点把架子移到中间，叫它跳，就能完成这个动作了。驯兽师一直都是赏罚分明，跳完了就会给它一块肉吃。

另外，驯狮子打滚也是很危险的，我们叫"人狮搏斗"，也就是驯兽员躺在狮子身上搏斗。这需要有一个很重要的基础，就是你要和它有深厚的感情，它不伤你。其中一个动作驯兽员要和狮子握手，你把手伸过去，它会把自己的前爪伸过来和你握手。它把你当作自己人才能做这些有危险的动作,它晓得这是自己的主人。

另外,表演摔跤的话,不能用非洲狮来表演,非洲狮体型大,它扑上来人受不了的。像《运虎记》里人兽搏斗用的是华南虎,因为华南虎的体型小,比较灵活,这种动作做起来就很方便。和老虎比起来,狮子毛比较多,特别是雄狮,看上去很威武,但是狮子屁股很小,体重也还好。从性别上好像雌的聪明一点,当然也都有相对聪明和比较笨一点的。像四头狮子,最聪明的是"非非",第二是"芳芳",其实芳芳也是很聪明的,它很懂得人的,龇牙咧嘴时像笑一样,但它怕你,所以没办法表演跟你握手。其他的两头狮子都比较笨,像踩球就不行了。

踩球也是有难度的,如果是木头球就不行了,木头球比较轻,一碰就滚掉了,不要说踩了,狮虎体型都比较大,灵活度弱一些,控制不了。我们杂技里也有踩大球,但是人踩球就有办法,演员通过控制步子的大小和身体的平衡就能控制住球,但是动物四个爪子就没法控制,并且它也很难像人一样掌握好平衡,所以我们根据动物的特性改进道具和训练方法,它就能做出这个动作。首先,球是铁制的,直径1米,很重,所以移动起来比较慢。另外,铁球上有一个个的洞眼,狮虎的爪子可以扣住,然后慢慢地移动。要发展驯兽,要搞得好的话,还

芮保罗表演人头伸进狮口

芮保罗与狮子握手

芮保罗指挥表演狮子表演踩球

是要动点脑筋的。

我想我一定要搞得比别人好,难度比别人高,怎么训练?就是苦练加巧练。驯狮子苦的时候,我睡在狮房里,和小狮子睡在一起,早上四点半就起来。平时要经常给狮子洗澡,夏天还要冲凉,半个月要剪一次指甲,要照顾它,要和它亲近,要不然的话你驯不出好的水平。根据巴甫洛夫的条件反射论,要经过几百次几千次的训练才能使它做成功动作。

采访人:驯兽演出有一定的危险性,您在表演时发生过什么事故,有没有化险为夷?

芮保罗:我在文化广场表演时出了一个小事故。当时我们没有经验,训练的指挥棍长度是80厘米左右,属于比较短的,现在一般都是长一米五的藤条。狮子老虎一犯错,你驯它们,它们要抓你的话碰不到你。我驯兽有一个想法,要把猛兽的威武表演出来,不能驯得像猫一样。所以我要指挥它叫,张牙舞爪的。有一次它不肯叫,我就找了根棍子捅了它肚子一下,它也反抗了,直接就来了一个爪子,把我的嘴巴给撬开了一点,还好问题不大,有个疤,现在看不出。

还有一次在训练狮子做一个新动作时,我忘记用棍子了,而是伸手去摸它的头,狮子以为我要打它,对准我的手咬了一口,我来不及躲闪,就被咬穿了手心。但在演出当中狮子出事故很少,我们有一个创新,用网而不是用铁笼子,网升起来,观众和动物之间有了一层屏障。有一次因为狮子发脾气不听话,一下跳到网边上,如果没有网就完了,观众也被吓坏了。它乱了,就像惊马一样,会在场地上乱跑。后来把它降服了,这个算是内部演出场地里出的事故。因为吸取了老虎演出的经验,所以狮子表演比较成功,在上海演出的一年多场场都爆满,因为大家都没有看到过。

采访人:后来您离开了上海杂技团去国外发展是吗?

芮保罗:1991年日本木下杂技团请我去演出,当时我去了以后,主要演两个节目,一个是《滑稽转盘》,我看中了日本的一个滑稽演员,叫他一起练,两个人合起来演,很受欢迎。还有一个节目是《钓鱼》,《钓鱼》在国内也很受欢迎。我发明了"网鱼",在观众面前这么一捞,二十几条小鱼放在鱼缸里面,再捞一网又是二十条,我这个网后面捞出了四十条小鱼,鱼缸看看没有,布盖一拉一百条小鱼,一出来观众"轰"一下,很惊奇有那么多小鱼。最后,在观众面前钓一条大鱼,活的金鱼那么大,放在大鱼缸里,很轰动的。一开始是一个日本小姑娘给我助演,后来我女儿也去了,她来帮我。我还陪她练了一个空中呼拉圈,一年不到就练出来了。其中有两个动作很轰动,一个是我向空中抛十几个圈,有七八米远,呼拉圈在空中散开,最后落到她身上继续旋转,很美,也很惊险的感觉;第二个是我女儿单手拉吊环,悬空在三米左右的高度耍呼拉圈,日本观众从来没有看到过。

日本法律规定上有一条,小孩子在读书的年龄必须要读书,等到他们十七八岁再来练杂技就练不出来了,所以日本的杂技水平比较落后。后来我女儿要求读书,我说读书是好的。1998年我就回来了,去了日本八年。

我退休以后,看看书、养养花,现在上老年大学学画,山水画、人物画,安度晚年。

(采访:柴亦文　整理:柴亦文)

每个演员都要爱护自己的艺术生涯
——张训导口述

张训导,1951年出生,江苏人。国家一级演员。中国杂技家协会会员,上海市杂技家协会理事。曾任上海杂技团副团长、艺术管理部主任、马戏队队长。上海市非物质文化遗产代表性传承人。

1960年进入上海杂技团学习杂技。他表演的节目横跨杂技、驯兽、滑稽三大门类,可谓业务多面手。《秋千飞人》获1981年华东区杂技比赛三等奖。《大跳板》获1984年第一届全国杂技比赛银质奖。《驯猩猩》获第二届全国杂技比赛马戏"银狮奖"。培养的小猩猩"陆陆"凭借在《娇娇小姐》中的演出获第二届"童牛奖"儿童电影评比动物明星奖。在滑稽节目方面,将小丑幽默风趣的表演和高超的杂技、驯兽技巧相结合,《滑稽小跳板》《抢椅子》《滑稽钓鱼》《滑稽飞刀》等节目深受观众喜爱。2000年起,在《飞越世纪》《飞越五十年晚会》《太极时空》等多部大型演出中担任舞台监督;2005年创作了《时空之旅》并担任舞台总监,2008年又创作《雕刻时光》。2013年在《十二生肖》中再次担任舞台总监,获得成功。

采访人：张老师，您出生在淮剧世家，怎么会去考杂技团的学馆的呢？

张训导：是的，我出生在淮剧世家，我的父亲叫张古山，是上海志成淮剧团第一任团长。我母亲也是淮剧演员，我的姨娘、外公都是演淮剧的。当然在我们家里最有名的就是我的舅舅周筱芳，淮剧观众们可能对他印象比较深刻。

我从小是在剧场的后台长大的，记得小时候，我经常去看父母、舅舅的演出。当时因为人小，对唱功不太感兴趣，看着看着就睡着了，父母就叫人把我从观众席搬到后台，睡在服装间大的台子上。但是外面一演到武打戏，锣鼓的声音一响起来我马上就醒了，冲到观众席再看，所以从小我就比较喜欢看武戏，翻跟斗。

1960年，上海各大文艺院团，包括京剧院、淮剧团、芭蕾舞团、杂技团都在招收学员。我那个时候刚刚读完小学一年级，姐姐、哥哥看见报纸上登的招生通知，就带我去了，最先去的就是上海淮剧团，当时剧团在威海路上。去报考的时候，可能他们知道我是周筱芳的外甥，就问我，你会唱吧？因为在后台长大，有时候会唱两句、哼两句，但是我一紧张就唱不下去了，卡住了。我哥哥说你唱得很好的，很熟的，今天怎么唱了一半唱不下去了？我那个时候从来没有经历过这种场合，很多的老师、评委，那么多人看着我，就有点紧张了。

过了两天他们又带我到陕西路上的上海杂技团，我记得报考的人很多，好像有几千人。有很多老师围着你，首先看这个小孩是否机灵，然后看看手怎么样，腿怎么样，底下搁一个什么东西，你去捡一捡，现场看你的表现。考过以后，我就回家了。

过了没有多少时间，家里面就收到了上海淮剧团和杂技团两个单位的录取通知书。这么一来，他们问我：你要到哪个单位？你想学杂技还是学淮剧？其实对于九岁的我来说，没有这种概念。那家里面就商量了，后来还是我的舅舅周筱芳说，我看啊，导导还是到杂技团，比我

童年时期的张训导

们淮剧有前途。他就这么说了一句，父母一听有道理，就同意把我送到上海杂技团去了。也就是舅舅的这么一句话，我走上五十多年的杂技人生道路。

采访人：1960年您进入上海杂技团学馆一直到1966年毕业，请您谈谈这期间的训练情况。

张训导：我们是上海杂技团第二批培养的学员，第一批是1956年招生的。当时演员特别缺乏，有点青黄不接，所以第一批学员用了短短三年不到的时间就参加演出了，有点像烧急火饭一样的，赶紧练习节目参加演出，应该说这也是个奇迹。他们花了很大的精力，吃了很大的苦，训练出来就参加演出了，不少节目在当时来说水平都不错的。

那么到我们这批，有他们在前面顶着，再加上有50年代的老演员，所以当时团里非常明确，第二批学员要扎扎实实地培养，不急于把他们推上舞台。当时制订的计划是打三年的基本功，三年以后开节目。

这样我们就有充足的时间进行基本功的训练，这对杂技演员今后的发展很重要。基本功包括腰、腿、跟斗、顶这四大项。其实基本功的训练是很艰苦的，要求很高，也很枯燥。为什么？比如拿大顶（倒立），一般你会拿、会靠，起码也要一年。怎么训练呢？就是像小孩学走路一样的，从靠墙开始，腿靠在墙上，手撑在地上，从一分钟到两分钟、五分钟、十分钟、三十分钟，逐渐拉长时间，练手臂的力量和对顶的控制力，身体要去找平衡。在这个基础上，在板凳上拿顶，老师先扶着你，放手，再扶你，这样循环，慢慢地可以靠十秒钟了，再一点点加上去，十秒、二十秒、一分钟，到最后就是起码二十分钟。当然这个靠顶是最基础的，要会靠会拿。接下来还有很多技巧动作，比如捻顶、推桩子、双手顶、单手顶、汉水,等等。基础打好,后面的发展就比较全面了。顶也很有讲究,有死顶和活顶。死顶是在桌子上、板凳上拿顶,活顶就是能够在人的手上、头上甚至脚上拿顶。刚开始都是老师手把手扶出来的,其实老师也很辛苦,小孩不会做的话,都是老师给你扶出来的。

还有腰腿功,也就是练韧带,动作和肢体的舒展,要美要漂亮,还有一些节目需要身体具有特别的柔软度。比方说女演员的柔术和顶碗节目,对腰、腿的要求特别高。尽管我们都是从小就开始练,因为年幼,腰、腿、韧带还都比较柔软,但要达到节目所需要的柔软度,还是要靠老师给你掰韧带,压、靠,这也是整个杂技发展当中腰腿所需要的训练过程。另外,还有滚杯节目,就是脚上顶着玻璃杯做翻滚动作,这个节目不仅要腰、腿、韧带好,演出时还要有力度、有软度,把柔韧性和柔美性都结合起来。

当然还有一个基本功就是跟斗。杂技表演中很多节目都是用跟斗来体现的,比如《大跳板》《台圈》《地圈》《抖杠》《空中飞人》,都是以跟斗为主来表演的。跟斗节目在杂技里面属于翻腾类,翻腾类又分地面、空中两类,有人与人之间的配合,还有借助道具来表演的。跟斗的训练比较艰苦,从地面到空中,从一周到两周,还有转体、挂串,跟斗的花样很多。所以前三年主要是基本功的训练,同时,团里要求要全面发展,打好基础。虽然练基本功很苦,但是大家都明白,这是一个必经的阶段。

采访人: 基础打好以后,就慢慢开节目了,您当时开的是什么节目?

张训导: 那个时候开什么节目、练什么功都是听老师的,听团里安排的。我进团一年以后,老师就安排我跟大师哥蒋正平演小丑节目。其实我也不知道怎么回事,当时也很纳闷,我这个人不善言谈,比较内向,可能我基本功打得扎实和全面一点,演小丑确实需要稍微全面一点,各种技巧都会一点。一开始,我们两个人学抢椅子,后来他个子大了，以底座为主了，就分配我跟程海光一起演小丑。因为程海光个子大，我个子小，一大一小，一个大块头，一个机灵鬼，他是底座，我是尖，这样两个小丑首先在形象上就有一个反差。我们的老师是申方良，他是潘家班出身的，给我们专门训练了很多滑稽小丑节目。

当时我们这对小丑的定位以武滑稽为主。滑稽里分武滑稽、文滑稽，这是大的概念。武滑稽要有技巧、有技术。那个时候我们还年轻，所以就学了滑稽武术，滑稽武术里面的技巧主要是两个人的对手技巧，老师教了我们不少。比如"滑稽蹦棍"，就是一根棍子上有一个横梁，我的对手站在上面跳绳。一根棍子柱在我肚子上面，凌空地跳，就靠肚子上的憋劲，这个平衡比较难掌握。当然我演出是演了，但是没有我们老师掌握得好，他们掌握得既漂亮又稳。还有"滑稽大球"，两个人踩一个大球，在大球上两个对手翻跟斗；还有"大球过球板"，两个人对压，翻跟斗等。

采访人：后来您对小丑节目又做了哪些探索？

张训导：我们1966年毕业，正好"文革"开始，等到恢复演出时，我已经成为身强力壮的小伙子了，尽管那时我俩都坚持每天训练并增强各自的体能素质，在演滑稽武术的对手技巧时，程海光再耍我就显得非常吃力了。80年代初，我就感到我们合作的时间不会太长，但是我又比较喜欢小丑节目，所以我就在1972年招来的学员中挑选了贡迅东，他跟斗基础很好，而且在舞台上比较擅长表演。我就培养他跟我一起继续发展小丑节目，此时我已经成为一个耍贡迅东的底座了。我们把《滑稽武术》改编成《滑稽小跳板》，因为《滑稽武术》演了很多年了，演出市场上看得也多了。另外滑稽武术当中一些技巧，让他再练的话，要有一个过程。当时我发现他跳板的基础蛮好，跟斗基础也不错，我也有跳板的基础，所以经过我们的改编，重新训练组合，《滑稽武术》这个节目就改成了《滑稽小跳板》，应该说演出的效果还是可以的。

1993年在日本横滨王子饭店演出《滑稽小跳板》，底座为张训导

滑稽小丑从演出形式上还分为串场滑稽和单场滑稽。串场滑稽，就是在节目与节目之间表演的，也可以说是一场戏里面的插科打诨，但是这个插科打诨非常重要。首先，在节目间隔期间，比如《大飞人》节目开始前要支高空道具，需要几分钟过渡一下，小丑出场把大家逗乐，同时道具也装好了。当然有时候是结合在节目里面，比如在《大飞人》中，一个滑稽演员爬到空中站板上，站不住，滑下来，他要回底座，底座不给他回，一个手拉到一半把裤子接到了。其次，杂技节目有时很紧张，小丑节目能让观众放松心情。那么单场滑稽就是可以成为单独节目的，我们的《滑稽武术》《滑稽钓鱼》属于这一类，时长四五分钟，有音乐，也有技巧方面的表演。

后来，我们也演了一些文小丑的节目，有《擦皮鞋》《擦镜子》等。80年代电视剧《济公》刚播映，我们就把《擦皮鞋》里的人物改为济公。我们两个人一个是公差，一个是济公，这个节目1987年到新加坡演出效果不错。因为那个时候我们都已经是成年人了，有一点创作意识了，能够结合热点用新的形式来表演。

采访人：什么时候开始你们自己改编、自己设计节目？

张训导：刚开始主要是申方良老师专门给我们研究、设计。按照我们两个演员的配合，两个人的形象、能力，看结合在一起演什么节目比较好。到一定的时候，我们自己也成熟了，根据自身的能力、喜好来设计，根据节目在舞台上演出的效果，我们自己去改编。因为小丑的创作不仅仅是技术上的，更多的是表演，在道具上、在各个环节的处理上、在演出的效果上，以及在晚会中和其他节目的结合上。

采访人："文革"后期，杂技演出就逐渐恢复了，您在《秋千飞人》的设计和表演上也花了不少心思。

张训导：最开始都是老师看你适合哪个方向，帮你安排节目，毕业后慢慢自己会琢磨了。1976年朝鲜平壤的杂技团来上海演出，我们到文化广场去看，给我印象深刻的有两个节目。一个叫《双层秋千》，就是一男一女在秋千架子上表演，女演员从上面翻下来，男演员负责接，做各种动作，很漂亮，有难度又有表演，相当惊险。还有一个节目就是《秋千飞人》，看了以后自己有创作的欲望，我就跟谭代清商量怎么搞这个节目。当时是"文革"后期，我们正是二十几岁身强体壮、感觉最好的时候，我们就学这个节目。其实是白手起家，因为我们只是看了人家的演出，我们团里既没有这种样式的飞人节目，更没有这方面的老师和前辈，同时也没有这个节目的道具和结构图，所以道具是什么尺寸、什么材料、什么结构，我们都不知道。我跟谭代清、刘君山一起商量，刘君山为我们这个节目的发展和道具的制作出了很大的力。我们当时就自己动脑子做，画草图，然后自己电焊，那时候不知道电焊伤眼，没好好保护，谭代清眼睛还被电光灼伤了。经过很多次的试验，花了很多的精力，《秋千飞人》的道具试制出来了，然后再请工厂帮我们制作。道具做得差不多，但是人呢？光我们两个人不够，因为这个节目还要配备两个尖。我们从1972年招生进来的一批学员里找了一男一女两个演员当尖子培养。我们是1976年底左右开始练的，练了一年多。我是倒挂在秋千上接人的，对面谭代清把一个演员抛过来，抛的过程中这个小演员在空中翻各种跟斗，然后我在这个秋千架子上把人接住，再把他抛回去。当时设计的架子，是把《空中飞人》跟《秋千飞人》结合起来。为什么？这个架子是双层秋千的架子，荡起来幅度很大、很高。练这个节目也蛮苦的，每天在上面荡，人头昏脑胀。大夏天热得不得了，上面特别热，大冬天上面又很冷，因为练空中飞人，不能穿很多，而且手腕处袖子全部要卷起来，要绑手带子，便于接把，所以练这个节目也比较艰苦，另外还有一定危险。当时练这个节目，我们改革了一个地方，以往空中大飞人底下都有网的，人摔下来是摔在网上，但是网很大，支、拆等安装很复杂，而且需要时间。当时我们设想可以把网去掉，但是网去掉就要带保险，不然太危险了。因为这个技术没有百分之百把握，所以我们就改革了一下，尖子演员带一根钢丝绳的单保险，保险不能够给你带劲的，你真的没接住，脱把了，可以吊住你摔不下来，它只是起到保险的作用，要是不带保险的话，摔下来就完了。我们的飞人节目设计演出高度比较高，当时演出以体育馆为主，体育馆内的净高都在20米左右，飞人道具吊挂太低的话，不够惊险，也不好看，同时考虑到拉单保险距离地面的安全高度，要给拉保险的演员留有足够的收把空间。

经过一年多的训练，1978年左右《秋千飞人》就参加了演出。当时我们到南京、北京等地巡回演出，反响很好，效果也不错。1979年参加了华东六省一市的会演，获得了三等奖。

采访人："文革"后期，上海杂技团在恢复演出的同时，在综合艺术的运用方面有哪些探索？

张训导：过去我们是以杂技场演出为主，后来我们也在镜框式舞台演出，就像商城剧院、人民大舞台这种正规的戏剧舞台。虽然受到空间的影响，高空节目不能演，但在镜框式舞台演出，综合艺术可以搞得更好。当时的背景很简单的，打幻灯、打一点图案或者吊点景，但是在灯光运用上要比马戏场里的色彩浓一点，有一些特殊的灯光，包括在舞台调度、音乐、舞美方面。20世纪七八十年代我们在舞台美术以及灯光、服装方面走得比较前。为什么？当时的上海歌剧院、上海越剧院，以及上海戏剧学院里的灯光师、舞美设计，和音乐方面的人才都参与到杂技节目里来，进行各种创作改编和包装，那个时代我们在综合艺术上有一个比较大的发展提高。在那几年里，全国的很多杂技团都到上海来学，比如说我们的溜冰节目，从演员技巧动作到舞台包装和综合艺术，他们都原封不动搬过去，照着演。

采访人：《大跳板》是上海杂技团的传统保留节目，请您简要地给我们介绍一下其发展历程。

张训导：《大跳板》是一个团队节目，有底座、二节、三节、四节、五节，还有尖子。每个人的要求不一样，每个人的体重、体型不一样，像搭造型一样。一般尖子要小，不仅要小，要能力强，跟斗好，脑子清楚。你个大，底下的人吃不消。底座就要块头大，像一堵墙一样的，要像地基一样打得好，这样上面的人做动作，人家才敢接，否则底子不好的话，人家跟斗刚刚上去，底下像一堵墙那样就倒掉了。《大跳板》节目还有个重要组成部分，就是保托人员，因为有些动作没法带保险，就要靠他们来保护演员的安全，所以说每一个环节都要最好的，大家通力协作，才能组合成一个比较好的节目。

1984年，兰州举办了第一届全国杂技比赛。当时我们团里有两个节目去参赛，一个是《空中飞人》，一个是《大跳板》。为了这次比赛，团里也进行了筛选和评比。为什么？因为当时有两个演出队，演出一队和二队。两个队里面都有《大跳板》，而且当时的《大跳板》已经是全国最高的水平了。但是在团里来说，两个节目的水平不相上下。参加比赛，总归要拿出最好的，所以说经过团里的研究、评比、商量，我们这个跳板组合就代表上海团去参加比赛了。我最近又看了第一次比赛的那些动作，说实在的，其中有些技巧现在全国都没有再出现。为什么？那么多动作都是不带保险的，不带保险就非常危险，因为高度高，四节人，720度，一失手的话，四个人像一面墙一样地倒下来，底下的人怎么保啊，他是没有方向的。而且倒下来以后，也不知道是头朝下还是脚朝下。当时确实很拼搏的，因为《大跳板》是上海杂技团的一个传统保留节目。

到了第二届全国杂技比赛开始，我们自己内部先把两组中的精兵强将组合在一起参加，第二届比赛代表了我们团里的最佳水平，这一届比赛我们拿了金奖。

1984年第一届全国杂技比赛中上海杂技团的《大跳板》，三节为张训导

几十年里，从第一届比赛，一直到2004年的第六届，几代人，多少位演员，都为了这个节目参与训练。

2004年在广州举行了第六届全国杂技比赛，那个时候我已经50岁出头，不当演员了，主抓演出创作和演员训练。像《大跳板》这样的节目再要去参赛的话，肯定要有所不同，不能只是简单地提高技巧，一定要在表演样式上有所突破。所以那一届比赛我们把浪桥跟跳板结合，成了浪桥跳板，同时吸收了俄罗斯的强项，如单跷、双跷等。尽管当时受到各种限制，碰到很多困难，但是至少在这一届全国比赛中，跳板变了，不是纯粹的砸板，而是有了技术上的重大突破和发展提高。这次跳板节目在国内外来讲是当时最高水平了。以往我们中国的杂技团跳板节目一般以接人技巧为主，当时杂技团从体委和技巧队吸收了一批比较好的运动员加盟，他们个人的技巧很强，让他们在跳板上发挥跟斗基础,这样又有了很大的突破和提高。而当时的"单跷""双跷"技巧动作对一个演员的个人能力提出很高的要求,没有扎实的基本功,没有一定的能力水平是做不了这样的动作的。所以说我们《大跳板》之所以能够不断地有发展、有提高,跟人员的培养是紧密结合的。2004年《大跳板》实现了一种新的极限的突破,不仅是技巧的突破、道具上的改变,还包括人员的培养上,同时也是上海杂技团杂技人拼搏精神的体现。所有技巧动作都不带保险,很多外地的兄弟杂技团看了以后说上海杂技团这么拼命,没有一点保险,他们都很佩服,很赞赏。当然随着演出难度的提高,在保托方面,我们也会提前进行系统分析和布局,把最好的保托,放到最关键、最危险的位置,从而提升演出质量,保证演出安全。

采访人: 比赛都不带保险吗?

张训导: 不,也有规定的。在一定的难度和高度下,要求带保险。比如椅子顶,离地有七到八米的距离,万一椅子倒了砸下来,不要说上面的演员,就连下面的保托人员都有危险,所以像这样难保托的节目规定要带保险。像《大飞人》节目因为下面有网,可以不带保险。再比如高钢丝,国外大多数不用保险,因为演员手持平衡杆也是起保护作用的,但是走钢丝三节人,第三节要带保险。还有很多节目跟演员的能力、判断,以及表演的风格都有关系。所以是否带保险有些是规定,有些是自己把握。当时比赛我们没有带保险,是经过自己的深思熟虑的,我们有底气,知道如果我们出现失误的话,会保得住,不会伤人。

采访人: 80年代您身边多了一个猩猩小伙伴,这又是怎么一回事?

张训导: 第一届全国杂技比赛以后,当时我为了参加比赛颈椎被砸得很厉害。跳板在接人的时候,如果上面的演员翻得不好,一屁股坐你头上,就会压迫到颈椎,时间长了以后,颈椎受伤很严重。医生说,你这个颈椎再下去就不行了。

当时王峰团长找到我，让我驯猩猩，我一听呆了，我说我这个人从来就不喜欢猫、狗、鸡，碰都不要碰的，还让我去驯猩猩？我说不行的，他说怎么不行，可以的。第一，全国第一次有杂技团驯猩猩，当时团里花了两万块钱从上海动物园买了一只人工繁殖的雌猩猩；第二，猩猩可以拟人化表演，可以往表演上发展。他说我是小丑出身，表演可以的，我说驯猩猩我不行，我怕，他说你锻炼锻炼就可以了。1984年，老团长以组织的名义跟我说，要我来驯猩猩。从我个人而言，是不想驯的，我怕动物。但是如果是团里定了，那我服从，我就试试看。

没过两天，他们就带我到上海动物园，当时还叫西郊公园，工作人员把我带到猩猩房。我第一次进去的时候，穿过猩猩房，边上都是大猩猩，吓得我是汗毛凛凛。进去以后，他们说你的陆陆在那里。饲养员抱着一个非常非常小的猩猩，当时它只有一岁多。他们说张老师你来抱它，你来抱了以后就归你了。其实我那时候是很怕的，胆战心惊，但是我又不能显得胆子这么小。抱在手上没两分钟，我就还给饲养员了，抱在手上的感觉就是太吓人了。

第一天接触下来，心里还是很怕。因为动物身上毕竟有味道，我还不太适应，但是团里已经定下来了就要执行。开始两天是饲养员陪着我，第三天开始，他说，张老师，你可以带他了，我手上还有其他事，陆陆就交给你了。我天天早上五点钟就离开家到西郊公园，规定早上大概六点半左右，我就要开始照顾他了。每天从早上六点半到晚上八点，就像带小孩一样有作息的。我早上先到猩猩房，把笼子打开，把它抱出来，给它洗脸、洗手、量体温、吃药，还给它做饭。一个月下来，它基本上认我了。我就把它带到当时的上海杂技场，在南京路上，专门弄了个猩猩房去饲养。刚开始也是以饲养为主，一方面是它当时身体不好，拉肚子；另外一方面它还小，跟我才一个月，要不断磨合，让他完全能够接纳我。就像带小孩一样，培养感情，喂他吃、陪他玩，逐渐加深了解。在这个过程中我会说，你来来来，它过来，让它坐在那里，这也属于比较初级的一种驯化。

采访人：如您所说和陆陆的相处就像带小孩一样，你们又是怎么一点点积累感情的？

张训导：说来这当中有很多故事，我从刚开始不愿意接受它，到以后接受它，有一个理念，就是说既然管了，那么它以后就是我的家庭一员。而且我要让它多跟人接触，不仅是对我了解对我好，对其他人也要当成朋友一样的，这样它不会伤人，人家也喜欢它。所以我那时候经常带陆陆到家里去，家人看到也觉得蛮可爱的，它在床上、床底下、桌子底下跑来跑去。

我是想让它多跟人接触，经常带它出去。次数多了以后，也闹了点笑话。有一次，我想给它买衣服，到上海儿童用品商店，我说要买一套儿童衣服，人家问：你孩子几岁啊？身高多少？我说我不知道。人家说你抱过来，我们一看就知道了。好，我第二天就把它带过去，抱过去人家一看吓坏了。过了一会儿，它跟人家握握手，跟人家抱抱，非常可

张训导和陆陆

爱,大家都喜欢它了。最后运动衫、滑雪衫都买来了,以后我带它出去就会给它穿上。

我记得陆陆刚来的时候身体不太好,我就带它到儿童医院,因为猩猩是灵长类,跟人的生理结构是一样的。当时它还小,我就联系了儿童医院,主任医生一看,这个不是人啊,是个猩猩啊,我说我现在带它就像自己孩子,医生才给配了药。我去的时候是坐公交车,给它穿了滑雪衫,上车后抱着它,开始边上两个大人一看以为是个毛孩,就叫它小朋友,结果猩猩一拍他,人家吓一跳。以前公交车很挤的,原来我边上全是人,一看我抱个猩猩,其他乘客全部散开了,就我一个人抱它在当中。售票员说,快下车,这样会出事的,你一个人舒服了,我们这个车子更挤了,我就下车了。

以后我就骑自行车或者开摩托车带它。它坐在我后面,刚开始我给它带着保险,怕它调皮逃走,用保险绑着。它就坐在后面,很老实的。但是时间长了它就熟悉了,到了红绿灯停下来了,边上全是骑车的人,他没事撩人家。人家说你这个小孩怎么这么调皮啊,回头一看是个猩猩,吓坏了。

有一次我带陆陆去西餐厅吃饭,我们坐下来,一会有一个大人带着孩子坐我们对面,大人在点餐,小孩说,爸爸,我对面有一个大毛猴,爸爸一看吓了一跳,说把动物带到人吃饭的地方怎么行啊?店里营业员都认识我,就告诉他这是杂技团驯养的猩猩,很听话的,人家很好玩的,我们都认识的。当然后来我还是把它带走了。

当时我们杂技场边上有一个金陵食品商店,里面有新鲜的牛奶。我带着陆陆去拿,时间长了,人家会说,陆陆又来啦,或者会问我,你女儿呢,因为陆陆是雌猩猩。去的时候我给它一个空瓶,到了以后,我说给人家,它就把瓶子给人家;那个拿回来,它就拿回来,平时在生活和交流中进行潜移默化的训练。

我的宗旨是通过这一系列的看病、买衣服、拿水果、玩耍,让它多跟人交流接触。所以陆陆跟人非常亲热，包括在全国比赛时，很多兄弟院团演员都喜欢来看它，逗它玩。

采访人：*之后，陆陆开了哪些节目？*

张训导：当时团里面没有给我具体方案，那我就开始自己设计、自己创作。马戏表演中驯猴、驯虎，比较多的是让它们做一些本能的动作。但是我想猩猩本身比较聪明，完全可以模仿人的表演，这样一来要有剧情，当时我写了两个很小的文字剧本。

一个剧本叫《上学之前》，我把陆陆设定为一个小学生，早晨铃声一响，起床、洗脸、刷牙、整理书包，因为它生活当中也有这些内容，后来想了想好像没有更大的可发展空间。于是我又想了一个节目《小乐队》，陆陆打爵士鼓，我是小号手。小号怎么练呢？当时团里正好有管乐的演奏员，是正规小号的演奏员，我跟他学了半年多，吹《铃儿响叮当》里的一段。两个人在舞台上是一个乐队成员的关系，围绕这个总要有些戏剧表演，陆陆出场就是背着小铜鼓，一边打鼓一边跟观众握手，打打闹闹。然后坐下来开始表演，舞台上有个小话筒，它就跟我来争，我说这个小话筒是吹小号用的，放在我这里，然后它拿着就放到它的爵士鼓面前，我拿过来，它又拿过去，我又拿过来，它看抢不过我，头一偏，腿一跷，不理我了。这种动作观众很逗乐的，很好玩，猩猩完全像个小孩一样，然后我把话筒给它，哄一哄就开始演奏，演到一半，它不演了，肚子饿了，要吃东西。节目中还加入了跳舞、小的对手戏等剧情。后来想了一下，这个节目可看性比较强，就用《小乐队》这个版本开始训练它。它用的这套鼓，我是专门找人商量、研究以后定做的，因为真人的鼓很大，不适合陆陆用，就按照正规的样式定做一套缩小版的。

采访人：*1986年您带着陆陆登上了大荧幕，在《娇娇小姐》里，陆陆的戏份虽然不多，但是给观众留下了非常深刻的印象。*

张训导：我们在排练节目的过程中，就拍了电影《娇娇小姐》。当时电影厂找到我们上海杂技团要拍熊猫，后来一看猩猩蛮好玩的，

《小乐队》节目,左图为1987年在新加坡演出,右图为同年在上海杂技场演出

就要给它设计几场戏,想让它参加拍摄。试镜时,导演、灯光、舞美看了以后都表示,陆陆怎么这么聪明。当时有一场戏,管理员把熊猫锁起来了,晚上趁管理员睡觉的时候,让陆陆去偷管理员的钥匙,把熊猫放出来。钥匙放在管理员的枕头底下,我的搭档程海光饰演这个管理员,拍摄之前他说:"训导,你让陆陆当心点哦,不要抓我,不要咬我哦。"我说:"你放心好了,你只要不动,它不会抓你。"最好玩的是,陆陆还钥匙的时候,放到枕头下,还拿手推一推,把钥匙推到枕头底下,非常聪明。《娇娇小姐》的主角是熊猫,拍完以后导演就说,其实这一次出彩的地方是猩猩了,后来商量了一下,给它颁了一个动物明星"童牛奖"。

张训导和陆陆出演电影《娇娇小姐》

采访人：看得出您在陆陆身上花了不少心血，能给我们讲讲您和陆陆之间的感情么？

张训导：的确是这样的。1984年到1991年，这八年里面我和它朝夕相处，每天从早上五六点钟一直到晚上八九点钟都带着它。每天吃完午饭，我在躺椅上午睡，我抱着它睡，我睡着了，它也睡着了，我打呼噜，它也打呼噜，确实很有感情。我出去开会或者排练，人家只要说你的陆陆有事，我就非常着急。在家里看到外面刮风下雨或者打雷，我就担心它怕，完全把它当成一个孩子。最好笑的就是，因为我每天到八九点钟要回家了，它一看我给它洗好、弄好，把它放到笼子里面，给它一块毛巾（猩猩是非洲的，怕冷它就会自己盖），然后把门一关，它就在里面叫。为什么？它不要我走。我就再开门，把它抱出来，哄哄它，又放进去，再关上门，然后它又叫，再抱出来哄哄，每天这样来回四五次。

1989年我们去美国商演，我的几个杂技节目都被看中了，但是演出商不要动物节目，所以我没带它一起去。我去了一个星期不到，上海就打电话来了，说你快回来吧，你不回来的话，你这个猩猩就不行了，它想死你了。它什么都不吃，不听话，而且还拔自己身上的毛。当时我就跟出国的领队反复商量，但是领队说我不能回国，一回来就涉及对外的演出合同。那我只能请饲养员加强对它的管理，我回来以后他们告诉我，这半个月里陆陆像得了相思病。我回来一看，它个子长大很多，一看见我就过来抱抱我。

采访人：后来就不怎么看到陆陆的演出了，是退役了吗？

张训导：是的，1990年我们到广州、番禺、福建巡回演出，我带着它，那时候它已经很大了，我已经有点担心了。因为陆陆是雌猩猩，大了就发育了，会发情，演出状态就不稳定，而且还带有一点危险性。猩猩的演出不像狮子、老虎都有笼子，它在舞台上窜来窜去的，大了以后脾气不太好，陌生人抓它，包括它的饲养员抓它，它有时候会咬人，动物就怕它开口咬人，一咬人就危险了。这种情况下就不能够再演了，再演容易出事。所以1991年我们就把陆陆送回上海动物园去了，正好园里又有一个新的小猩猩朗朗出生了，我们对换一下，把朗朗带回来训练。训练了一段时间，我就把它交给另外一个演员去发展了。

采访人：动物节目停演后您又从事了哪些工作呢？

张训导：从那以后没有再演动物的节目，一方面回归到杂技节目，另一方面那个时候我是马戏队队长，从事演出队的管理了。到了2000年，团长跟我说，让我来当专职的舞台监督，也就是这两年才开始叫的舞台总监。从那个时候开始，我基本上自己不上台了，工作内容就以演出管理、演员队伍管理和节目创作为主。从走上演员和演出质量管理岗位以后，我更多的是注重综合艺术上的发展，对整台节目的完整创作方面做的工作比较多。我本身是杂技演员出身，优势就是对杂技节目本体技术的认识、理解和经验，但是对杂技晚会完整演出的一些综合艺术的运用，当时还是比较缺乏认识。

采访人：2000年以后上海杂技团创排了不少新戏，作为舞台总监要做哪些工作？

张训导：2000年创排《飞越世纪》，这一年正好是我们上海杂技团建团50周年。当时办了一个强化班，团里从河南招来了十几个马术演员，还从濮阳杂技学校引进了十几个演员，另外还从全国各地的体校、体委吸收了约十个演员。团里专门开设了一个培训班，按照上海杂技团的发展要求对这批演员进行培养、整合。当时团里让我做强化班的负责人，从3月到11月，为期八个月，正好就是50周年节目的创作训练阶段。前期是节目训练和人员培养，到9、10月份的时候，就是晚会的整体创作排练，那是我第二次参与整台晚会的排练，当时更多的是从节目杂技本体出发，对演员的管理比较多。

2002年上海杂技团和中演公司合作，为欧洲一个演出商定向对口排练了一台戏《太极时空》。这台戏将中国的武术跟杂技结合，针对欧洲人的"胃口"，我的工作主要是使杂技演员的表演、技术的组合更好地配合编导的要求。

2008年《雕刻时光》在上海商城剧院上演。我们在创作定位的时候就考虑观众层面是什么人，我们要达到的目的是什么。首先，这是上海的节目，有上海风味的一台戏，就把评弹、老上海、大世界，包括时尚的元素融合进去。总导演是外面请的，作为总导演来说，他要考虑整台戏的创作表演和舞台美术的综合运用，我们做得更多的就是在杂技这一块怎么配合他，根据导演的要求，哪些能够做得到，哪些做不了，尽量体现导演意图。

那几年中比较重头的就是2004年的《时空之旅》了，这是我们团颠覆性比较大的一台戏。

采访人：您说《时空之旅》颠覆了传统杂技的表现方式，也颠覆了观众对杂技的认识，请您从舞台总监的角度谈谈具体有哪些突破？

张训导：首先，《时空之旅》是由上海马戏城、上海文广新闻传媒集团以及中国对外文化集团公司三方合作的一个成果，邀请了加拿大的埃里克来导演。整个创作过程中，埃里克根据中方的要求以及市场定位来策划，他主要负责整个框架的设计。对于每一个节目具体怎么表演，他也希望能多听取我们关于杂技本体方面的意见。因为前期进入到这台戏里的节目都已经演过很多年，从演员、节目到技术都比较成熟，加入《时空之旅》以后就按照新的定义和风格来创作，包括音乐、服装、道具，以及演员的表演。

讲到表演，《时空之旅》对杂技演员来说有很大的突破，外国导演的编排，不是我说一，你就一，完全模仿就可以了。他是给演员提示，导演希望看到的演法是演员自己理解、设计、发挥以后表现出来的状态。他比较注重本色的表现，除了观察演员训练，还要看演员平时怎么休息。因为我们演员平时喜欢踢足球、踢毽子，做各种各样的游戏。

他排练之前先启发演员做各种各样的小品，你可以这样开心，那样开心，那么你不开心时会做什么，他鼓励演员去思考。有时候也会给予一些指导性的意见，结合演员自己的理解，哪些比较适合他的，然后他去发挥。所以说《时空之旅》对杂技演员的表演有比较大的颠覆，不是模式化的，完全是由自我去发挥，演员在台上看上去很自然，整个状态很好。

我们以前的杂技表演，要么看节目，要么看小丑，要么没戏看，因为有些节目切换场景时，观众就是在黑暗的环境中等待。而《时空之旅》的编排风格有很多创新，穿插上用了很多不一样的衔接手法，比如空中降落伞下来，或者用地球车来过渡。在多媒体舞台的配合下，一个半小时中，音乐不停，切换很流畅。

采访人： 除了演员在表演方式上的突破，《时空之旅》作为一台大型多媒体演出，创排过程中，灯服道效化方面是不是有大量的技术性的、协调性的工作需要去完成？

张训导： 是的。首先，在整个道具的运用处理方面，导演提出要改革道具，但是杂技的道具不像生活当中的东西，比如椅子可以有各种各样的椅子，只要可以坐就行了。我们的道具定向性很重要，不能随便改，改了就没办法表演了。但是导演希望改，那么改的过程中，我们对道具的可行性、安全性、演员的适应性都要进行研究。比如《晃板踢碗》，原来是在桌子上演，《时空之旅》中要改成在船上演，船又是动的，要开出来，那么用什么样的船？面积多大？什么平面？是不是有足够的空间地位做动作？还要有稳定性，在空间方位和力学上都有讲究。

另外，从道具的协调性来讲，比如《时空之旅》中的《蹦床》，那么大的两个蹦床怎么放，后台只有那么点地方，当时有很多道具，有飞车用的直径十米的铁球、浪桥、跳板等，没地方放蹦床。作为导演是不考虑这些的，那我们就要想办法解决这些问题：道具怎么上？怎么下？放什么地方？我们就在后台琢磨、研究，马戏城后台的上场门上方有吊杆，吊杆之间好像有点空隙，然后我们把两根吊杆之间的空隙量了量，运用两个电动轳辘把两个蹦床拉平过来，插空档上去，一直用到现在，这两个大的蹦床道具就是这么处理的。

灯光的运用对于杂技演出也是一个改革，过去演出都是满天亮，必须要亮。比如花坛节目，缸抛上去，再用手去接，从演出来讲舞台一定要亮，才能看得见，看不见就摔地下了。还有《空中飞人》，不能这里有光那里没光，一定要看得清清楚楚。但是从舞台效果上又不能是大白光，那么灯光怎么处理？现在《时空之旅》中花坛节目有一个电脑灯，很亮，照在地上是大白光，那么演员抬头接花缸时，正好是对着灯光（逆光），看不清楚，演员有时候强调，这样不行，太危险了，我都看不见。我们就跟演员说，你到台底下以观众的眼光来看台上，这个光好看吧？他看了觉得蛮好看，那么人要往艺术靠拢，首先观念上要改变，要去适应要去练。刚开始的确是有挑战，但是时间长了也适应了。那么在看得见的基础上把灯光设计得有艺术氛围、有色彩、有层次，加定位光、加流动光，既要讲究舞台效果，也要保证演出安全。

在多媒体的运用上对灯光有特别的要求，不能够满满亮，必须要压暗才能呈现后面的画面。但是一压暗了，台上的光要处理到位，所以在思想观念、艺术方面都有一个转变的过程。

我们以前杂技演员的服装，穿得比较简单，比较精干，现在的服装有时候很复杂。特别是我们后面几台戏，像《十二生肖》当中有牛、马等各种形象，演员会说这些服装穿着不舒服，导致自己不能够做技巧，不能够做动作，安全没保障。但是我看后总体感觉基本上可行，就让演员先试一试，的确不行我们也改。

所以从当时来说，我们更多的是需要去处理实际运用过程中遇到的技术性问题、协调性的工作。因为编导有时候不管这些问题,他想要达到各种效果,但是有些细节他就考虑不到。所以《时空之旅》从创排到演出一路走下来,其中对于我们也有很多启发和帮助。

每一台戏的创排,对我们都是一个学习的过程。我自己原来也是纯粹的一个杂技演员,注重技术,从演小丑开始,比较注重表演了。所以我特别重视演员的表演以及演员在台上的精气神,现在观众看的不是纯技术,而是一整台艺术。这对演员来说也是一个升华、提高的过程,与我们从事艺术管理的要求是密不可分的。很多演员年纪比较轻,经验比较少,就要对他们不断提要求,激励他们去思考演出效果怎样更好,怎样更合情合理,在长期的演出过程中去积累经验,成为一个好演员。

采访人: 在《时空之旅》的创排过程中,您付出了不少心血,在演出过程中,您还担任了一个非常重要的工作,请您详细谈谈。

张训导: 《时空之旅》从2005年9月27日首演后的前两年里,我一个人顶在了舞台总监的位置上。这是我们杂技团当时唯一的一个根据舞台监督报指令进行表演的一台戏。每场戏有几百个指令,从第一个灯光亮,到多媒体出、演员出、设备出,到音乐出,包括暗场、道具切换都由舞台监督发指令,要求非常高。所以说那两年时间里,我一个人天天晚上守在那里。《时空之旅》的演出,其实也造就了上海杂技团在演出质量管理上一个好的开头。以前杂技演出没有什么版本的,现在整台戏里节目什么顺序,演员怎么演,助演怎么演,道具什么时候上,音乐、灯光、多媒体什么时候出,都有一个非常完整的演出版本,从开场到最后谢幕收光,都在统一的演出指令中完成。

后来的《雕刻时光》《欢乐马戏》《十二生肖》,包括现在的《小龙飞天》,我都跟舞台监督说,在整个创作、排练的过程中,你要把导演对整个表演过程的要求和想法都记录下来,包括助演如何配合、道具如何上、音乐如何出等,同时要做好各方面协调。到最后这个戏出来了,一个完整的演出版本、指令版本出来了,所有演出管理人员只要看这个就知道,这台戏是怎么个演法,这样能够保证演出质量不会轻易改变或出错。因为有了演出版本,就有了演出质量的保证,在演出过程中很少出现演员、工作人员随意改变演出的情况。

我们还制订了一个上海杂技团艺术演出质量管理条例,也是杂技演出管理工作中一个比较大的创新举措。这个以前不可能有,为什么不可能有?以前杂技界的专业人员认为杂技表演中,技术失手是正常的,几乎没有不失手的,因为杂技是技术,而且越难越容易失手,很正常的。我们也认为失手是在所难免的,但是要尽量避免失手,要少失手,而且从失手里面要分析是什么原因。技术原因、思想原因,或者演员自身能力原因,和其他演员配合不好的原因,还是管理原因?

总而言之,观众买了票,是要看到最好的演出。我们把演出质量分三类来评价:演出正常、演出基本正常、演出非正常。无论是演员表演、灯光操作、服装穿戴、音乐操作,都以这三个标准来衡量。"正常"就说明你今天都很好,没问题;基本正常,说明存在问题,可能是你技术失手了,表演没到位,化妆不像平时那么好,服装没有穿戴好,灯光或者音乐没有开好,演员与助演没有配合好,道具有问题,但都是小问题,演出还是进行的;"不正常"就是今天没演好,或者出了较大事故,那就要扣演出费了。经过多年的商讨、磨合和碰撞,现在基本上大家都对这个规定认可了。这么一来,我们的演出质量就有保证了,演出当中出的差错也少了。我们还建立了误场制度和催场制度,以前到演出时间了,某个演员可能还找不到,他还在底下睡觉,或者还在换衣服,或者还在跟人家说话,催场制度就是专门有人在这个时间提醒演员就位。所以这十几年里,应该说团里在这块方面下了很大的精力,也有很大的提高。上海杂技团所呈现出来的节目,很有精气神,无论是演员在舞台上的状态,还是整个演出的质量都要保持一定的水平,这个演出始终是比较有现代感的，这就是我们从事演出质量管理工作的宗旨与想法，也是我们的本职工作。

采访人：《时空之旅》为上海杂技团走出了一条新路子，十多年后《十二生肖》在开拓海外市场上取得了非常优异的成绩，成功的背后又有哪些突破？

张训导：2012年，我们与法国凤凰马戏公司合作，以中国的十二生肖元素来排一台戏。当时团里的演员、编导、业务人员以及领导班子，我们自己内部先研究探讨，这台戏怎么排、怎么创？我们自己首先出一个大致的框架，然后在杂技界请了各个兄弟院团的团长，也听取他们的想法，还请了上海各院团在艺术研究、艺术创排和艺术评论方面的一些专家一起来商量，他们也提出了很多好的建议。《十二生肖》中的节目基本上都是现成的，但是每一个节目的表演应该说都做了比较大的调整，音乐、服装、道具，包括演员的表演形式，因为都要跟十二生肖有关。

杂技的创作有优势，又有弱势。先说弱势，就是不能够讲故事，没有一个非常明确的剧情，或者明确的人物角色。但是杂技还是可以有一定的背景，有简单的故事情节和人物形象。所以说我们这次《十二生肖》的创排，定位比较清楚，要求比较明确。编导总体的编排也比较符合我们对整个剧目的要求。

参加这次排练的演员也比较好，这组演员是2010年前后从河北吴桥引进的，有二十几人。演员们年纪轻，技术好，有几个代表性的节目水平也比较高。再加上团里派出好的指导老师帮助他们，他们又学了上海杂技团的优势节目，《大跳板》《抖杠》等，丰富了杂技节目的样式和水平，所以这台戏到法国巴黎演出，一下子就轰动了。

这台戏节目水准高，技术好，与法方合作也比较愉快，对市场的适应性比较强，它不像《时空之旅》，也不像《太极时空》《雕刻时光》。《时空之旅》这台戏很好，但是太庞大，所以到现在还没走出去。

为什么？飞车的球，空中的降落伞，地面的道具有小船、蹦床。规模很大，很少有像我们马戏城这样的剧场，能够容纳这样的演出设备道具。《雕刻时光》是很有上海风味的一台戏，编排很精致，可看性也强，但是舞美装置复杂。当时在上海商城演出，上海商城不是我们自己的剧场，如果第二天有其他演出，我们很多舞美道具就要搬走，拆完以后，给我们复台就那么几个小时，来不及，所以说演这台戏在舞美道具方面的问题把我们框住了，增加了很多困难。再看《十二生肖》的适应性就比较强。为什么？导演根据团里的要求，把每一个节目串起来形成一台戏是十二个生肖，每一个节目单独都设计得比较好，而且把道具、舞台运用设计成可大可小，可拼可拆。我们在世博园的流动剧场里演，这个场子和巴黎马戏大篷剧场差不多大，空间大、舞美布景漂亮。

采访人：如何看待现代杂技演出中的技术性和娱乐性？

张训导：现在的观众来看杂技，不是单纯看技术。现在的杂技娱乐成分更多，看了开心。现在对节目的发展、技术的创作、形式的改变都要去思考，不能老是钻在技术提高的死胡同里面。难度高了以后，演出的稳定性就差，稳定性差，整个演出的流畅性就会遭到破坏。一会儿掉下来，掉下来还要重来，很危险也很狼狈。所以说有时候在技术上可以有难度，但是不要破坏整个艺术的完整性，观众也可以接受。

所以我们现在更注重整个晚会氛围和效果，当然反过来就我们专业人士来讲，还是要注重杂技本体的支撑。我们在考虑杂技晚会创作时，既要考虑杂技节目本体的创新提高，又要考虑整个晚会的流畅、协调、美观、效果，这个效果包括音乐效果、灯光效果、舞美效果。从艺术创作管理上来讲，我们已经打破了原来纯杂技技术的单一思想，要看的更多，要知道得更多，要想的更多。

采访人：您这一代演员受到许多老一辈艺术家的启示，您在传承杂技艺术方面有什么体会？

张训导：他们都是20世纪50年代的艺术家，我们从学员到演员，从小时候看老一辈演出到跟他们同台演出，在演出中我们就会看这个老演员亮相好，那个老演员风度好，这个老演员表演好，那个老演员技术好，我们都看在眼里。当我们自己成为演员后，就经常会思考我应该怎么演，怎么设计动作，道具怎么弄。后来我做舞台总监，也会在演出过程观察，今天这样的表演好，换个方式怎么处理效果更好，和演员一讲，他觉得非常有道理，他自己演下来也觉得很舒服，而且效果更好。在这个过程中，大家及时沟通交流。我们从老师那里学到的，自己融会贯通，再根据自己的经验，传授给年轻演员，培养他，让他的演技不断提高。

采访人：您作为一个杂技艺术家，经历了成长、成才到走上管理岗位再到退休，请您对杂技接班人提些希望。

张训导：希望给年轻演员做榜样，因为现在杂技的更新换代是比较快的，这是杂技艺术的一个特点，就像体育、舞蹈一样的，除了少数人，大多数干不了多久。十年是一个很长的时间了，有一些节目，三五年就被淘汰了，很短暂。我们杂技演员自己要分析，不同的年龄段，是不是可以发展不一样的节目？到了一定的年龄，一些高强度的、特别危险的、难度特别大的节目不能演了，但是你可以从事一些其他方面的表演，或其他方面的工作。

每个演员都要爱护自己的艺术生涯。我们很多人说自己不行了，不行了怎么办，只好转业了。后来我就说，这个不行，可以干那个。这里面首先你自己要想到，自己要明白这个道理，另外你自己要愿意付出、再付出。你不愿意再付出，还用你原来的观念，那肯定不行，天上不会掉馅饼。当演员就有各种年龄条件限制，如果当不了演员，你可以当老师，当技导，可以当舞台监督，甚至可以去做灯光管理、音乐管理。你对杂技演出这一个规律性的东西是知道的，在这基础上再去学习，可能你会比没有这个出身的人理解得更深刻、反应更快。所以要珍惜这份工作，也要学会延长自己的艺术寿命，包括平时不要晚上吃、喝、玩，到第二天会很累，懒洋洋的，那么到舞台上表现给观众的是什么样的状态呢？这样演出就很危险。如果第二天有演出就要保持自己良好的状态。这也是演员的职业道德，要对得起观众，也对得起自己，这样你受伤的概率也能降低。像我们以前只要晚上有演出，今天的训练应该怎么练，今天的作息应该怎么安排，自己都要把握好的。因为到了舞台上，你不行的话，那就会给你颜色看的。昨天去踢球了，玩得很开心，今天就肌肉吃不消，不但容易失手，还容易出事故。所以从事杂技这个行当的演员自己一定要明白，让自己在演出的时候保持一个最好的状态。

（采访：柴亦文　整理：柴亦文）

功夫不负有心人
——金克敏口述

金克敏,江苏太仓人。1956年加入上海杂技团学馆。曾任演员、演出二队业务副队长、政治指导员、党总支委员。代表作有杂技节目《手技》《溜冰》《跳板》,滑稽节目《快乐水手》《快乐炊事员》。在上海杂技团荣获三次记功,两次荣誉证书,2001年荣获上海杂技团"德艺双馨"称号。《花式溜冰》节目在1981年华东六省一市优秀节目会演中荣获二等奖。12次赴日本演出,6次赴美国演出,在英、法、德、意、澳、加拿大、土耳其、新加坡的演出也受到广泛好评,为中外文化交流做出了自己的一份贡献。

采访人: 金老师,当初您是从孤儿院被选入杂技团的?

金克敏: 因为我父亲走得早,母亲带着三个儿子生活很艰苦,养不起我们,当然她也有苦衷,我和兄弟俩就流落街头了。我记得自己是被警察带到上海市第一孤儿院,由阿姨和老师照顾。1956年春节前后,杂技团来了三位老师来选学员,教导处主任叫我们四五个同学,包括我和兄弟，还有三、四年级的一些同学去接受挑选。杂技团老师来了以后，看看我们的腿和腰，再看看头，看看脸就回去了。过了一段时间老师突然通知，你们这几个同学，把自己的衣物整理一下。我们就这样进了杂技团。当时进了杂技团就什么都有了，被子褥子、练功服、练功鞋，每人发一套。我当时对杂技一点也不熟悉，既没有看过，也没有听说过。进了杂技团没有多久就开始练功了，从心里来说我不大喜欢，后来没办法，老师怎么说就怎么做，就这么学的。

采访人：您1956年进团，请您介绍一下当时的上海杂技团。

金克敏：当时还叫上海市人民杂技团，是由李家班、邱家班、邓家班等过去旧社会的一些老艺人组成的。李家班是从俄国马戏团出来的，有李殿起、李殿彦、张立永等，主要节目是《跳板》；邱家班有邱胜奎、邱栋英、邱涌泉等，主要节目是《古彩戏法》；邓家班有邓文庆、邓国庆，主要节目是魔术。这些都是上海当时赫赫有名的私人班子，最后合起来组成了上海市人民杂技团，把他们整合了以后，杂技团实力蛮强大的。

采访人：刚进团的时候是练基本功么？

金克敏：我们的基本功老师是杂技团从上海京剧院请来的，主要是练毯子功，腰、腿、顶等等，腰就是下腰、腿就是掰腿、拿顶就是倒立，还有翻跟斗。另外，老师要我们把腰勒得很细，这里我讲一段非常有趣的故事。我们用工厂里马达上的宽皮带，剪一段外面拿布缝好，扎在腰里，打死结，洗澡都不能拿下来，一直扎着，就是要让你把腰挺起来，你看我现在腰都是很紧的，当然这个方法我觉得不太科学。

等基本功练出来以后，我们被派到团里去跟师傅学，什么条件练什么功。刚进去时老师不教的，就给你一个道具，多看、多练、多揣摩。当时团里练功房很小，施展不开，我们就偷偷地躲到屋外面去练。

采访人：我们知道杂技训练本身是很艰苦的，在这个过程中老师也是很严厉的，对吗？

金克敏：对。我们这批学生现在都还对老师很尊重的，很多老师已经过世了，他们是科班出身，也是从他们的老师那学来的杂技，没有什么教育方法，就是练，不行罚，再不行打，就是这一套。老师有一个口头禅，"师傅领进门，修行靠自身"，师傅领进门了，要练的话你自己练。我认为这句话还是对的，"不吃苦中苦，难为人上人"，就是你要出头，你就要刻苦训练。我牢记这句话，到现在还记得。所以我们这一批学员出功很快，练了两年就参加演出了，整场演出从高空到低空到地面都有，加起来有十几个节目。

采访人：这其中有哪些优秀的节目？

金克敏：我们第一届学员出了《女子三钢》这个节目，就是女子钢丝，是我们班三个女同学表演的，一个师姐两个师妹，杨惠芳是师姐，章小芬、姜瑞林是师妹。你想钢丝多细，而且这个节目是有高度的，那么高，借着钢丝弹性，腾空在上面跑、跳、翻跟斗，还有"前空翻""后空翻"，转180度到那边，再转90度到这边，非常难。而且演员手上没东西，你想走大绳演员手上有东西可以保持平衡，这个节目演员都是空手表演，就靠你自己掌握平衡。屁股弹到钢丝上都受伤了，等结了痂，伤愈了又练，痛死了，吃的苦不是一般人所能承受的，我们看了心里都很难过。所以这三个演员是我们这批学员中的佼佼者。这个节目到现在，国际国内都失传了，都没人练，太伤身体了。1962年我们在北京工人体育馆演出，周总理也来看了，当时钢丝节目中其他两个演员都发挥很好，杨惠芳连翻了两个，到第三个才翻好的，总理都站起来，心疼地说不要翻了。

这个节目刚开始练的时候，上海市分管体委的副市长得知上海杂技团有个节目是在钢丝上翻跟斗，而且能够不掉线，体委就派运动员到我们练功房看我们练基本功，最主要是看走钢丝。每天来的人络绎不绝，早上七点钟来一批，今天是体操队，明天是技巧队，后天是篮球队、排球队、田径队，都来学习。他们还到食堂看我们吃什么早饭，都伸伸舌头,"哇"的一声表示很惊讶。我们的伙食标准和运动员不好比的,杂技团一个月吃十二块,体委一天都不止吃十二块。所以体委同志就对运动员说,你们看看人家杂技演员是怎么练出来的,等于是给他们上课了。

采访人:平时除了练功,是不是也要学习文化课?

金克敏:这点团里做得不错,我们的文化课,除了英文没有,数学、语文都要学的,不过有一点我感到很奇怪,就是叫我们学习甲骨文,那些甲骨文到现在我还能看得懂。当然学习方面不像正规学校那么严格,杂技团里还是练功最重要。

采访人:您第一次上台演出表演的节目是什么?

金克敏:最开始是集体节目,翻跟斗、顶杆、爬杆都来。

采访人:1958年上海杂技团在人民广场建了杂技大篷,您就在那里演出?

金克敏:说起大篷演出,条件是非常艰苦的。大篷就搭建在人民大道边,有能容纳两三千个观众的座位。虽然大篷是固定的,但是一旦有集会、公益活动,就要拆掉把地方腾出来。我记得那时候,每半个月到一个月,总要拆一次大篷,比如说第二天有支援拉丁美洲、支援古巴的游行,大篷都要拆,场地上不能有一根桩子,还要把地砖都铺好。那时候我们条件够艰苦的,全体同事,男女老少都要干活,演出一结束就拆了,拆到半夜十二点、一点钟了,一点都不剩,拆下来的东西都整理好、堆放好,第二天要来检查。我们年纪小,大篷里的墩子,就是大桥木,上面有桩,很重,要两个人扛一根,一共有几百根,干得筋疲力尽,但还是全部自己弄,一点都没有请外头人帮忙。

除了拆台装台,我们在大篷里演出也是非常艰苦的。到了夏天,外面30℃,里面至少35℃。下雨天更苦,外面下大雨,里面下小雨,滴滴嗒嗒,没办法,如果演到一半下雨了,也是照样演,观众在下面躲雨,我们台上躲不了,一个固定动作进行到一半不能停下来,只好演下去。到冬天更苦，大篷就是一层帆布，是透风的，上面也是空的，会往里面灌风，动作都施展不开。我们表演时为了方便做动作都穿得很轻薄的，尤其是女同志，比如说像《柔术》《四人造型》《空中飞人》，穿的很薄很短很少的，那可遭大罪了。

采访人：碰到这种刮风下雨天，观众有多少？

金克敏：台下哪怕只有一个观众也要演，而且要认真演，因为人家是买了票进来的。我们碰到过这种情况，台上的演员比台下观众多，我们上台一看，底下就二三十个观众，而我们一个出场就有四五十个演员。

采访人：大篷演出一直延续到1964年上海杂技场建成？

金克敏：对。上海杂技场在南京西路仙乐斯，上海木偶剧团是我们的隔壁邻居，我们在东面，他们在北面。新盖的杂技场和大篷有天壤之别，我们好像进了天堂一样，有供暖，有固定的化妆间，有排练厅，有

1972年上海友谊电影院，尼克松访华演出期间拍摄。前排左起为金克敏、金克强；后排左起为薛晶晶、蒋正平、程海宝、刘君山、张训导、姚金虎、周良铁

练功房，是正规的圆形演出场所。大篷里面是没有这些设施的，练功都是在露天练的，遇到下雨天大家就在小篷里叽叽嘎嘎挤着练，有了杂技场就好多了。

采访人：有了杂技场以后，演出装置、设施都慢慢正规了。

金克敏：到了杂技场，马圈顶上的设施都可以固定了，特别是空中飞人用的马达、架子等。虽然和现在的马戏城不好比，但是对我们来说，已经非常心满意足了，而且安全性上会有一定的保障。

采访人：您和您兄弟金克强有几出滑稽节目非常受欢迎，像《擦镜子》《快乐的水兵》《快乐的炊事员》等，当时怎么会想到要创作这些节目的？

金克敏：那个时候整场演出都是很惊险的节目，场子里很沉，观众看得一惊一乍的，后来我们就考虑，整场节目中要有点轻松快乐的东西加进去就好了，可以调节一下气氛。

《擦镜子》是我们兄弟两一起演的，都是一些比较诙谐幽默的内容，最早出自上海文明戏里的《照镜子》。滑稽戏里《照镜子》都是文戏，就像幕间节目一样。我们加入了一些手技动作，使它更有杂技特色，主要情节是由于镜子被佣人打破了，但又不能让主人知道，所以佣人把自己打扮成主人的样子，主人对着镜子做什么，佣人也得跟着做一模一样的动作，一个正一个反，像镜中人一样。表演很诙谐，也很难，我们兄弟俩这一档算是最正宗的了。

后来杂技改革，要演革命杂技，表现民兵、消防战士的生活，在这个时代背景下我们创作了《快乐的水兵》，我和我兄弟表演的时候穿海魂服，戴白帽子。开始是哥哥捉弄弟弟，把擦镜子的内容融入进去，因为两个主角是部队里的炊事员，就考虑把厨房间里的锅碗瓢勺都用起来，那么逐渐又发展出《快乐的炊事员》，由《快乐的水兵》的两人扩展到四人一起表演。其中有集体飞盘子，十六个盘子在空中飞舞，三个人飞盘子，我一个人接，十秒钟接六十个盘子，单手接，接完马上摆在另一只手上，连续不断地接住飞过来的盘子。我们练的时候先练飞，练功房里地上摆好垫子，画个圈，每个飞过去都要掉在圈里，准了再开始对手。不然接的人有危险，我鼻梁就缝过两针。我练得虎口都烂了，后来起老茧了才好一些。还有集体手技，每个人手上三个锅铲，或者三个勺子，每人三样，四个人一共十二样，在空中来回飞，所以一定要眼疾手快。还有我和学生演的头顶子，我在底下，他倒立在我头顶，两个人一起做手技表演，我既要掌握平衡，又要注意顶上人的安全，手上还要有动作，万一平衡没掌握好，顶上人滑下来，只是一秒钟的事，而且还是头着地，真的是非常危险。还有飞机板，我们用蒸笼里的竹片当飞机板，来回飞，最后落到头顶上。最后收场是转盘子，七张桌子，每张三个盘子，一圈转好再来一圈，一个都不能塌下来，一气呵成，这个不是一两天能练成的。所以整个节目当中，每一个阶段都有一个华彩，弄得满台飞舞，观众看得眼花缭乱，整个场子都热起来了，也带动了全场。

1972年意大利导演安东尼奥尼到中国来拍纪录片《中国》，从北京开始拍，最后拍到上海，拍到上海杂技团，那时候《快乐的炊事员》刚从《快乐的水兵》改编过来，

美国报纸报道的《快乐的炊事员》，底座为金克敏

动作全部换了,他看中了,就从头拍到尾。

采访人:观众反响也很好吧?

金克敏:我记得1973年我们在联邦德国演出,前面的节目演出效果还是礼节性掌声比较多,一招手、一鞠躬、一个节目一结束、一亮相,观众给掌声。我们演的是《快乐的炊事员》,演到三分之一的时候,突然之间,全场观众都站起来了,又是吹口哨,又是跺脚,又是拍手,又是叫,我们以为演砸了,一想没演砸,没有失手么,很好啊。后来工作人员看见跑进来说,不要紧的,演下去,这是给你们最高的礼遇。接着演下去后掌声越来越多,德国观众没有看见过这种形式的表演。因为像我接盘子,六十个盘子,十秒钟,唰唰唰唰都接到,到最后就是功到自然成,他一出手我就知道往哪个方向接。这场演出,我和我兄弟两个人到现在谈起来也很兴奋,德国观众表达了最高的敬意,后来从台上下来团长都表扬我们不简单,掌声一浪接一浪,以前没有的。

采访人:你们孪生兄弟在舞台表演时还有什么趣事?

金克敏:刚进团的时候,我们在练基本功,一个老魔术师看我们是双胞胎,就设计了一个节目。开场之前我的兄弟先坐在台下,魔术师上台,四个助演抬一个大箱子出来,魔术师"假支假眼"①从观众中找,找到我兄弟,然后请上来关到箱子里。当时箱子很薄,演员也要有点基本功的,像那个"拉嘎布"②一样趴进去,箱子锁好,吊起来,他其实藏在下面。那个魔术师拿枪一打,四面八方板都掉下来了,箱子里人没有了,人到哪里去了?人从观众席里出来了。观众反应好得不得了,魔术师还特地从观众里面叫一个小朋友上去,小朋友说"明明看到他钻进去的,怎么没了?"其实是两个人,双胞胎,我和我兄弟演出前是不许走在一起的,我从观众席上进来,就坐在观众席上。后来文化局局长李太

---

① 假支假眼:方言,装腔作势,装模作样。
② 拉嘎布:方言,癞蛤蟆。

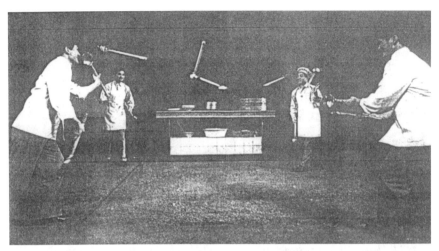

《快乐的炊事员》四人表演对接锅勺、盘子

成知道了,他说你们团里面有个新的节目,我来看看。后来他才知道,原来是这么回事,是双胞胎演员。

采访人: 1963年第一届新兴力量运动会在印尼举行,当时除了体育代表团,还有文艺团体也去演出了?

金克敏: 那次出国演出以上海杂技团第一批学员为主,包括章小芬、杨惠芳、姜瑞林,我和我兄弟等人。第一届新兴力量运动会比奥运会规模小一点,亚非拉国家参加,各个国家都派大型体操队、篮球队去参加比赛,同时每个国家都要派一个大型的文艺团体。我们带了滑稽武术、滑稽抢椅子,还有手技节目去,很荣幸参加这样的活动,那次演出非常成功。

采访人:1972年美国总统尼克松访华,还在上海看了杂技表演,您还记得当时的情景吗?

金克敏:那时候我们团正好在奉贤劳动,几年没有练功了,道具都不知道在哪里,中央一下达这个任务,就把我们从乡下招回来。恢复训练、找道具,大概提前两三个月把我们调回来练功完成这个任务,要确保练到万无一失。

采访人:作为杂技演出来讲,要保证万无一失是不是很难的事?

金克敏:我说句最简单的话,你吃饭也会咬舌头,对吧?这些盘子、勺子都是离开双手,在空中飞的,十秒钟内六十个盘子飞过来,你说可能吗?所以为了这场演出,早上一遍功,下午一遍功,这一遍功就是三四个小时,晚上又是排练,从头开始排,不行再来,一直到行为止,很严格的。文艺界很长时间都没有演出了,演员都下放劳动去了,所以我们都是花功夫练。封闭训练,练一遍十遍百遍千遍,总算功夫不负有心人。最有趣的是,那天晚上正式演出,临上场之前团里给每人都发了一粒东西,说是镇静剂,其实不是镇静剂,是安慰剂维生素C,也是为了缓解一下大家紧张的心理。

我和我兄弟不慌台,因为功到自然成,从小师父已经说过,吃得苦中苦方为人上人,几千遍地练,你总归行的,闭着眼睛都在想这个东西。从心里来说,演出前是没底的,上台前心是有点慌的,一出台面,一点慌的神态都没有,该怎么发挥就怎么发挥。因为你是"快乐的炊事员",你要快乐,你坐在厨房里要体现"快乐"两个字,这么一来心就定了,加上你练功的数量已经到了,所以这场演出非常成功。

采访人：您对周总理有哪些印象？

金克敏：那时候每个月都要招待外宾，周总理亲自来审查节目，招待西哈努克亲王的演出结束后，周总理陪同亲王上台和我们握手，还说："双生子，你们又长高了，技术也提高了，要好好练功，要好好为人民服务。"总理对我们的鼓励，我印象非常深刻。

采访人："文革"中上海杂技团的外交任务一个接一个，1973年还出访了欧洲，请您谈谈这个经历。

金克敏：访问欧洲，从时间上来讲其实也是蛮紧张的，为了这台节目，我们在文化广场集训了一年，又到北京集训了半年，接受文化部审查，总理、副总理都来关心，因为这是国家第一次派文艺团体访问欧洲。加上英文翻译、法文翻译，一共七八十个人，是一个大团，道具也要托运过去，所以中国民航包一架飞机去的。

第一站就是阿尔巴尼亚，第二站罗马尼亚，接下来是法国、英国、联邦德国、意大利，这一大圈下来，最具有戏剧性的是，我们要回国了，突然之间增加了一个土耳其，因为它和德国关系很好。到了土耳其演出轰动得不得了，文艺团体、明星名流都来，争着要看，一票难求，演了整整一个月。我也不知道什么原因，可能我们演得滚瓜烂熟了吧。在欧洲的演出反响很好，之后上海杂技团就名声在外了。

采访人：当时出访欧洲，是不是还有外交上的任务？

金克敏：是的，弘扬我们中国的传统文化。尤其到英国，当时大使馆局面打不开，我们演出以后，局面统统打开，中国艺术，特别是中国的杂技艺术，也是光彩夺目、很吸引人的。

采访人：上海杂技团1980年首次赴美国商业演出，卡特总统专程来看演出，有没有提前通知你们？

金克敏：这次演出是尼克松访华时看了我们的演出后促成的。1980年我们在肯尼迪中心演出，因为是商演，承包商负责对外售票，没有政府行为，作为一个国家总统他当然也享受不到赠票。我说说当时的情况，我们七点开始演出，六点报到，一进剧场的门就看到有两条狼狗在门口，再进去看见四面八方都有带枪的警察，还想今晚怎么了？演出开始一两个节目后，场子里灯都亮了，二楼传来掌声，一会儿灯又暗了，继续演出。后来才知道是总统带全家来看演出，团长打电话到大使馆，大使都来了，演完以后，总统、大使到后台的大厅和我们一起合影留念。

采访人：1981年《花式溜冰》在华东六省一市优秀节目会演中荣获二等奖，这个节目和过去的溜冰节目有哪些区别？

金克敏：原来这个节目是男女对手节目，两名演员穿着溜冰鞋，在一个直径一米多的圆台上表演旋转、套脖、溜桌等，很惊险。华东六省一市会演的时候，领导希望在对手的基础上，把它扩展为一个集体节目，由15人左右参加。这在原来的节目基础上有了一定的突破，开场时，五对男女演员在舞台上表演，然后融入了花样滑冰的一些动作，接着又加入了手技表演，有手技羽毛拍、帽子、飞圈等，使观众眼花缭乱。

采访人：80年代，您还担任过业务副队长，那个时候您自己还演出吗？

金克敏：作为业务副队长要做好舞台监督，演出这一套东西都要管。灯光、舞美、演员、道具、布景、上下场都是我管的。还要安排演员练功，有演员不练功或者不高兴练功，发生矛盾，你要找他谈，团里的青年工作，都要去抓。这个政治指导员我做了两三年，同时也做演员，要练功演出，还要做业务上的事，是很忙碌的。

采访人：您在平时训练和演出中有没有受伤过？

金克敏：受过伤的。有一次在四川演出，四川省川剧团的演员要学我和兄弟在滑稽武功当中的一个惊险动作。那天我兄弟发寒热，他把我举起来一抛，我从他背后刷一下子抱到腿，人就摔出去了，很惊险，等我醒来已经在医院里了。当时诊断是很严重的脑震荡，鼻子也肿得不得了。还有一次我和兄弟在台上表演对手戏，可能是我用力不当，他一下子头栽到地上了，晃晃悠悠，我心里一愣，但是他马上爬起来了，实际上有点轻微脑震荡，我到现在还很难过。

采访人： 过去教学生的方法比较严苛，后来您在传承和教学中有什么体会？

金克敏： 我觉得还是身传言教最好。什么是身传？他做不来，你比划给他看，什么是言教？你把要领告诉他，这个动作怎么做，怎么掌握，重心在哪里。比如，抛东西，抛90度不行，我试试45度，它回来了，我就拿住了，对不对？你垂直怎么能行呢，你演给他看，再把道理说给他听，我相信学生会懂的。身传言教是我体会最深的，因为我小时候老师不教的，都说"师傅领进门，修行在个人"。我觉得世界上没有笨人，只有懒人。你懒得动脑子不是懒吗？你懒得动也是懒啊。你动脑筋想这个动作要领在哪里，那你肯定能成功。我退休以后，团里回聘了我两年，在此期间我教了一个集体女子草帽，我就身传言教，没多少时间就练出来了嘛，而且成功上演了。

（采访：陈　娅　整理：柴亦文）

在舞台上,始终要精神饱满
——柯慧玲口述

柯慧玲,1943年生于马来西亚槟城,四岁随母亲回上海。1951年9月进入上海市人民杂技团为学员,师从邓文庆、李殿起、甄毓清、邱胜奎等前辈学习杂技。1954年初开始演出《柔术》,经常参加招待外宾演出。1958年起分别和乔荆州搭档排练并演出《柔软体操》。1960年随团赴非洲苏丹、埃塞俄比亚、几内亚、摩洛哥四国进行友好访问,为各国领导人和民众演出达100多场。1972年起和潘素梅搭档排练并演出《扛梯》。1973年随团赴欧洲阿尔巴尼亚、罗马尼亚、法国、英国、意大利、联邦德国、圣马力诺、土耳其等国演出。1974年赴日本进行友好访问演出,表演《扛梯》《转碟》《集体车技》。1980年与哥伦比亚公司合作赴美国费城、纽约、华盛顿等地进行商业演出。1987年再次赴美国并在联合国大厦演出。1988年起和搭档赵平生合作演出《火箭飞人》,创作了"飞燕展翅""脱扣"等新奇惊险的动作。后调入上海杂技团艺术室工作,带领学生到北京参加了中国杂技家协会的拍摄,并参加了哈尔滨魔术技艺讲学会,根据赵世奎表演的魔术《仙人栽豆》撰写剧本。1985年9月起在上海杂技团训练班任教,带教《飞天》等节目。

采访人：您小时候对杂技有什么印象？您的父母是否很注重对您在文艺方面的培养？

柯慧玲：我出生于马来西亚槟城，大概在我四五岁的时候，妈妈先带着我从那里回到上海。我妈妈小时候就是从上海出去的，她十几岁的时候，跟一位白俄罗斯的芭蕾舞老师学过舞蹈，出国后也在国外演出。因为我父亲是厦门人，我们回国没有多久，全家就一起到了厦门，妈妈开始在那里演出。那个时候我已经六七岁了，开始有点印象了。

我小时候吸收的正能量还是蛮多的。刚刚解放时，我们在漳州，那里有一所学校，我看见人家学生每天背着书包去上课，很羡慕。但是自己没有机会去上学，因为我们在一个地方不会超过半年，再加上当时家里经济条件确实也不宽裕。漳州解放得比较早，那边住满了军队。我经常过去看他们出操，他们很喜欢我，总叫我过去。他们唱队歌，也会教我。我学会唱的第一首歌就是《解放区的天》。所以我从小对党、对部队的军人都是很有感情的，后来进了杂技团，讲政治课我也很听得进去。

其实我的外婆给了我很多教育，是我一生的财富，她教我识字，培养我读书的兴趣。外婆教了我近两千个字，所以我读书、读报都比较顺畅。后来我进了杂技团，让我开心的一点就是团里有《少年文艺》《中国青年》《中国妇女》《文汇报》，还有《新民晚报》。我那个时候最喜欢看的就是《新民晚报》，因为《新民晚报》文章短小精悍，说的道理很浅，内容也很丰富，还有文艺故事、连环画故事。所以我觉得《新民晚报》也是我的一位人生导师。我只要在上海，就会去拿报纸看，从各个方面吸收好的东西充实自己。

采访人：那您是如何与杂技结缘的？

柯慧玲：1949年解放初期的厦门，大家对文艺还不了解，看演出的人很少。妈妈就带着妹妹先回到上海，在上海大世界的一个歌舞团演出。之后她给我父亲在上海杂技团的乐队找到了工作，父亲就带着我也回到了上海。那个时候厦门是一个岛，交通很不方便，去上海要坐船。我印象里离开厦门的时候是雨季，雨下得很大，耽误了行程，父亲错过了去单位报到的时间。

当时我家人口比较多，爸爸失业，我有一个小舅舅也失业，外婆、妹妹，再加上我，都靠妈妈一个人的工资生活，经济上应该说是很紧张的。后来妈妈通过原来歌舞团的同事把我推荐给邓文庆老师，进入杂技团学杂技。我记得那天晚上，妈妈带我去邓老师家，叫我给他鞠躬。就这样鞠了一躬，我就成了邓老师的学生了。第二天一早，他就带我到杂技团去了。

那个时候杂技团还在筹备阶段，邓老师是筹备人之一，他召集了各地的很多杂技演员。我记得我第一天到杂技团，团里有两个女孩，一个是邱栋英，一个是张曼华。邱栋英的父亲是杂技团的副团长邱胜奎老师，张曼华的父亲也是一名杂技演员，原先是以扯铃为主的。我就这样到了杂技团，当时是十月份。

采访人：您刚进入杂技团的时候是什么感受？

柯慧玲：因为当时我对杂技不了解，甚至都没有见过，我是根本不喜欢杂技的。从心里来说，我很喜欢歌舞，应该是受到妈妈的影

1951年进团时，柯慧玲（后排左一）与刘君山（前排右一）、邱栋英、杨天真、张曼华（前排左一）的合影

响。另外，我在妈妈所在的团里也演过一些话剧里小孩的角色，也很喜欢话剧。所以当时他们把我一个人放在杂技团这样一个陌生的地方，我心里面是很苦、很无奈的，可以说我与杂技是在很无奈的情况下结缘的。

采访人：妈妈当时舍得把您送走吗？

柯慧玲：她心疼也没办法，我就自己一个人在杂技团。当时杂技团礼拜天放假，邓老师很好，因为他家跟我家只隔一条马路，每到放假他总是把我送回家，然后礼拜天晚上我妈妈再把我送到他家，我和他一起回到杂技团。后来我爸妈自己组了一个团，培养

柯慧玲与母亲

了一批年轻人，但是又被别的团挖走了。所以妈妈也很伤心，她和父亲就离开了上海，和别的团去外面巡回演出了。我就一个人留在上海了，当然外婆那时候还在，小舅舅也在，但我生活都是靠自己。

采访人：在杂技团的生活是怎样的呢？

柯慧玲：我记得刚进来，不太有人练功。为什么呢？因为这些演员都是从各个团抽调上来的旧杂技班的老艺人，刚刚进团，先要接受理论和思想教育，要学习党的方针政策。同时邓老师开始教我练功，比如把腿放在桌子上面压压腿，靠着墙壁拿大顶，也没有规定时间，就是靠到手发抖了，不行了就下来，又如手扶着墙往后下腰，主要是一些基础的杂技动作。

1951年11月21日，上海杂技团、上海评弹团等在人民大舞台召开了成立大会。我印象很深，我们四个小孩坐在二楼走廊后面第一排。各个团的代表上台发言，我们团长潘全福上去讲话。第二天我们回到团里，也召开了庆祝大会。

采访人：当时团里面人多吗？

柯慧玲：不多，很多人都还没有来。像莫非仙，申方良、申方明兄妹几个都没有进团，他们大概是1952年左右来的。当时团里除了邓家班、邱家班，最主要的就是李殿起、李殿彦、张立永、乔荆州、王玉振等。我记得当时正值春节，我还参加了杂技团的开幕演出，也可以说是杂技团的建团演出。

那时候节目也不多，我记得我和张曼华是帮邓老师变魔术，要从桌子上变两个人出来。一开始还闹了一个笑话，我们当时在箱子里，一片漆黑，根本不知道哪里是前，哪里是后。结果箱子一打开我们是屁股对着观众的，大家哈哈大笑。我们一看不对，赶快转过来。我们身上还带了两只和平鸽，要放出去表示和平。但是鸽子在里面拉屎了，很臭的。

采访人：一开始您是帮邓老师做助演？

柯慧玲：是的。第二次演出我们换了一个银箱道具，他们为了早一点做好准备，就早早让我钻到箱子里面去。我小时候很爱睡觉，很

建团初期，演员们在露天练功

早钻进去,里面是黑漆漆的,结果我就在里面睡着了。他们把箱子推出去上台了,我都不知道。等到开始转箱子,我醒了,这可把我急坏了,赶快把酒瓶等道具摆好。慌张之下酒壶也倒了,其他道具也乱七八糟的,兔子也没放进去。门一打开,观众哄堂大笑,那次演

柯慧玲与邓文庆

出下来邓老师很生气,批评我,说我演出的时候没有集中精力。所以从那个时候开始我就知道,演出中最重要的是要有责任心,不可以随随便便,不管是当演员还是助演都是很重要的,这一点让我牢记终生。之后不管是自己演出,还是给别人当助演,就算只是送一朵花出去,我都把它当作自己的演出一样,非常认真地对待。

邓老师是我的第一位老师,他年轻的时候练过杂技,后来去学魔术了。他虽然没有教我具体的节目,但是他在事业上给了我许多重要的教导:首先,是他对工作认真负责的态度,其次就是在舞台上,始终要精神饱满。他一直说,在台上首先就是要有精气神,站要有站相,不可以松松垮垮的,这些教导对我影响都是很深的。那时候杂技艺人不太讲究这些的,但是他很讲究,也要求我们注意这些细节。

采访人:那您是什么时候开始练柔术的呢?

柯慧玲:作为杂技演员来说,我那时候先天条件不是很好。因为杂技演员需要有力量和胆量。我没有力气,胆子也很小,很多节目没办法练,所以那个时候我没有什么节目。一直到1954年,表演口技的周志成老师跟重庆杂技团出去演出,当时重庆杂技团有一个柔术节目,就是《咬花》,非常受欢迎。周老师很有心,他向那位演员借了一套柔术的照片寄回来,让美工按照片的样子画了一套作为学习资料留存。那时候我的腰比较软,老师觉得这个节目很适合我,于是在1954

柯慧玲表演《柔术》

年年初，我就开始练柔术《咬花》了。很快，《咬花》的一套动作我基本上可以完成了，但没有"咬花"道具。

当时上影厂正在拍摄《广场杂技》，他们每天都过来看我们练功。工作人员就跟我说："你好好准备，我们要拍你的一些动作。"但是后来很不巧，一天半夜里我突然发高烧，范丽君老师半夜起来上厕所，听见我在哼哼，就过来看我，一摸我的头很烫，而且我裤子全部都湿了，马上把另外一个女干部叫上来，赶紧把我送到医院里。结果到医院一检查发现我得了猩红热，当时已经烧到41度多了。医生说幸亏送来得及时，要不然会有生命危险。之后我在医院里住了一个月，那时候我才11岁。等我回到杂技团，上影厂的《广场杂技》也基本上拍好了，我就这样错过了一次机会。

回团以后，因为我的心脏有点扩大，医生告诉我不能练功，还要休养半年。当时团里有领导提议要把我退回去，因为我身体不好，不适合练杂技。但当时我的父母去了外地，我的外婆已经去世了，小舅舅也去了西安，在上海没有亲人了，也没有地方可以退，所以团里就把我留了下来。后来团里对我照顾得还是挺好的，每个月买一只鸡，让厨房烧鸡汤给我补营养。我休息了两个月，后来再去检查，医生说可以练功了，之后我就开始跟着甄毓清老师练功。

因为之前的基础，我恢复练功之后进步得很快。原来的动作都已经会了，就是要加一个"咬花"的动作。老师们帮我做了一个很漂亮的木头桌子，在桌子四周画了花纹。我记得邱胜奎老师还帮我在花纹上帖了光片，灯光一照会一闪一闪，很漂亮。但是这个"咬花"不太适合我，因为我的腰太软了，整个力量压在"咬花"上，腿翘不直，没有办法松开双手做造型。甄老师很有办法，他找来两块砖，把桌子前面垫高一点，将"咬花"下压，等于把力量后移，而不是全部都集中在腿上，这样我马上就能找到平衡，手也可以放开了。所以说我们这些老师都是很厉害的，他们虽然文化程度不高，但是他们会在实践中总结出大智慧。

甄毓清表演杂技

采访人：请您详细地介绍一下《咬花》，它的技巧是怎样的、整个身体是如何达到平衡的？

柯慧玲："咬口"很重要，它让你像一个天平一样，身体的全部重量压在"咬花"这根杆上，在腰和头上找到一个平衡点。平衡掌握住了，马上就可以放手做造型了。

采访人：力量都在这个"咬口"上面？

柯慧玲：也不能说全部，"咬口"是一方面，脖子、头、腰都要配合好。如果你配合不好，就会像秤杆一样，过去一点会翘起来，过来一点又会塌下来。说起来也许很简单，但是这个平衡点要自己去慢慢找、慢慢摸索。后来我带学生也是这样，不可能一下子就能做得很好。

采访人：您说的这个"咬口"是用什么材料做的？

柯慧玲：咬口里面是铁块，外面缠纱布，要包得很厚，有的考究一点还要包一块牛皮。

柯慧玲表演《柔术咬花》

采访人：《咬花》这个节目是什么时候基本成型，并且开始演出的？

柯慧玲： 1954年年初的时候基本开始演出了，一开始是下乡去演出。我记得第一次演出我有点紧张，当时音乐一响，我就应该出场了，但我一紧张就有点发怵，邱老师在后面轻轻一推我，我才上场。真的到了场上，也就不紧张了，顺利演了下来。1956年团里一批演员从欧洲回来，我就开始跟着他们一起演出。我们也经常去锦江小礼堂参加招待外国领导人的演出，为此，还特地定做了几套日常穿着的服装。

采访人： 除了《咬花》您还练了哪些节目？

柯慧玲： 1958年我跟乔荆州一起练了《柔软体操》。他看上去是蛮厉害的人，我刚刚看见他也是蛮害怕的，但实际上他人很好。他的节目比较多，除了和申方良、申方明一起演《钢叉》，还有《大飞人》《大跳板》，所以他也没有很多时间跟我一起练功，我们就是中午趁演出之前的半个小时抓紧时间练习。乔荆州借鉴了画报上看到的一些动作，但没有把别人的节目完全照搬过来，而是把动作进行了创新和延伸。后来又把我的《咬花》增加进去，他在下面，我在上面，变成了《对口咬花》，排练后也进行了演出。

我记得我们那年去非洲演出之前，在北京长安剧场演出这个节目的时候，演到一半，正好一套动作完成下来亮相，我突然看到一下子进来很多人，在人群中我一眼就认出了周总理，顿时非常紧张。接下来有一个动作是我站在乔荆州的肩膀上，做一个下腰动作，我发抖得厉害。结果他很淡定，趁着抓我腿的时候，拍了我一下，说"不要慌"，我马上就镇静下来了，继续完成后面的动作。多亏他给我定了定心，后面的演出都非常顺利。

乔荆州人非常好，有一件事让我很感动。一次练功时，他举着我，我往后仰了一下。当时我不太懂，但其实这是最危险的动作，人很容易摔下去。摔下去的瞬间，他自己先躺到地上，让我摔在他的身上，真的让我很感动，所以我非常信任他。这就是搭档，"底座"爱护"臂膀"，"臂膀"就会很放心地做动作了。他还经常提醒我让我少吃一点，我本来吃三两饭，因为当时也没有什么好的菜，饭就是要吃饱。他提醒我之后我就吃二两饭，这么多年我就一直保持这个习惯，所以到现在我的体型也保持得很好。

所以说与乔荆州这样的演员一起合作，让我学到了很多。就像在长安剧场演出那次，演出结束下来他也没有批评我，而是跟我说，"台下不管谁来看，在台上你就是老大。你就应该有自信心，因为他们都不会表演，是你在表演，你要相信自己"。他的话给我很大的鼓励，在此之后，英国女王、西哈努克亲王等很多重要人物来看演出，我都不慌，我觉得这一点让我受益终身。

乔荆州的老师是中国杂技团的，当时他陪同周总理一起来看演出，事后他转告我们，周总理对我们这个节目很欣赏，说我们有创新。总理也看过中国杂技团的演出，我们前面有两个动作和他们一样，但是后面都是我们自己创新的动作。《中国杂技艺术表演》一书的封面选用了我们《柔软体操》中"对口咬花"这个动作的照片，也许就是因为周总理对这个节目的高度评价，编辑才把这张照片放在封面，后来这本书再版

柯慧玲与姚振才表演的《柔软体操》

时封面上又换成了我们团的《大跳板》节目的照片。

后来我和姚振才搭档演出了《柔软体操》，我也一直很感激他。他的节目很多，有《爬杆》《吊环》等，我们也都是利用休息时候一起训练。在天津的时候我们就演出过，也很受观众欢迎。姚振才原来不是练底座的，经过努力练习完成了所有托举动作，达到了演出水平，对于他来说是很不容易的。但是后来很可惜，我们这档节目被团长拆档了。

我还和赵申生跟着李殿起老师练过软钢丝，他很有创意地设计了高低钢丝，一根高钢丝，一根低钢丝，我们两个人有的动作是同时演，有的动作是对手的。后来李老师还给我们加了车技，就是单车，这样看上去更加惊险一点。因为我1960年参加了出访非洲的演出，所以没再练下去。

采访人：1960年您赴非洲参加了访问演出，这是由于怎么样的契机？能讲讲当时到非洲演出的情况吗？

柯慧玲：契机是中国非洲人民友好协会的成立，我们去了苏丹、几内亚、埃塞俄比亚、摩洛哥进行交流访问演出。不过去非洲演出，我的柔术是作为预备节目，所以当时的节目单上没有我的名字。一开始我心里还有点失望，因为作为预备节目，无非就是人家不能演出了，或者是有人生病了，我才能代替上去。结果没想到出国之后，无论在大使馆还是学校等其他场地,《咬花》都是作为一个正式节目在表演的。我的《咬花》不受场地限制,在乒乓桌上可以演,在一块地毯上也可以演,所以我这个节目是必演的。有的节目像《口技》虽然不需要道具,但还是需要有麦克风。最后统计正式演出是九十多场,加上一些非正式的演出,我演得最多,一共演了一百多场,所以我心里感觉很安慰。

当时我们出国演出的目标就是要为国争光,最重要的是要把演出搞好。特别是去非洲演出之前,陈老总接见我们,特别跟我们强调,"眼睛要向下看,不要光朝上看,要多向非洲人民学习,学习他们身上好的品质",所以我们出国都是坚决按照这个指示在做。特别是我们在苏丹的时候,有一群人特别喜欢我们的《爬杆》节目,想向我们学习。我们的一些演员都很热心地给他们示范动作,耐心地教他们,还帮他们做道具。他们对我们说,以前那些白人过来都是看不起他们的,只有中国人把他们当兄弟,对他们很友善。非洲人民非常热情,我们在那边所有的演出都是场场爆满,门票都买不到。而且那几天正好非洲遇到寒流,非

与苏丹学员合影

洲人没有衣服穿,晚上都是披着毯子来看我们演出的。他们的阿布德主席更是几乎每天都来看,看得特别高兴。那些非洲观众也很淳朴,会带着非洲特产的雕刻送给我们的演员,还有人拿了很多很大的鸵鸟蛋送给我们。这说明他们对我们中国人的热爱是发自内心的。

其实我们在每个地方演出的时间并不长,但是当时交通很不方便,从一个地方到另一个地方要走几个礼拜。我们还要根据航班情况,分成三批走。演出当地的条件也很艰苦,在埃塞俄比亚我们是到乡下去演出,都是荒郊野外,根本没有舞台。我们就自己搭台,用自己带来的幕布做背景,挂了一个汽油灯。幕布上面停满了黑色的飞虫,我们演出的时候飞虫就在旁边飞,这对表演者来说是很危险的。我的节目还好,像《大跳板》这种节目,演员都要特别当心。不过我们的演出效果非常好,当天外面观众多的不得了,我们索性就不收门票了,把大门打开,观众就像潮水一样冲进来看我们演出。因为之前从来没有外国团体来那里演出过,所以那天晚上他们当地的人差不多都过来了,将近有两万人。我们的节目很吸引他们,每到精彩之处,他们都会鼓掌、欢呼,有的人甚至会在原地兴奋地跳起来。

60年代的非洲真的很贫困,非洲南部的乡下,人们没有衣服穿,都是光着身子,用草编个围裙围在身上。当时出国访问交流,国家会补贴一些生活费给演员,演出之余我们参观了当地的孤儿院,就把这些补贴捐给了孤儿院,后来一路上,我们也都把这些补

1960年在非洲的几内亚露天舞台演出《咬花》,《上海戏剧》杂志封面刊发演出照片

贴支援给非洲人民了。

我们到几内亚发现那里的条件更加艰苦。因为没有大客车,我们坐的都是卡车,路面高低不平,车子一路开一路抖,经过大坑的时候,颠簸得更厉害。我们一个乐队的演员,眼镜都被颠得掉下来摔坏了。那边也没有像样的剧场,有一次当地为我们临时搭了一个台,屈武团长一看说不行,要拆掉。为什么呢?因为舞台很低,前排观众可以看见,坐在后排的观众根本看不见,这对演出的质量有很大影响。而且我们第一场演出是非常重要的,是给亚非团结友好大会做表演。团长让当地人去找来很多又大又高的汽油桶,我们自己重新搭台。屈老那么大的年纪和我们一起搭台,做了很好的榜样,大家都很有干劲,齐心协力很快就把台搭好了。那些几内亚人看着我们直发呆,他们搭一个台要搭好几天,我们没花多少时间就把台搭好了,而且又大又稳,什么节目都可以在上面演,而且观众可以看得清清楚楚。所以我们在国外演出,无

1960年中国杂技艺术团赴非洲演出经过伦敦,在SCALA大戏院演出,与保罗·罗宾逊夫妇及英代办合影

论到哪一个地方,无论是在剧场还是露天临时搭台,都非常成功。柯华大使也非常高兴,他说我们帮他打开了外交局面。

我们结束在摩洛哥的演出后乘苏联的轮船到了英国,因为是路过,所以原本并没有演出任务,中英友好委员会邀请我们为当地友好人士演出,著名的黑人歌唱家保罗·罗宾逊会来看演出。演出结束后,友好协会的人士陪同他上台来看望我们并表示感谢,于是有了那张珍贵合影。一路上我们还经过丹麦、瑞典、芬兰。我们团长很注重扩大杂技团的影响力,每到一个地方都要停靠一下,与当地人接触、交流,还会演一下小节目。在芬兰时我们就打开船舱,在甲板上表演了《咬花》,还有《顶花坛》等一些小节目,也是很受欢迎的。

最后,我们于八月初回到北京,没有马上继续演出。因为我们是第一个到非洲的艺术团体,而且是以"中国杂技艺术团"的名义出访的,所以当时有中央新闻纪录片厂的两名摄影师跟着我们一起去非洲,除了拍我们的演出活动,同时也拍一些当地的风情,群众的活动、生活等等。有些演出他们可能没有及时拍下来,回到北京就进行了一些补拍。有的是在露天搭台拍摄,有的是在摄影棚进行拍摄,像我的《柔术》背景就是蓝天白云,拍了一些造型作为纪录片的补充画面。所以我们在北京又待了一段时间才回到上海。

回到上海,《新民晚报》的记者来采访我们,听我们讲得很生动,记者提出让我们自己写一篇心得体会,于是我写了一篇。后来几内亚的塞古·杜尔总统来上海访问,我们杂技团演员都去机场迎接,在机场周总理看见我,他对我说:"你是柯慧玲吗"?我很奇怪,问总理是怎么知道我的,他说他看过我在《新民晚报》上写的文章,文章里还登了一张我表演《咬花》的照片,所以总理一眼就认出我来了。后来总理还和我说:"这些文章当中,你写的那篇最好。"别人都是写当地的风情,我写了非洲人民如何热爱毛主席,热爱中国。所以总理说我那篇文章写得最好,歌颂了非洲人民对毛主席、对中国人民的热爱。

采访人： 作为杂技演员，您觉得最重要的是哪方面？

柯慧玲： 最重要的当然是练功。我们不管是到非洲还是欧洲，只要空闲的时候，我们都会在房间里自觉地练功，所以基本上不太有失手的情况。一个演员在平时要对自己有要求。就像我，我知道自己的缺点就是力量不足。我如果一个礼拜不练，就觉得自己有点不行，所以我每天都进行力量训练，以保证演出质量。另外，我觉得保持良好的心理状态也是杂技演员很重要的一点。有的演员一看到台下有什么人来，马上就心慌了，就觉得不行了，一定不能这样。有一次我们在美国演出《转碟》，台上一共四个演员，她们看见马克·威尔逊来看演出，就有点紧张了，盘子接二连三地掉下来，四个人里面有三个人都失手了。失手就不能再表演了，因为如果把盘子捡起来，就合不上节奏了，所以最后台上只剩我一个人。我心里也很紧张，我要是再掉下来，洋相就出得太厉害了。我就一直告诉自己不要慌，要沉着，不去想下面是谁，只想自己的动作要领，我该怎么做，最后很顺利地演完。马克上来很轻地对我说：Wonderful（很好）。

在美国演出《转碟》，中间为柯慧玲

我们这一代人都很能吃苦，事业心也很强。张丹林、朱建平都是怀孕了，还在坚持演出。我生完小孩，56天产假以后马上恢复练功。当时好多人都在友谊电影院为招待尼克松排练，虽然我没有参加，但我一个人在练功房自己练，都是很自觉的。而且当时天气非常冷，漫天大雪，我骑着自行车还滑了一跤，还好摔得不严重。虽然我小时候不喜欢杂技，但是干了这个事业，就要干一行爱一行。那个时候陈老总也教育我们说，要"又红又专"。

采访人：您还和潘素梅搭档演出过《扛梯》这个节目是吗？

柯慧玲：是的。潘素梅起先不是和我搭档，与她搭档的演员有别的节目，而当时潘素梅是新练的这个节目，她练习的时候单扛一个空的梯子是不行的，需要有人帮她压，压时间、压分量。我就上去帮她压时间，后来我看她挺稳了，就在上面给她开动作了。看到我一套动作都能完整地做下来，她很惊讶，问我怎么会这个动作的。我就告诉她，这要感谢甄毓清老师以前给我们练过这些动作。但当时我欠缺的是力气，竹竿爬不上去。现在我有力气了，可以爬上去完成动作。潘素梅很开心，她后来向领导提出和我练，我们练了没多久就可以演出了。

潘素梅是一个很刻苦的人，练功的时候对我也很爱护。一般来说，杂技都是由"底座"来掌握"尖"。"底座"一般都是比较霸道的，因为"尖"一方面年龄比较小，是靠下面的人举着，所以基本上都是要听从"底座"的。但是潘素梅很好，她很关注我的情况，也很注意安全，经常嘱咐我做动作之前要试试保险勾上了没有，弹簧有没有弹出来，不要紧张，慢一点没有关系。

我们在国外演出时，她也很照顾我。因为第二个节目是我的《转碟》，中间隔两个节目就是她和我的《扛梯》，我要换衣服，还要活动开，所以她把道具都往我这边放，省得我跑来跑去。

记得我们在北京演出的时候，因为北京的气候比较干燥，竹竿都裂开了，要再另外找竹子重新做。后来她和人家学了，用麻线和胶水，把竹竿一圈圈缠绕起来，等于加了一层防护。这些她都是自己一个人默默地做，也不叫我，让我去休息。后来我发现了，我就和她一起做，我帮她拉着绳子，她旋转竹竿，绑得很紧。所以我觉得我们合作得很好，她一直很照顾我。

采访人：《火箭飞人》这个节目也很精彩，对演员力量上也有较高的要求，您是如何做到的？

柯慧玲：我觉得自己很幸运，

柯慧玲（上）与潘素梅（下）演出《扛梯》

虽然我小时候基础比较弱，节目不多，但是后来我确实遇到了几位好老师，也遇到了几位好搭档，使我业务上有了一些成绩。我最后还演了一个节目，就是《火箭飞人》。他们曾经想让我上这个节目，因为看我形象比较好，但是我那个时候力气小。底座把你拉上来了，你还要自己有一把劲才可以上"火箭"。否则，全部要靠底座的话，他会很辛苦，所以一般不太有人愿意跟力气小的人搭档练习。一直到1980年左右，我才开始演这个节目。

《火箭飞人》实际上也是空中飞人，造型上是火箭。那个时候因为我已经在演《扛梯》，有了一定的力量。那次演出也是一次偶然的机会，让我们做准备来演这个节目。我是自己准备，也没有搭档。我记得以前看过满开兰的演出，他们是从苏联马戏团学来的，从上到下用一根结了扣的长绳，底座只要一松手，就可以靠手臂的力量"飞"起来。他们臂力好，用双臂支撑脱扣子，但是我臂力不行。我就自己想办法，想是不是可以用脚扣住绳子，张开双臂整个人像飞燕一样往前扑，如同"飞燕展翅"。后来经过练习，底座一松手我基本可以"飞"出去，离观众只有一米的距离，总能引起观众的惊叫声和满堂彩。"火箭"是由队长在后台来开，他来掌握好我与观众的距离，不能太近也不能太远。应该说这个节目还是很惊险的。

有一年五一劳动节有两场演出，提前一天临时通知，让我们上去演出，之前我没演过，也没练过。我和赵平生就练了一次"对把"，在爬杆上面倒手倒脚试了一次，然后在上面空转，转了一次。赵平生说："你敢上吗？"我说："敢的，怎么不敢？"赵平生是一个很好的演员，他在以前的红色杂技团练过很多项目，像《浪桥飞人》等，功底很好，我很相信他。我们合作他从来没有失误过，他抓你抓得很紧，死死地抓住，你就不会滑掉。我们有的演员摔下来就是因为底座抓得不紧，滑掉了，甩出去了。所以我们就这样去演出了。我没有新的演出服，穿了一身旧的演出服。李月云还把自己的新体操鞋给了我，这个节目一定要穿软底鞋，因为翻下来之后脚要抽出来，所以不能穿有底的鞋子。这一次演出很成功，后来就开始表演这个节目了。

开始的时候分AB角，我们是B角。但是一般到外地演出，大火箭不能带，因为大火箭是固定的，带的是小火箭。A角的女孩臂力不够，大火箭上面高，"底座"还可以把她拉起来送她回去，但是小火箭很短，那就要求必须自己有力量。试了好几次，A角的女孩就是上不去，没有办法只好让我们演。我当然一上就上去了，所以我们两个逐渐就成为这个节目的主要演员。

有一次我们在杂技场演出日场。当我演完"飞燕展翅"的动作，然后起身下来向观众示礼时，突然前排十几位年轻观众站立起来向我鼓掌。起初我一惊，赶快用平时惯用的芭蕾舞姿还礼，等赵平生从火箭上下来，我招手请他一起向观众示礼，而那些帅小伙子们还站着继续给我们鼓掌。这是我第一次受到这么高的礼遇。后来才了解到，他们是英国皇家芭蕾舞团的演员,这件事给我留下终身难忘的记忆。

采访人: 对于观众而言,看到既惊险又优美的杂技节目是一种享受,但高空节目也有一定的风险,对于演员而言,怎样做到有惊无险?

柯慧玲: 一个演员必须要有扎实的基本功,机会给你了,你有这个能力,就能上去。所以我后来练功更加刻苦了,有人在我就叫人家扶我,没有人我就自己绑一根绳子练习。有一年过年好像是放了几天假,我就自己一个人到团里去练功,弄了两根绳子给自己做保险。因为我之前有过一次教训,把脖子摔伤了,颈椎半脱位,幸好治疗得及时,复位了,否则是很危险的。

还有很重要的一点,就是搭档。你要能够十分地信任他,他能够给你一种安全感,你就能演好。我的搭档赵平生,我真的要感谢他。他还有一件事让我很感动。我后来到了二队,因为赵平生也是属于二队的,我们演《扛梯》,赵平生一直帮我们拉保险,他非常认真负责,把这件事当成他自己的事,他有事都会反过来跟我们打招呼,真的是全心全意、毫无怨言、勤勤恳恳地为我们做好安全保障。有两次差一点出危险,幸亏他保险拉得及时。拉保险一定要全神贯注,人掉下来就是一瞬间的事,倒把一定要快。像钢丝节目也是这样,演员在上面翻跟斗两边都是有人在保护的,一旦掉下来了就一下子抱住演员自己摔下去,就是这样。

采访人: 需要有一种自我牺牲的精神?

柯慧玲: 对的,像《大跳板》这种高空节目,拉保险也很讲究技巧。不要看刘君山个子不高,他拉保险经验很足。有的时候尖子会突然掉下来,他一下子就能给你撑上去。我们《扛梯》也是这样,虽然没有跳板那么厉害,但有时候梯子一下倒了,我要拼命地拉梯子,因为梯子上面没有保险,万一倒下去,前排观众肯定要被砸伤。

以前我们团里风气很好,包括搭台、支钢丝,这些工作都是团里的男演员来帮忙做,很累的。男演员确实很辛苦,除了演自己的节目,还要帮忙搭台。特别是《大飞人》《蹦床》，蹦床架子都是要一个一个安装，男演员全部上去当助演。我们女演员当助演比较简单，送水、送花，就是比较优美的这种工作。而且我们团像一家人，不管是团内、团外的，都互相帮忙。比如潘素梅到我们团里来，她的钢丝都是我们团里人帮着搭起来的。

采访人：杂技团在不断培养年轻的杂技演员，在培养青年演员方面您有什么心得？

柯慧玲：我之前带过的一个学生，她原来是运动员出身，作为运动员来说她的成绩不错，还得过奖。但是到杂技团来的时候已经16岁了，腰又受过伤，这个年纪练功很吃力。之前我看中了几个少年宫的小孩，都是十一二岁，长得也漂亮，身材条件各方面也都很好。但是杂技团没有额外的编制，不能自己去招收演员，像运动员转编制过来是可以的。那么我就带着她开始练功，她每天练功都哭，天天哭。我也不说她，因为我可以理解腰痛的人练功的痛苦。但是没有办法，不然就要转到服务行业去了，所以每天我就多鼓励她、安慰她。原来她练体育是要求绷脚，但是后来她练《滚杯》正好是相反的，因为脚上要放一沓玻璃杯，不能绷脚，必须是勾脚的，这样上面才可以扣住玻璃杯。她之前绷脚拉的是腿到脚面这条筋，现在勾脚是要重新拉腿后部的这条筋，再加上她有腰伤，所以每天练功她都疼得哭。当时我们新来的团长每天吃饭从办公室到食堂经过练功房，看见我就问："她怎么天天哭？你怎么搞的，你教得好吗？"我说："万事开头难，练杂技更是。她年纪那么大到这里，而且练的是与之前完全不同的项目，哭是很正常的。"我说你们给我一年的时间，如果我一年教不出来，你再说这个话，现在才刚刚三个月，这是最苦的时候，哭是很正常的。我对她也是很下功夫，杂技团正常是八点半上班，我每天七点不到就来教她了。她的妈妈也很配合，每天早早地把她送过来。中午她都是在我家休息、睡午觉，我家有什么好吃的也都会给她。

最后她十个月就练出来了。练出来了以后，领导马上带她到日本去演出了，回来还和我说我这个学生很不错。我确实下了不少功夫，真的是想尽办法帮她训练。我教她的时候，指出她动作做得不对，她有时候还不服气，闹小情绪。我怎么办呢？我就去团里翻资料，把别的杂技团得金奖的节目用录像翻录下来。然后又请周良铁帮忙，因为他出国时自己买了一个小的录像机，我请他来把她的动作拍下来。我说你自己回家去看，她回去一对照，她家里人都发现她的动作确实不对了，这下她服气了。所以我觉得，当老师不能一味地责备学生，你要让学生服气，你要让他知道自己错在什么地方。后来她练功还是蛮好的，也很刻苦，所以不到一年，《滚杯》就练成了。

这个节目还是比较有难度的，要同时用四肢、额头、嘴，托起由许多玻璃水杯叠摞而成的一座座水晶塔，要求演员腰要软，还要掌握好身体的平衡，达到一种柔韧、优美与力量的结合。经过刻苦的训练，她最后完成得还是很好的。所以有一些事情往往看着很苦，但越是苦的时候，越是胜利即将到来的时候，再努力一把就成功了。但是如果你不能够坚持，那么就不行了。

说起来当然是很容易，但是你要坚持下去，既要有这个力量，还要有一点智慧。像我的老师们虽然文化程度不高，但他们都是有大智慧的人。他帮你解决了这个难题你就进步了，如果当时没有经验，不动脑筋想办法，一个动作可能就完不成。所以我后来做老师也不会让学生蛮干，我也从来不责罚学生。你越罚，他和你对抗的劲头越大。"苦练还要巧练"，这就需要通过老师的智慧来帮助学生。

采访人： 您离开舞台之后还从事了哪方面的工作？

柯慧玲： 我不当演员之后，就在艺术室做资料搜集工作，这期间我主要做了两件事。当时全国的杂技团里都有魔术师，很多手艺都失传了。因为我文化水平还可以，领导就派我到哈尔滨把魔术整理成文字资料，都是些比较老派的魔术，两个杯子、五个豆子换过来换过去，是手上的功夫，让我去把套路记下来，作为资料收藏。这是很难的，因为根本看不清楚怎么变。但为了可以记录下来，我就和他们一起学、一起练习，弄清楚手法到底是怎么变的。要整理的还有魔术师在变魔术过程中的口彩，以前旧艺人的这一套。当然，魔术都是保密的，周总理也说过，"魔术是国家机密"。我们都是严格遵照要求，和自己家里人都不会讲这些。后来又给我一个任务，让我带着我们团的《驯狗》和《飞天》去北京拍一部杂技片，同时去北京收集一批资料。

采访人： 您一生从事杂技艺术，最大的感触是什么？

柯慧玲： 我起先也说了，一开始我对杂技是一无所知的，妈妈把我送到杂技团也是无奈的，但是我现在很感激他们。同时也感激教我的老师们，不仅使我在艺术和技艺上得到了锤炼，也让我学到很多做人的道理。办第一届学馆时，团里邀请了"传字辈"老师和舞蹈学校的林泱泱老师来授课，我也一起学习练功。

我从小愿意学习，也喜欢学习，革命英雄的故事激励着我，使我也想做一名共产党员，努力为党工作。18岁我就写了入党报告，半年后演出队队长递给我入党申请书，当时我很激动。因为我的努力，支部为我召开了会议，都是一些老同事参加。有些人平时讲话比较尖刻，但出乎意料的是，他们给我的评价是"六个一贯"：一贯努力学习文化；一贯刻苦练功；一贯对艺术精益求精；一贯助人为乐，当好助演；一贯带病、带伤坚持演出；一贯坚持管好演出用品，打扫化妆室等等，最后大家一致通过我的入党申请。会后我趴在桌上嚎啕大哭。我没想到同志们对我的评价如此之高，说明了只要你努力去做了，群众的眼睛是明亮的。

因为从事杂技表演这项事业，我到过世界上许多地方，也为世界各国的领导人柬埔寨西哈努克亲王、伊朗总统、罗马尼亚总统、英国首相等演出过；因为从事杂技表演这项事业，我经常为中央领导演出，见到周总理很多次。我印象中总理一直是很亲切的，有一次总理在上海开会,晚上在锦江小礼堂总理认出我了,还关心我说:"你现在有一些什么进步没有?"当时是我最低落的时候,我低着头对总理说:"我很惭愧,我没有进步。"结果总理对我说:"那你可要好好进步,要努力进步。"我就牢牢记住总理的话,加倍努力训练,心想一定不能辜负总理对我的鼓励,要不断进步,做一个好演员。"文革"结束后我又重返舞台,曾经三次出访美国,一次出访日本,到了世界许多城市演出,将中国杂技带给海外观众。

虽然这一生我吃过不少的苦,招了许多罪,但我依然觉得幸福更多,而且是我自己努力争取来的幸福。

(采访:柴亦文 整理:陈姿彤)

我对杂技非常热爱

——姚振才口述

姚振才,1934年生于天津,河北吴桥人,国家二级演员。1949年加入健民技巧队练习杂技。1952年参加天津杂技团,同年随新中国杂技团赴上海演出,受到上海市人民杂技团挽留并加盟该团,直到退休。50年代,与满开兰共同创作的节目《空中吊环》影响较大,受到许多兄弟团观摩学习。60年代末,柬埔寨西哈努克亲王访华,姚振才在招待演出中表演了《古彩戏法》节目,变出水缸、金鱼、鲜果、大盘花生、火盆、小羊羔等,演出结束后收到了西哈努克委托上海市委赠送的金牌。1955年赴捷克斯洛伐克演出。1956年赴罗马尼亚、波兰、匈牙利演出。1960年赴非洲多国演出。1963年参加了在印度尼西亚举行的新兴力量运动会。1973年赴欧洲九国演出。1988年参加美国哥伦比亚公司商业演出。90年代初三次赴日本演出。代表作有:《爬杆》《空中吊环》《火箭飞人》《消防战士》《古彩戏法》。

采访人：姚老师，您最初是怎么接触到杂技的？

姚振才：我出身不好，父亲是开工厂的。他想让我去接他的班，又怕我在自己人厂里面学不好东西，所以把我带到天津广陵五金工厂去做学徒。厂里专门制造轮胎打气的气头，我学成回来以后，还是不想要接班。我喜欢锻炼身体，当时各个单位不同岗位的青年，有工厂的工人、饭店服务员等，大家都喜欢杂技，晚上下班以后聚到一起，集体学习爬杆。

后来《爬杆》作为杂技当中一个新节目，各个杂技团非常需要我们这批业余爱好者去参加演出。虽然当时我们还是业余演员，节目也没有经过专业的编排，但演出相当受欢迎。当时我们基本上都是在中型的剧场演出，因为节目有限，服装、道具、灯光等都是很简单的，不像现在的上海杂技团，灯光、布景、音乐配制都很齐全。除去装台的时间，一个月要演15场左右。以前演出节目比较少，尽量要撑满一台戏，两小时左右，时间要演足，所以不像现在一样干净利索。

采访人：您后来加入了天津杂技团，当时演出情况如何？

姚振才：因为我对杂技非常热爱，就参加了天津杂技团。之后没有多长时间，他们换了班组，由于德海、冯枢田领头重新组织了新中国杂技团，从天津一路到济南、徐州、上海巡演，其他各个小地方也都要去。

天津杂技团原来有吕起山、于德海、冯枢田、刘起富等老演员，于德海、冯枢田是演戏法的，吕起山是表演小丑的，刘起富是表演吃火、吐火的。这些都是比较好的演员，那时候他们已经五六十岁了。在天津杂技团，我和莫吾奇接触比较多，因为他在杂技团的时候，我们两个人的宿舍是一板一隔。虽然他是老前辈，年纪很大了，但是我们有相同的爱好，就是我们喜欢养虫，还有叫蝈蝈，他还给了我一个象牙口的葫芦。

采访人：您是什么时候调到上海杂技团的？

姚振才：1952年我们巡演到了上海，于德海、冯枢田的师弟张铁山是上海杂技团的演员,他和我们谈了,因为他们团里正好缺少《爬杆》这个节目,就问我们是不是愿意到上海杂技团来,而且他说上海杂技团的待遇比较好,管吃、管住,还发衣服。所以我们节目中有四个演员就由新中国杂技团转到上海杂技团,其中两个练单杠的,一个练皮条的,我是练爬杆的,四个人一起也可以演爬杆。

因为我们是跟新中国杂技团过来演出的,所以当时不能直接到上海杂技团。团里的负责人于德海说,他把我们带出来,还要把我们带回去的。如果我们真的要去上海杂技团的话,他买好车票给我们,我们打行李到火车站,进站后,其他人都上车了,我们没上车,上海杂技团的张铁山直接在火车站外面等着,把我们接到上海杂技团。所以1952年夏天我们正式加盟了上海杂技团。

《爬杆》中的"双咬牙",图中上为姚振才,中为满开兰,下为刘君山　　《爬杆》中的"柳树叶",图中上为姚振才

采访人：当时上海杂技团主要在哪里演出？

姚振才：1954年，我们在美琪大戏院对面的溜冰场新仙林搭了露天舞台，在那里演出。1958年以后就在人民大道有了自己的大篷。大篷周围一圈的木桩有几十根，我们都是自己打桩，自己把篷搭起来的。每天是早晨训练，晚上演出，有时候白天还要加日场。当时其他演出很少，杂技节目很受观众欢迎。

采访人：除了《爬杆》，您的《空中吊环》节目也非常精彩。

姚振才：《空中吊环》是满开兰和我一起创作的，吸收并融合了体操中的吊环和传统皮条技艺。我演底座，但不同于大跳板，《空中吊环》的底座不是在地上的，而是倒挂悬在高空中，我下面的尖子是满开兰。其中"吊环十字"比较难，我倒挂着，双手分别拿两根绳子，绳子下面是吊环，尖子双手拉吊环，把身体完全拉平，这个动作在体育界也属于难度动作。"对口牙咬"是底座和尖子分别用口咬住"牙咬"，再进行一系列的技巧表演。"牙咬抢平"中，我也是倒挂在上面，单手拉着一根绳子，绳子下方，尖子演员用嘴咬着牙咬，我用手旋转这根绳子，同时带动他一起旋转。在离心力的作用下，他的身体逐渐从垂直到能够抢平。"脱扣子"也蛮惊险的，有一根大约五米长的带子，我会提前打好一个个的活扣，打完活扣后绳子缩短至一米，最后在空中

在北京音乐堂演出《空中吊环》

《火箭飞人》满台飞转，图中最上一人为姚振才

倒立的时候，我单手拉住绳子的一端，满开兰拽住另一端，我用手指把第一个活扣一松，一个个活扣都顺着松了，绳子就放长了，满开兰顺着飞出去，眼看就要冲到观众头上，我再收回来，然后一个跟头落地，化险为夷。要是在剧场演出的话，人放出去基本上就到前三四排的观众头上了。当时我们在北京工人体育馆演出时观众就很喜欢，后来这个节目风靡全国。

采访人：您表演的《爬杆》《空中吊环》以及《火箭飞人》节目中都用嘴咬着的东西是什么？

姚振才：这是我们表演时用到的一种特制的道具叫"牙咬"，是根据每个演员的口腔和牙齿的形状定制的，里层是金属材质，外层用布料包裹，我们表演时用口咬住它。"牙咬"的另一端是一根绳带，连接尖子演员。一般来说牙齿要负担一个人、有时甚至是两个成人的重量，对牙齿而言压力不小，所以我现在基本上都是假牙了。

采访人：20世纪50年代您曾赴欧洲进行友好访问演出，有哪些印象深刻的事？

姚振才：我第一次出国表演是在1955年。为庆祝捷克斯洛伐克解放十周年，由上海杂技团、海政杂技团、重庆杂技团、总政杂技团，四个团组成了一个民间体育队，到捷克去参加体育运动代表大会，在捷克斯洛伐克一个能容纳四万人的体育场演出。

1956年，我到阿尔巴尼亚、罗马尼亚、波兰、民主德国、匈牙利等地演出。那次还遇到了匈牙利事变，当时我们的演出任务已经完成了，准备要走了，第二天纳吉政府叛变了。我们当时住的是国际饭店，原来每天饮食是充足的，后来每天两个面包，再过了几天，每天只有一个面包，又过几天只半个面包了，那时候大家都能互相照顾。另外，旅馆里进进出出都是背着枪的人，好在我们住的是国际饭店，他们也不敢轻举妄动。一次，我在窗口看到街上的坦克一路行进，两边房子里有人从窗户开了一枪，坦克马上调过头来冲着那个开枪的窗子开了一炮。这个我都是亲眼所见，当时形势非常紧张。最后我们出来的时候手里拿两个证件，一个是纳吉政府的证件，一个是工农政府的证件，车子开出去，前面关卡是工农政府的，就把工农政府的证件给他，如果是纳吉政府的关卡，就出示纳吉政府的证件，就这样一路开到捷克斯洛伐克，就像是逃出来一样。当时车上还有两个妇女代表团，只有两个人，我们一起逃出来的。

采访人：1960年上海杂技团出访非洲，请您给我们讲讲在非洲演出的情况。

姚振才：当时我是屈武团长的贴身警卫。我印象比较深的就是有一次我们坐同一辆车，结果出车祸了，团长手割伤了，我和满开兰还好。当时车子的后玻璃窗破了，我们就从那里爬出去，这一天晚上我们还坚持演出，真的是咬牙演出，晚上我还要照顾团长。

非洲都是露天剧场，在空场子上搭一个舞台，底下也没有正规的观众席。白天正常的气温都是在40度左右，晚上演出时凉快一些，也要20多度，演出条件比较艰苦。

有一次在苏丹演出，因为也是露天剧场，平时道具挂上面就不动了，晚上演出就直接用了。由于非洲温度高，阳光比较强烈，晒的时间一长，道具扣子都脆了，只剩一点点还连着，表演时一旦掉下去就不得了，蛮危险的。

在非洲和当地演员交流后合影,后排左五为姚振才

采访人:根据您的经验,在露天舞台表演和在剧场表演有什么区别?

姚振才:有区别的。在剧场里演出,没什么干扰,演员能够集中思想表演,负担比较小。在露天广场上表演要考虑的因素比较多,比如说外来的噪音就会对演员发挥造成影响,容易使人思想分散。我们的《爬杆》和《空中吊环》节目都能在露天剧场演出的,顶上搭两根钢管,拉出来,两根钢管上面挂着吊环,就是这样演的。

采访人:您后来师从邱胜奎老师学习了古彩戏法?

姚振才:因为我对邱老师很敬仰,非常尊重他,对戏法节目也非常喜爱,所以跟他学了戏法。邱老师人很好,很直率,练戏法的时候是比较严格的,但都是平心静气地和你讲道理。他说戏法出手要快,就是一个东西变出来了,第二个东西已经在右手了,助手把左手上的东西接过去,右手第二个东西就拿出来了,当中不间断。如果慢一点,他就讲你手脚不对了,这个手没有插进去。邱老师会把第一步该怎么做、第二步该怎么做,讲得很清楚。他教学生是很热情的,从不保守,丝毫没有留一手,落活和罗圈都是他教给我的,他把所知道的全部教给我了。

采访人:古彩戏法很多东西都是藏在身上的,是怎么藏的?

姚振才:我们穿的大袍子里都是口袋,行话叫"过",有"前过""后过""梯子过"(有三层)。戏法中变出来的东西都是从"过"里面拿出来的,表演的时候就是靠你的手法,手法一定要准确到位。第一个拿盘子,第二个拿水碗,第三个拿火盘,先后顺序不能乱了,你先拿了第二个,拿错了,第一个就拿不出来了,中间位置都是扣得很紧的。

南派古彩戏法代表人物邱胜奎

采访人:除了刚才您说的水碗,古彩戏法里还能变出什么?

姚振才:戏法里有落活,还有罗圈。落活里有花生,我们行话叫"散搓";水碗、三级瓶(瓶里有一束花),摆鱼碗,行话叫"垛葫芦";火盆变花,大水碗里面有水有鱼,行话叫"海货儿";然后脱了长袍,再盖上卧单,翻个跟斗,拿出一个水碗,行话叫"跟头月"。这些是穿着长袍表演的,属于"落活"。

先落活,再罗圈。罗圈是从两个圈里变出来东西,有水碗、糖、花瓶,能舀出老酒的酒坛子,还有能拉半人高的纸帘,再从前面一堆纸里变出两只羊。

"文革"期间,因为要"破四旧",戏法不好演,形式比较单调,我和团里的编导赵美芳一起讨论了一下,用什么新的形式来表现呢?那么就思考少数民族当中哪些民族穿长袍,想到了蒙古族,服装解决了。

表演具体用什么形式呢？就想编排成蒙古族的庆丰收的仪式，有糖、水果、灯笼，最后变出小羊羔，这样安排比较合情合理。助手也装扮成了蒙古族小姑娘，穿蒙古袍。开场我在拉马头琴，两个小姑娘在边上跳蒙古舞，下来以后就开始变了。一开始变落活，毽子、水碗、火盘全部从身上变出来。变出来了以后，助手把两个桌子摆好，我一抬手后面有一个方台子，上面有两个圈，由圈里面拿出东西来，有四个灯、水果、糖。下来了以后，我交给两个助手一人两个盘子，让他们把这些糖果送到观众席。

有一次我给西哈努克亲王表演，演完了还把糖送过去，西哈努克亲王也很礼貌地站起来接受，总理也跟着站起来了。演出以后，我留下来再把这个节目演了一次，电影厂还专门拍下来，将纪录影片送给西哈努克。后来他通过市领导把一块金牌转到团里再转交给我。

改革后的《古彩戏法》，中间为姚振才

采访人：1963年上海杂技团到北京工人体育馆演出，轰动全场，您是带了古彩戏法去的？

姚振才：戏法演出中令我印象最深的就是在北京工人体育馆的演出。由后台到台中央要走三四十米，我带着那么多东西，比较吃力，所以当时我和恩师邱胜奎老师同台演出。邱老师开始是表演落活，我下来是演罗圈。罗圈变出来彩纸，接着再变出来一个女孩子。变小孩这类就是从北京工人体育馆演出时开始的。变羊麻烦，变小孩子好一些。除了戏法，当时我还演了《爬杆》和《空中吊环》两个节目。

采访人：1963年底，您还参加了在印度尼西亚举行的新兴力量运动会，是去参加比赛吗？

姚振才：新兴力量运动会是印尼总统苏加诺发起的，参加这次运动会的主要是亚非国家，有印尼、中国、越南、朝鲜、阿尔巴尼亚、沙特、突尼斯、摩洛哥等国家。上海杂技团是作为中国体育代表队的一个艺术团去参加的。1963年11月，我们坐"光华"轮从广州出发，大概四五天的样子就到了雅加达，船上还有朝鲜代表团和越南代表团。最开始的几场演出是面对所有领导人，接下来是面对当地的先进分子、积极分子以及有名望的人士。我们一路的衣食住行也受到当地华侨的大力支持，当地对我们非常照顾，外出时前面总有两辆警车开路，演出也很成功。

采访人：我们知道南方和北方都有古彩戏法，这两者的区别在什么地方？

姚振才：南派戏法以邱胜奎为代表，北派戏法以杨小亭为代表。南派的手法比较清楚，出手快，干净利落，技术娴熟。南派戏法的服装是紧身的，上面多大，下面也多大；北派戏法，上面是那么小，底下是多出来，这样东西是变得多了，但是他不好移动，有一定局限性。基本上北派的水碗比较多，我们的戏法中也有水碗、浴缸，但是数量比它少一点。另外,两者的表演风格不一样,北京的杨小亭表演时是不讲话的;邱胜奎是开口的,发音也比较标准,有舞台腔。

采访人: 南派的古彩戏法从邱老师传到您这里,后面还有传承吗?

姚振才: 没有了。有几个原因,一个是年轻人不太肯练,怕麻烦。什么原因呢? 同样是一个节目台上几分钟,其他节目道具准备好了,我到台上就能演。古彩戏法演出以前要准备一个多小时到两个小时,花费的精力比较大。比如要变出一盘花生,你要提前准备好,一个一个要码起来,做得很整齐很漂亮,垒得像宝塔一样。演出结束以后,演员还不能回去,还要再整理道具,所以年青人很少喜欢这个节目。第二,练杂技虽然辛苦,但很爽气,有的人为了爱好,像我年轻的时候是为了好看,身上都是肌肉,自己也感到很自豪。但搞戏法就很麻烦了,一个人练而且还不能公开地练,要到一个角落里,遮好了练。所以古彩戏法现在基本上没有人练了,北派也不多了。

中国文联颁发给姚振才的从事新中国文艺工作六十年荣誉证书

采访人: 周总理对杂技团非常关心,也多次陪同各国元首观看杂技演出,给您印象最深的有哪些事?

姚振才: 有一次我们在政协礼堂演出,我体会最深。灯都暗了以后演出开始,几个节目后总理来了,当时我们也不知道总理会来。因为我的《空中吊环》已经演过了,总理没有看到。后台通知我们,总理来看了,你们再演一次。总理就讲了,不要单独为我演,所以我感触比较深。演出后总理接见我们,当时他语重心长地对团长刘精堂说:"他们很辛苦,体力消耗比较大,营养要跟上,多给他们吃一点牛肉。"

还有一次,在八届七中全会后的联欢晚会上,我们有一个小跳板节目演员失手了,掉在地上。工作人员立刻把他扶出来,总理马上跑过来关心,问怎么样了,演员讲还可以,总理说,不行,你坐我的车子叫警卫把你送医院检查。总理对杂技演员的关心,我们体会最深。

另外有一次,我们出国演出前,总理在怀仁堂紫光阁接见杂技团的时候说,我们不是为了演杂技而演杂技,而是代表中国,代表了中华民族的一种文化。

采访人:您在训练或者是演出过程中是否发生过什么意外?

姚振才:发生过一次意外,是在表演《消防战士》的时候。因为演出中要展现消防战士在救火过程中的技巧和难度,为此我们提前到虹口消防队体验生活,和战士一起训练,还跟车参加过救火。我表演时要翻过3.5米高的板,结果导致我肩胛骨骨折。当时我觉得有点疼,还是把整个节目演下来,一直爬到13米翻窗,结果下来检查发现是骨折。其他的都是小伤,半月板撕裂、肩脱臼等都是小伤。

采访人:您有没有想过放弃这些危险的表演?

姚振才:没有,到最后演不动为止。一次,我们在广东汕头商业演出,其中《奔月》节目的演员,家里发来父亲的病危通知,但是剧场

50岁时表演《奔月》,图中左边男演员为姚振才

不同意他走,门口最大的广告就是这个节目,去掉就麻烦了,观众要退票了。最后我考虑自己来临时救场,因为平时他们训练我每天都在边上看的,哪个动作什么地方需要改革、需要加劲我都看得出。他的搭档一开始不放心,她说,姚老师我们练习练习,我说你不要看我好长时间没有演了,放心好了,不会有问题的。晚上下场后,她说姚老师我在你手里真舒服,所以我一点都不担心的。杂技节目我一直演到五十多岁,好像已经是习惯了,无所谓了,也没有思想负担,就是让家人为我担心了。

(采访:陈家彦　整理:柴亦文)

父亲给我树立了一个榜样

——莫少仙口述

莫少仙，1953年出生，上海市非物质文化遗产莫派魔术传承人。祖父莫悟奇是中国现代魔术的先驱者、父亲莫非仙是蜚声中外的著名魔术大家，莫少仙从小在父亲熏陶下学习魔术艺术。1972年，在西双版纳正式开始表演魔术。1979年，加入上海杂技团。1984年，在全国首创大型魔术——人体穿越玻璃。1986年，随上海杂技团赴日本12个城市巡演。1989年起旅居英国。2012年回国后主要从事魔术表演、莫派魔术整理、魔术教学、魔术创新等工作；在魔术表演和教学的同时，积极投身于公益演出项目。

采访人：您出生于魔术世家，您的祖父莫悟奇是上海有记录的第一代职业魔术师，也是南派魔术的创始人。您的父亲莫非仙10岁随父学艺，18岁替父登台，也是南方魔术的代表人物，您能否谈谈他们的情况？

莫少仙：好的。不过我爷爷的演出我没有见过，因为我记事的时

莫悟奇表演工作照

候，我爷爷的年龄已经很大了。但是我父亲的演出，从我有记忆起就开始看他的演出了，那个时候是我妈妈给我父亲做助演。

　　我父亲1948年左右去过香港演出。我爷爷的学生陆百乐在香港是演出经纪人，因为那时候在香港演出的比较知名的魔术师，很多是我爷爷的学生。他知道我父亲是什么水准，所以他就请我父亲去香港演出。我听父亲说过，演出非常受欢迎，一演演了好几年。那么他为什么会回来呢？这就跟我爷爷有关了。我爷爷一直在上海，因为他年纪大了，身体也不是很好。解放以后，我爷爷亲眼看到当时共产党的政府和干部都非常好，他就写信给我父亲，说现在共产党的干部跟国民党完全不一样了，我们艺人受到了很大的尊重，你还是回来吧。我父亲一听我爷爷这么说，就答应回来，但是要把演出合同完成才行。1952年，完成了香港的全部演出合同以后，他就回来了，之后就认识了我妈妈，我是1953年出生的。1956年我爷爷莫悟奇就带着父亲莫非仙、妈妈陆慧英和姑妈莫云四个人一起加入了上海杂技团。因为上海杂技团那时刚组建不久，需要大批的演员。后来，我姐姐莫敏如，我本人，以及我姑妈的儿子叶志豪也加入了上海杂技团，所以，莫家前后共有七人加入了上海杂技团。

采访人：您父亲在香港的演出情况您了解吗？

莫少仙：当时香港的各大游乐场都抢着要跟我父亲签约，因为我父亲的表演有一个特点，他演的是中小型节目，基本上一个人就可以演了，当然有助演就更好了，而且他跟观众的交流也是非常好的。我父亲跟我说过，上海滑稽界的姚慕双、周柏春、笑嘻嘻他们都跟我父亲很熟，他们叫我父亲阿莫，"阿莫啊，你不演滑稽太可惜了，你这是冷面滑稽，比我们演得还要好"。所以香港的各大游乐场都请我父亲去演出，他演出邀请接不过来，只好这个地方演几个月，那个地方演几个月，这是他的事业比较顺利的时候，精力也充沛。

采访人：您对祖父莫悟奇有印象吗？

莫少仙：有一些。我跟我爷爷直接接触不多，毕竟我还很小，我爷爷在我五六岁的时候就去世了。我只记得我的爷爷喜欢在自己的房间里面敲敲打打做魔术道具，他不喜欢我们进到他的房间里去，怕我们把道具弄坏了，东西弄丢了，所以我们只能在房间外面看他做，他一辈子就是搞魔术道具。说句题外话，我爷爷在紫砂茶壶上面很有造诣，我是听我父母说的，但凡是我爷爷做出来的紫砂作品，茶壶也好，放盆景的那个盆也好，只要有"莫悟奇"的落款，拿出去卖人家从不还价的。

采访人：他拜过师吗？

莫少仙：没有，他纯属天分。后来我查了好多资料，他是专门到宜兴请了一个做紫砂壶的师傅到我们家来，吃住在我们家。我爷爷把构思告诉他，要怎么做完全是新型的紫砂茶壶造型，做出来以后拿到宜兴去烧窑，烧好了再拿回上海。

采访人： 您父亲学过紫砂制作吗？

莫少仙： 没有。我记得我母亲跟我说过，家里经常来客人，要款待他们，但钱不够花了，我爷爷就拿出一个他做的盆景或者茶壶，叫我妈妈从后门出去卖了，我妈妈拿到外面去人家抢着要，你开多少价就是多少价，拿了钱再去买点菜回来招待客人。改革开放以后，香港拍卖市场上我爷爷的壶能卖到七八十万元一个，但是我们家没有了，"文革"开始后，1966年8月，造反派来抄家的时候把这些壶全都给砸了。

采访人： 您父亲演出的那些魔术道具留下来了吗？

莫少仙： 因为大部分魔术道具是属于杂技团的财产，我父亲是公家的人，道具理所当然是杂技团的，所以大道具我们家是没有的，小道具有一些，是他随手做的。还有一个传奇，我爷爷有一套道具还流传在重庆，我之前到重庆去演出，顺便拜访了一个重庆很有名的魔术师，叫陆羽。一见面他就很自豪地跟我说，他这里有一套我爷爷的魔术道具，我很惊讶。后来他把照片给我看了，一个大型道具，大概有一百年左右的历史了，可以一人躺进去的长方形箱子，盖子盖好，然后可以把人一分为二。这个道具非常精致漂亮，是我爷爷亲手做的。

采访人： 这个道具现在还在用吗？

莫少仙： 他还在用，电视台也专门报道过的。他给我看的那个照片就是在电视台表演的时候拍的。

采访人： 您祖父是您父亲的养父？

莫少仙： 是的。我爷爷和我奶奶没有生育，我爷爷当时既演魔术又搞紫砂茶壶，经济条件还是蛮好的，所以他就收养了几个孩子，男孩子就是我父亲一个人，另外收养了四个女孩。后来我大姑帮我父亲做助理，其他的几个姑妈有一个也是做助演的，另外两位姑妈没有从事魔术工作。

采访人： 南、北派魔术的特点是什么？

莫少仙： 我的看法不一定对，根据我父亲跟我说的，还有经过我本

爷爷莫悟奇亲手制作的"人体分身"道具,至今已有一百年左右历史。由重庆魔术师陆羽收藏

人观察的,我觉得北派魔术的说口比较多,有的时候一场演出里面卖口(魔术演员表演时与观众沟通的说词)可能要占到百分之四五十了,表演的节目内容上没有南派这么多,这个是表演形式上的;表演的方式上也有所不同,莫派魔术强调的是表演的细腻,就是你的手交代出来,一定要让观众看清楚,不要模糊。比如说我交代手上没有东西,一定要正面交代,反面也交代,两面都要给人家看清楚,如果只交代正面,反面不交代,就会显得不完整。所以我们莫派讲究的是表演细腻,交代要清楚,这个跟北派有一些区别。

采访人: 从您祖父到您父亲再到您,你们在技艺上有哪些方面的传承?

莫少仙: 关于技艺的传承我举一个例子。中国传统魔术九连环,它是用九个环来进行表演的,我父亲以前也演九连环,后来他教我的时候就不教九连环了,他只教我六连环。我问他为什么不演九连环?自古以来都叫九连环的。后来父亲就跟我说,另外三个环放进来的时候,表演的花式不是非常多,比较单调,这三个不用也可以,要加上卖口,显得更简练和精彩。我父亲教我六连环以后,我在表演六连环这个节目时,我会先介绍这个戏法的历史,因为它不是我创作出来的,是魔术先辈千百年传下来的,是属于中国古彩戏法里面的一种。古彩戏法有它自己的表演风格,现在到了我们这一代来表演,我认为要把它更加细化,既要传承,又要加入时代元素,交代要更加清楚,让观众感觉到你每一个变化,体会它里面的含义,加深观众对它的记忆和理解,而不是一个环进去一个环出来,纯粹表演这些技艺。这就是我通过这么些年的表演悟出来的想法。

采访人:您父亲18岁就创建了莫非仙魔术团,这段历史您知道吗?

莫少仙:我听父亲说过。我父亲怎么会走上魔术道路的呢?实际上我爷爷是不想让他吃这碗饭的,因为魔术是很艰苦的工作。另外魔术有一个特点,就是保密性。比如说你这个地方的手法处理得不好,我们不可能当着外行的面给你说你应该怎么做,这个机关怎么弄,怎么操作我们没有办法说,只能是私下去说。还有,节目要经常翻新,你不翻新人家就不要看了。我爷爷深深知道魔术这一行是很艰苦的,所以他不想让我父亲搞魔术。但是我父亲天天看爷爷演,他也就喜欢上了,然后他就自己偷偷地练,还自己发明了《玩顶针》,就是做缝纫的时候用的顶针,这个节目是他自己发明出来的。先是空手,然后变一个顶针出来,顶针出来以后再变走,手上换来换去,一会儿出现一会儿又没有了。我父亲实在是喜欢魔术,但是他不敢跟我爷爷说,他就自己练。有一次,我爷爷的一个学生有了更好的发展,要离开我爷爷了,我爷爷一个人又不可能把整台节目演下来,他换衣服和道具的时间需要有人顶场,怎么办呢?这时候我父亲就跟爷爷说,他可以的。爷爷说我又没有教过你,你怎么会的呢?我父亲就把《玩顶针》演给他看,爷爷说可以的,很好。就是在这样的情况下，我父亲正式开始登台了。之后，因为爷爷身体不是很好，等我父亲台上成熟以后，我爷爷就不演了，只管制作道具创新，然后我父亲就成立了莫非仙魔术团。

采访人："文革"前，您父亲为毛泽东、刘少奇等领导人表演过魔术，当时是什么情况下去演出的？

莫少仙：这是我父母亲一直引以为豪的一件事情。当时我还小，我们家住在黄浦区靠近苏州河的南无锡路，这条路现在还在，我特意去寻访过，像小巷，但是它确实叫路。当时我父亲事先完全不知道，因为这是保密的。有一天晚上，上海市文化局的蒋可夫同志急急忙忙来找我父亲。这个时候我父亲已经下班回家了，因为家里居住条件非常差，没有卫生设备，我父亲又特别爱干净，他吃完饭就到上海最有名的公共澡堂浴德池去洗澡了。蒋可夫到我家问我妈妈莫老师到哪里去了，我母亲说到浴德池去洗澡了。幸亏路不远，他马上赶到浴德池。我父亲跟我说，他当时觉得很奇怪啊，一个人穿着外衣跑到男浴室里面，衣服也不脱，进来干什么？再一看是蒋可夫。蒋可夫说老莫你快点起来马上跟我走，有重要演出。他们先回去接我妈，然后再到杂技团去拿了道具，这个时候才告诉他今天晚上要为毛泽东、刘少奇、朱德、周恩来等中央领导表演，我父亲的任务是表演三个小节目，然后要揭秘一个魔术，揭秘一个魔术是要给中央首长乐一乐放松一下。

采访人：具体表演哪三个魔术是由您父亲自己决定的吗？

莫少仙：是的。文化局的局长在场，因为这个事情他负责，主要就是看毛泽东主席的喜好，随时调整节目。这是我父亲一生中引以为豪的一件事情，另外也说明他有这么多的节目，每天半夜里演两场，每场演三个节目，还要揭秘一个，一连演了十几天，效果还不错。所以文化局的领导对我父亲也是非常满意，觉得莫老师确实肚子里面是有货的，当然还没有全部拿出来。因为只是在锦江饭店的一个舞池里面演，周围全部是沙发，他就在中间演出，难度很高的。这期间我父亲就不参加杂技团的演出了，白天在家里面休息，晚上有车到家里面接了他到锦江饭店去演出，演出结束以后把我父亲送回家。有一次开到家车子开不进去了，因为福建路排水系统非常差，一下雨苏州河的水倒灌，快淹到我们家床板了。后来文化局的领导说，你的居住条件实在是太差了，然后给我父亲落实了一套房子，在南昌路雁荡路那里，是新式里弄房，有卫生设备、有煤气，生活条件改善了很多。

采访人：在"文革"期间您父亲有些什么遭遇？

莫少仙："文革"是一个非常沉重的话题。我父亲对人很诚恳，特别是1952年从香港回来以后，我爷爷告诉他共产党的干部、共产党的政府很好，他也深切地感受到了，所以他把全部精力投入到魔术表演和培养新学员上，但是没想到"文革"会对他有这么大的冲击。"文革"期间，一个单位总要抓出几个典型，而我父亲在魔术方面也确实有一些成就，所以造反派觉得他是一个很好的打击对象，非要给他找一些罪名出来。他们说1949年解放以后别人都是从大陆往国外走，往香港走，为什么你却从香港回来了？如果国民党不派你回来你会回来吗？他们咬定我父亲是国民党派回来的特务。还有一个阴差阳错的事情，说起来也很戏剧化。"文革"前，确实是有一个台湾的国民党特务被共产党抓了，抓了以后要他交代到大陆来联系谁。因为他是很盲目被派到大陆来的，又找不到联系人，他想，要是交代了能减轻罪名，他就想起来在马路上看到莫非仙的海报，登海报的肯定是名人，他就说我来找莫非仙接头的。他这么一说审问他的人就相信了，但是查下来我父亲一点特务的嫌疑都没有，不过在我的父亲的档案里面，留了一个结论，说他业务上可以重用，但是政治上不可信任，这个结论一直陪伴到他去世。还有一个因素，国民党战败前，有一个国民党的外围组织，叫戡乱建国大队，他们想在老百姓面前体现这个组织也有社会上有名气、有地位的人，所以就吸收我父亲和我爷爷加入了这个戡乱建国大队。因为当时我爷爷名气比我父亲大，就委任我爷爷当大队长，我父亲的年纪轻，当时名气还不大，就做了中队长。解放后，政府有一个界定，大队长以上的是敌我矛盾，大队长以下的是人民内部矛盾。到了"文革"的时候，造反派把这些材料翻出来一看，就把我父亲抓了起来。从"文革"开始一直到1970年我离开上海去云南劳动时，我父亲基本关在牛棚里面。

采访人：您父亲当年有过一段自杀的经历？是什么原因？

莫少仙：对，好像是在1968年。因为他们实在是找不到我父亲什么材料，但是他们又想搞出一些成绩来，就一定要我父亲承认是国民党特务，我父亲死不承认，造反派就打他。我父亲被打得吃不消了，就承认是国民党派来的。后来我父亲跟我说了，承认了也没用，还要交代你的上级是谁、你的下线是谁。后来他实在是吃不消了，又不能诬陷别人，就偷偷地藏了一把剪刀自杀，流了好多血，别人发现之后就报告军宣队，军宣队的人马上叫救护车把他送到医院里去了。

我是当天晚上才知道的，听说抢救了十几个小时。后来医生等我父亲好了以后跟我父亲说："老莫，你是身体底子好，如果身体虚弱一些，流了这么多血早就没命了，你真是命大，抢救了十几个小时才抢救过来。"我在医院里面跟我父亲一起待了一个多月，照顾父亲，天天在一起。

采访人：他当时出事的时候是在杂技团？

莫少仙：对。当时送医院抢救的时候周良铁在他身边。那时候我还小，我听说是周良铁和其他几位老师一起把我父亲抬上车送去医院抢救的，所以我一直很感恩当时参加救护的老师们。

采访人：这些事情对您父亲后来的魔术生涯造成哪些影响？

莫少仙：从魔术表演上来说没有很大的影响，但是对他的政治信念有很大的打击。我父亲和我爷爷一样，都是乐善好施、待人宽厚的人。我记得非常清楚，"文革"前我爷爷的学生里面有生活困难的，经常到我们家来问我父亲要钱，我父亲的工资当时是比较高的，每个月有160元左右，这也体现了党和政府对他们的重视。我父亲是很仗义的人，你有困难我肯定帮你，我妈妈虽然会嘀咕几句，但是也不制止他。这些人来要钱也是没有办法，都是在安徽、江西生活的，穿很脏的厚棉袄，每年都来要钱。"文革"的时候，造反派说我父亲怎么可以拿这么多钱，就把他的工资压到28元钱一个月，我们家生活一下子就非常困难了。有一次，我父亲手头只有5元钱，我亲眼看见有个人又来要钱，他见到我父亲就说："阿哥啊，我真的没钱了，能不能接济我一些？"我父亲说："我也没钱了，这是最后一次了，我给你的最后一次了。"我父亲就把仅有的5元钱给他了。我说这些，是想说我父亲是一个非常愿意帮助别人的人，非常能够为别人着想。他进团的时候多少工资，到他去世还是这些工资，从来没有加过，为什么会没有加呢？我妈妈也埋怨他，别人都加为什么你没有加？因为名额有限，一到加工资领导就跟他说了，老莫，你工资这么高，还是让别人加吧，别人工资比你低。我父亲一听就说好好，那就让别人加吧。

采访人："文革"之后他有没有考虑过不再表演魔术了？

莫少仙：他倒没有说不演了。因为"文革"以后，我父亲又被允许重新出来表演，他觉得我们党认识到"文革"的错误了，对他们这些艺术家还是重视的，当然怨气肯定是有的，一个人被迫害没有怨气绝对是假话。当时落实政策，他是抱着感恩的心的，所以"文革"以后他也培养了好多学生。由于他自杀后，抢救时喉管剪了，所以嗓音受到了很大的影响，说话很沙哑、很累的。我们家里只要我父亲一说话，谁都不准出声，因为他的声音非常低，高音一点都没有，我们听他的话非常累。所以他表演时的卖口受到了很大的影响，原来他的卖口是非常受欢迎的。

采访人：我看到过一个小故事，您父亲有一次演出的时候穿帮了，您知道这件事情吗？

莫少仙：对，知道，是一个变鸭子的魔术。要先在机关里面把鸭子藏好，藏好以后把门打开，让观众看到里面没有东西，然后把门关起来，

20世纪80年代,莫非仙下空军部队慰问演出

然后再表演一些动作,再把门打开鸭子就出来了。这个门助演没有弄好,门还没关鸭子就出来了,很大的一个穿帮。我父亲从此不再演这个节目了。

采访人: 您演出的时候发生过这种意外吗?

莫少仙: 我有过一次意外,对我的教训非常深刻,是我刚刚搞出第一代的把收录机变走的节目。说起把收录机变走,这里有个故事。我父亲最早的设计是把半导体收音机变走,因为20世纪50年代一般人家还没有收录机,有个收音机就非常不错了,所以他设计把半导体收音机变走。等我进了杂技团以后,半导体收音机已经过时了,单卡单喇叭的收录机已经出来了,我想我可以根据我父亲把收音机变走的原理,把它改成变走收录机。因为收音机就这么大一点,收录机要大很多,在杂技场360度都可观看,演出视觉效果会比较好一些。这个节目演了好几年了,效果还是可以的,但是后来有一回因为开关没有弄好,就出洋相了。是什么状况呢?因为收音机只要把收音机开关一开就可以了，我为了增强真实性，表演的时候还放录音带，我把收录机仓门打开，把录音带放到里面去，门一关好，按钮一按声音放出来，真实性比较强，然后放到一个箱子里面关好盖子，再打开盖子，收录机就没了，实际上它是在一个夹层里面藏着。没有想到这个机关弄得不好，它从夹层里面掉了出来，这是我魔术表演生涯中最大的一次失误。所以说魔术道具在表演前一定要再三检查，这个教训非常非常深刻，由于这个原因，我这个节目就暂时不演了。那时候媒体不像现在这么发达，说老实话，这一场观众走了，下一场观众他们是不知道的，但是我内心非常不好受。不演了怎么办呢？改良。改成另外一种方式，更保险，效果更好，就是改成双喇叭录音机，这个机关更安全更合理，之后再也没有发生这种意外了。

采访人：1986年的时候，您父亲举办过一个莫非仙舞台生活50周年的文艺演出，能谈一下当时的情况吗？

莫少仙：当时上海杂技团的团长王峰对我父亲的技艺和人品都非常了解，在父亲舞台演出50周年的时候，由他牵头搞了这个活动，之前没有先例的。所以还是要感谢杂技团的领导，感谢文联的领导，这也是党的文艺政策对老艺术家的尊重。虽然我父亲有资格举办这么一个活动，但是这跟领导的重视是绝对分不开的，因为要安排人员，要有资金的投入，有好多事要做，靠我们自己的力量不是说不能做，但是不会这么顺利，包括请我爷爷在新加坡的学生到上海来表演，请新加坡魔术协会的秘书长也到上海来表演等，所有这些事情没有单位和领导的重视是不可能做到的。

这个演出在兰心大戏院演了三场，后来又加演了一场，有许多全国各地的同行赶来上海观摩学习，效果非常不错。节目内容和顺序全部是父亲亲自安排的。这里有个小故事，因为毕竟我父亲已经退休离开上海杂技团了，但是从表演上来说，他还想有一些新的节目呈现出来。我父亲知道，他只要上台表演，上海的魔术界同行，包括业余魔术爱好

莫非仙舞台生涯50周年纪念演出活动，汪道涵亲笔题写的"指上功夫"

者都要来看的，来看看莫非仙有没有新的节目能够拿出来。全国特别是上海魔术界的同行们将能表演莫派魔术为荣。所以我父亲准备了很长时间，创作了一些新的节目，也有很多他的代表性节目，他说他主要是想给大家留下莫派表演风格细腻的印象。我父亲一直跟我说，在台上表演要大方，不能够小家子气，要让观众看得很舒服，但是交代不能太多，太多显得啰嗦，交代得不够又不清晰，所以这个火候要掌握好。我父亲的这次演出，他对表演的形式比表演的内容更加注重，因为他说像这么大型的演出，以后他不会再搞了，这是他最后一次了，所以他非常重视这一次演出。

采访人：有为了这次演出专门创作的节目吗？

莫少仙：有一个节目《玻璃杯穿水》，就是在玻璃板下面放一个杯子，上面也放一个，下面这个杯子是空的，上面的杯子是有水的，然后做做手势，上面杯子里的水会跑到下面去，接着把杯子拿掉，把玻璃板给大家看，上面是没有洞的，水就跑到下面的杯子里去了，当时好多魔术

莫非仙表演的《农业科学家》

同行都没有破解这个水是怎么会跑到下面去的。

采访人：您对魔术的爱好是家庭有意培养的,还是您从小在这样的环境中自然而然就爱上了魔术?

莫少仙：应该是自然而然的,因为父母没有特意培养我,但是我一直生活在这样的环境中,对我的影响是非常大的。

采访人：您能给我们讲讲您学魔术的经历吗?

莫少仙：我记得第一次表演魔术是在小学二年级的时候,好像是儿童节或者是国庆节,学校里面要表演,父亲就教了我一些非常简单的魔术。我在小学里面就开始表演了,但是没想过以后会当职业魔术师,从来没有想过。

采访人：您后来是从何时开始学魔术的?

莫少仙：因为"文革"耽误好些年,大概是在1971年底1972年初开始学的。1966年"文革"开始的时候,魔术不能演了,罪名就是欺骗工农兵、欺骗老百姓,所以魔术绝对不能演了。没有学馆可以学,我就跟我父亲学,因为我妈妈给我父亲做助演做了几十年,我姐姐也曾经是专业魔术师,所以我在家里练的时候,我母亲和我姐姐都可以指导我。

70年代初,我在云南西双版纳的军垦农场工作,这是一个非常艰苦的工作。我就想,如果跟我父亲学魔术,我就可以到文艺宣传队里面去表演,起码比上山挖田、砍树要好一些。1972年,我被招进农场团部文艺宣传队,专门表演魔术,主要工作是到军垦农场的各连队去演出。

到了1975年,我通过特招进了西双版纳军分区宣传队,实际上是专业文艺团,有舞蹈、唱歌、跳舞,我当然是演魔术了。这个时期对我的锻炼非常大,因为西双版纳军分区管辖的范围非常广,云南与老挝、缅甸的边境都是西双版纳军分区管辖范围。我们宣传队要下连队、下边防前哨去演出,甚至是边防班,到那些人烟稀少的地方去演出,条件非常艰苦,但是心情非常愉快,因为我们觉得能够用我们的才能去为大家服务,是一件很光荣的事。云南边境很多是少数民族地区,当年还是很原始的,他们对人民公社以外的世界是不知道的。我去演魔术,演完以

莫少仙在云南少数民族地区表演《六连环》

后他们说大军会搞鬼,他们说魔术是搞鬼,然后领导让我出去跟他们说这不是搞鬼,是魔术表演。

采访人: 您当时的表演场地挺受限制的吧?

莫少仙: 很受限制,但是这个时候就发挥了莫派魔术的特点,因为它四面全都可以看。

采访人: 主要表演一些什么样的节目?

莫少仙: 表演的是剪绳子和变扑克牌,还有吞刀片、六连环,还有把两个手指锁起来,再用一个棍子从里面穿来穿去。

采访人: 在宣传队干了多久?

莫少仙: 我1975年进入西双版纳军分区宣传队,到1977年中的时候调到了昆明军区杂技团,也就是云南部队里面最高一级的文工团了。后来我就报名参加中越边境自卫反击战了,是我自己坚决要求报名去的,因为我觉得当兵就是要为国家出力,报效祖国。

采访人: 您当时在前线待了多久?

莫少仙: 总共有三个多月,军区政治部主任毛峰组建了一个军区文化服务队,实际上它的性质就跟电影《英雄儿女》里面王芳的战地文工团性质是一样的,就是到前线去鼓劲。战地文工团由三个单位抽调的15个人组成,军区杂技团就我一个,其他的是军区话剧团和军区歌舞团的。开战之后我们去演出,演出都是在白天,晚上不能演,因为晚上灯光一打,对方炮弹就过来了,所以只能白天演,小范围地演。

采访人: 那也是很危险的?

莫少仙: 很危险,我们都发了枪的。虽然危险,但是我真的感觉到很光荣,自己的安危很少去考虑。白天演出,晚上还帮战士们拍照和洗照片,让他们寄回家告诉家人,请家里人放心。我还帮战士们理发。

采访人: 您是什么时候回到上海的?

莫少仙: 自卫反击战第一阶段到1979年3月中旬就结束了,我先回到昆明,1979年8月我就复员回上海了。

采访人： 回到上海以后就加入上海杂技团了？

莫少仙： 是的。当时父亲在杂技团，父亲对我是非常严厉的，比对其他的学生更加严厉。可以说我任何做得好，练得好，表演得好的活儿，我父亲从来没有表扬过我。我有时候要想问问他我的某个节目好还是不好，他不会说好还是不好，他不响，那么我认为应该是可以了。他对其他学生比对我有耐心，他真的从来没有表扬过我，觉得可以了你就去演吧。

采访人： 您进上海杂技团的时候，团里是什么状况？

莫少仙： 当初我进杂技团的时候，"文革"结束不久，我姐姐当初也是专业魔术师，"文革"开始就不能演了，下放到工厂里面去劳动，一干就是10年，业务全部都荒废了。现在需要有新鲜血液补充进来，所以就招了几十个新学员，成立了一个青年队，但是没有人演魔术。正好我从部队复员回来，也有七八年的舞台经验了，他们非常想招我进杂技团，所以我部队一复员马上就进杂技团了，当时的团长叫王峰。这位老领导对艺术家非常尊重，尽管他不是搞文艺的，但是他知道怎么样去领导这一拨人，发挥他们的最大的热诚把杂技魔术演好，所以他的威信是非常高的，我父亲也非常尊重他，尽管他的年龄比我父亲要小。这时候杂技团有好多老艺术家，比如说口技的孙泰老师，他是我们中国数一数二的口技大师。搞杂技的更多了，当时有潘家班的一批人，还有好多是业务上非常拔尖的。当时大家觉得"文革"过去了，文艺的春天到了，都非常刻苦，要把以前荒废的时间补回来，所以不管夏天冬天，当时也没有空调，大家拼命地练。在这个环境里面也激励了我要把魔术做好，一是不想让别人看不起我，要做出一些成绩给大家看看，还有一个想法，就是我要让大家知道我不是全靠我父亲的，我也有自己的创意。

采访人： 请您介绍一下在魔术创新方面的体会。

莫少仙： 所谓魔术的创新也好，改革也好，改良也好，我的体会，实际上是一个自我否定的过程。从你头脑里面有了构思开始，到你把图纸画出来，再到实物做出来，这里面有好多需要不断修改的地方，脑子里面想的和做出来的还是有差别的。比如说我搞的那个《人体穿玻璃》，这个节目到现在为止，国内好像还没有别人演过，就是有人演他们也是只能在舞台上面演，观众只能看到正面，而我当时是在南京西路的上海杂技场演的，上海杂技团原来建了全国第一个室内圆形马戏场，现在已经拆除了。我当初创作这个《人体穿玻璃》，而且要四面可以看，难度是非常大的。因为一块玻璃大概有一米八左右宽，一米八左右高，六七毫米厚，再加上木框，非常重，演出的时候助演也是非常累的。而且上面还设置有机关，用我们内行话说，这个门子做了以后，玻璃就非常容易坏，因为存在一个地心引力问题，一不小心玻璃就裂开了。这时候国内有机玻璃的制造工艺还不是很好，我们也不可能从国外进口。我们找了好多家生产有机玻璃的厂家，告诉他们我需要的尺寸，因为这么大块的有机玻璃很少有人需要，除了建房，一般是没有人要的。为什么一定要用有机玻璃？因为它有一个好处，就是轻。但是有机玻璃很容易磨花，你用布擦，时间一长它就花了，光亮度肯定没有玻璃好，所以仅仅从选材料上就是一个很大的困惑。还有就是投入的资金，投入杂技方面的资金会比较多一些，魔术要申请费用则比较困难。我跟领导说了人体穿玻璃的构想，他们不理解，因为没有人演过类似的节目。我只能自己去买有机玻璃做了一个模型，按照10∶1做的，然后请领导来看，他们一看，原来是这样的效果，然后就批准费用了。

采访人：这个节目是您独自创作的吗？您的父亲参与了吗？

莫少仙：没有。是我一个人研究出来的。因为我想我父亲教了我这么多，我要做一些成绩出来给他看看，所以全部是我自己构想的。

采访人：您的灵感来源是哪儿？

莫少仙：灵感来源就是他们跟我说国外有人演过，但是我没有

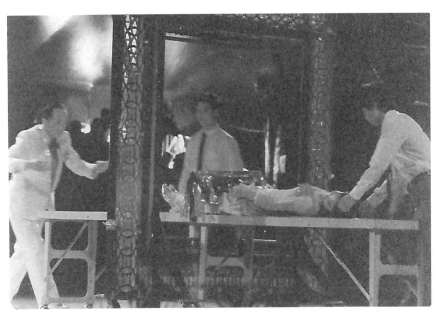
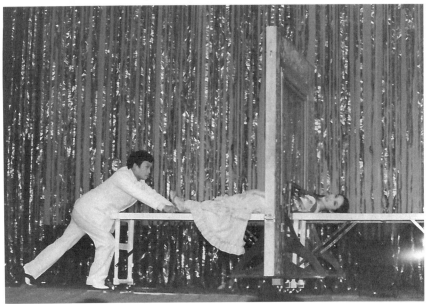

大型魔术《人体穿玻璃》,上图为莫非仙,下图为莫少仙

见过。他们说是在舞台上面穿的,而我的表演是在上海杂技场,四面都可以看,所以从一开始设计就是从高难度上去考虑的。如果四面都可以看的地方演出成功了,那么我到任何地方去演就都不怕了。

采访人: 这个节目创作完成之后,您父亲也演出过这个节目?

莫少仙: 对。这个节目我演了好多年之后,有一次我父亲跟杂技团要到新加坡去演出,新加坡方面也需要一些稍大型的节目,杂技团带了这个节目去演的。当时我父亲已经办了退休手续了,这次出国演出也是杂技团为了照顾我父亲,因为他文革中有过一个"政治上不可信任"的结论,所以他此前从来没有作为杂技团的正式演员到国外去演出过,即使他的徒弟们都出国演出过。

采访人: 那您在学习魔术的过程中有没有碰到过困难?

莫少仙: 困难还是比较多的。我是在"文革"之中开始学习魔术的,对魔术的认知还停留在"文革"前,可是时代在发展,我们不可能停留在原来的水准上,一定要提高,那么这个时候最缺少的就是对国外先进魔术技术的学习,这一点非常缺乏。好在我父亲有好多师兄弟和学生在国外,他们时不时会寄资料给我父亲,把国外的一些好节目的图纸和表演的方法告诉我们。这是当时了解外界的唯一途径。因为魔术节目有一个生命周期,需要不断地提高和不断地改革改良,你的手法好,但是你不可能永远只演老节目,观众看多了会看厌的,你自己演多了也会觉得很无趣。

采访人: 父亲这么严厉,您想过放弃吗?

莫少仙: 从来没有想过,因为我深深地热爱这个工作,唯一的想法就是一定要把它做好。我父亲跟我说过,你表演的节目,不可能每一个都是你自己创造发明出来的,不可能每一个都是新的,但是你在表演风格上要跟别人有所不同,你一定要有自己的风格,一定要演得比别人好,不然的话你就不要演了。他时时刻刻叮嘱我这句

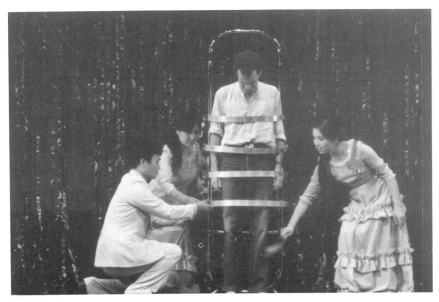

莫少仙在莫非仙舞台生涯50周年演出现场表演《快速移位》

话,这也是莫派魔术的精髓所在。所以我后来改良了把收录机变走这个节目。还有另外一个节目,我们的术语叫做"快速移位",就是把一个观众绑在一个铁笼里,让观众尝试从里面挣脱出来,然后请观众将我锁在里面,旁边站一位女助演,用布帐一遮,打开时,已快速实现了我与女助演站位的互换。这些节目都是在这种理念下不断推陈出新出来的。

采访人:"文革"结束后,上海杂技团演出多吗?

莫少仙:演出相当多,而且很受欢迎,可以说是一票难求,包括我们自己想要买票都很困难。几乎是天天演,没有休息的,要休息就是换一个队,比如说我跟马戏队和青年队一起演,演了两三个月了,换一个其他队进来。我们有一队、二队、马戏队三个队轮流来演,还有其他队到其他的场子去演。因为那个时候文艺演出还不像现在这么多元化,"文革"后的人们对好的文艺表演非常渴望,所以真的是一票难求的,我们的杂技票是可以跟人家换紧俏物品的。

采访人：20世纪80年代到90年代初，上海杂技团成立过一个魔术小分队是吗？您当时参与了吗？

莫少仙：没有。因为我那时在马戏队，马戏队只有我一个人演魔术。可能是其他的魔术演员演出机会不是非常多，又要搞文化体制改革，自负盈亏，要自己去找出路，所以就成立了一个魔术队。我的好朋友周良铁就是这个魔术队的发起人之一，还有一个老艺术家朱腾云老师，朱腾云老师的女儿朱新宝也是魔术演员，他们到外地去演出比较多，在上海演出的机会不是很多。

采访人：您后来离开上海杂技团，出国深造了？

莫少仙：我在杂技团工作了有八九年，这段时间对我的锻炼非常大。当然，在部队里面的锻炼也很大，它磨炼了我的意志，而杂技团给我在节目创新和改良方面的锻炼非常大，所以我是很感恩上海杂技团的。正因为这个原因，我从英国回来以后，杂技团的领导要我去培养新的学魔术的学员，我是不计报酬地去教的。至于离开杂技团的原因，主要还是体制的因素，个人多少会受到一定的限制，这个限制不是人为的限制，而是制度的限制。我在杂技团的时候，我们演出队的领导对我挺好的。

采访人：您离开杂技团以后去了英国？

莫少仙：我是先到日本留学三年，还参加了日本第十二届魔术大赛的嘉宾演出，日本魔术界有一些人知道我，所以他们请我去表演了。离开日本后我就去了英国。

采访人：那您是哪一年再回到上海的？

莫少仙：是2012年底。这时候我父亲已经去世了，我妈妈因为中风躺在床上不能动，我作为儿子应该回来照顾我妈妈。照顾我妈妈有四年多，后来妈妈也去世了。

回来以后，杂技团的领导当初是和我一起工作的，像党委书记陆星奇、业务副团长蔡容华，他当初帮我做助演的，我们关系都很好。他知道我回来以后,就让我来帮帮忙,教教学生,这样我又回杂技团去义务帮他们教学生了。

采访人: 前面您提到魔术的很多技巧是保密的,那您怎么看待魔术的传承和普及?

莫少仙: 这话要分几方面来说。首先,我们确实需要魔术的传承,一个是通过专业的途径去学,还有一个就是通过业余爱好者的途径,任何艺术都需要有一个群众基础。但是现在社会上所谓的魔术揭秘,实际上对魔术的发展没有好处,我是持否定态度的。我在一些魔术师的群里面也发表过我的看法,要揭秘是可以的,但是要有几个先决条件:第一,其他魔术师正在演的节目你不能去揭秘,这是职业道德,人家正在演的节目你去揭秘,人家还怎么演?第二,如果要揭秘的话还有一个先决条件,就是这个节目是你自己原创的,也就是说你有专利,尽管你没有去申请这个专利,但是之前没有人演过的,是你自己发明创造出来的,那你有权利去揭秘。如果说是培养观众对魔术的兴趣爱好,我们可以揭秘一些很古老的小节目,但是也要掌握一个度,毕竟有的人还要以此谋生的。

采访人: 您今天戴的这个胸章有什么特殊含义吗?

莫少仙: 这个胸章是在英国每年一次的魔术大会上买来的。因为魔术虽然是靠脑,但是最终的表现还是要靠手来表达的,所以我非常喜欢这个胸章。

采访人: 您现在还参加社会活动吗?

莫少仙: 除了在杂技学校上课,我也到老年大学去义务上课,

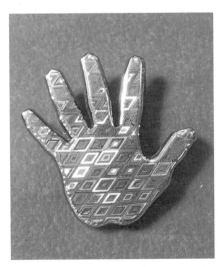

英国魔术大会上所购胸章

1991年莫非仙在手术后两个月"为受水灾的人民赈灾义演",下图为莫非仙在照片背面的亲笔标注

我觉得我有这个能力回馈社会也是挺好的,这也是受我父亲的影响。1991年,国内好多地方发大水,文艺界在上海万体馆举办千人大义演为赈灾筹款。我父亲在癌症手术以后两个月,就主动要求去参加义演。他表演后又加了一个变钱的环节,然后把变出来的1 000元当场放到捐款箱里面去了,那个年代1 000元钱不是小数目了。我父亲跟我说,他动手术也得到了很多人的关心和帮助,他也要为大家做一些事情。所以说,不论在艺术上还是做人上,我父亲都给我树立了一个榜样。

(采访:陈家彦　整理:李丹青)

我和杂技的故事
——徐志远口述

徐志远，1934年出生，山东烟台人。历任上海杂技团团支部书记、青年队队长、上海杂技团副团长。1951年1月在上海加入中国人民解放军华东军区公安部队干部学校，1952年在部队担任文化教员。1956年考入华东政法学院，1960年进入上海市委宣传部干部训练班，后分配到上海市文化局工作。1961年进入上海市人民杂技团工作，带领青年队国内巡演，起草上海杂技场建设报告，呼吁成立中国杂技艺术家协会。多次带领上海杂技团海外演出。1980年赴美国演出，担任舞台监督，参与演出谈判，开创了改革开放后文艺团体海外商业演出的先河。参与起草1984年第一届全国杂技比赛评奖条例。1984年率团参加第十届蒙特卡洛马戏节，其中《跳板蹬人》节目获得摩纳哥城市奖。

采访人： 徐老师，请您先做一个自我介绍。

徐志远： 我叫徐志远，山东烟台人。1950年6月朝鲜战争爆发，为了提高部队军人的文化水平，国家成立了军事干校，号召青年为了抗美援朝保家卫国，积极参加干校，为前线不断输送有知识有文化的有用人才。那个时候我中学还没念完，周岁15岁，在学校是一个活跃分子，所以就参加了军事干校。从烟台先到济南，在济南行政学院集训一个月，集训中有的学员到西北去了，我们被派到上海。

1951年1月4日，我在上海江湾体育场穿上军装，正式入伍。在那里待了大概两个月，接着就把我们拉到青浦集训了两年。当时我们所在的部队叫中国人民解放军华东军区公安部队干部学校。1952年毕业后，有的学员去了机要处，个别去了作战处，我被调回山东公安总队任文化教员。从1952年到1955年，白天我给战士上课，教文化、唱歌，还教体育，如打球、翻杠子，晚上我就在房间里看书，有《战争与和平》《复活》，还有巴尔扎克的小说等。

有一本书我印象最深，叫《三个穿灰色大衣的人》，讲的是军人面临复员的故事。三个好朋友讨论复员以后去哪里，其中一个说他要读大学，要充实自己。1955年我们部队也充实了一些大学生，所以我就想考大学。我的第一志愿是复旦大学新闻系，但是没有被录取，最后考取了华东政法学院的法律系。

采访人：您是什么时候和杂技结缘的？

徐志远：山东是杂技之乡，杂技很普遍，但我年轻时觉得杂技很残酷，把这些小孩的胳膊从后面掰到上面、掰到下面，小孩一边掉眼泪，一边只能这样挺着。一直到读大学期间，我的观念才有所改变。1957年十月革命节，我所在的上海市大学生合唱团参加了在中苏友好大厦举办的晚会，现场有两个杂技节目，我看了以后改变了之前的想法。一个节目是申方明、申方良和一个小徒弟表演的《踩大球》，三节人踩着大球过跳板，下来的时候蛮惊险的，我一看这个杂技有难度，既惊险又好看。申方良是哥哥，他是一本正经的，弟弟申方明的表演则很幽默。还有一个节目是柯慧玲表演的《柔术咬花》，和我小时候看到的咬花不一样，是一种很自然的美，是真正的艺术表演。所以这两个节目给我印象最深刻,和我小时候看的杂技完全不一样,也使我转变了观念。

1960年我面临毕业,政法学院选了91人送到上海市委宣传部干训班,分配到教育、卫生、出版、新闻、电影、文化等部门,我被分到上海市文化局二处,即音乐舞蹈处。后来上海杂技团缺干部,文化局的处长问我说,你下放到基层怎么样?我说可以。于是,1960年的1月我就到上海杂技团来了。

采访人:到了上海杂技团您主要负责哪些工作?

徐志远:到了杂技团,王峰团长找我谈话,叫我担任团支部书记、青年队队长。王峰团长很重视文化教育,事业要发展,文化要跟上去。1962年,困难时期还没有结束,我就和青年队的杨惠芳、张小芬、朱复正、刘君山等一起到福建、广东、广西等地演出了十个月。这段时间里,他们白天要练功,晚饭前抽出一个多小时的时间,我给他们上文化课。我把辛弃疾、苏东坡的诗词,如《念奴娇·赤壁怀古》、左丘明的《曹刿论战》念给他们听,写下来让他们背,背书既能认字,又能充实文化。其中的诗句像"大江东去,浪淘尽,千古风流人物""一鼓作气,再而衰,三而竭",对他们也是一种激励。这十个月在外面一边演出一边学习,生活很丰富。

采访人:您如何理解海派杂技?

徐志远:什么叫海派杂技?海派杂技是一个综合性的艺术,包括音乐、舞美、灯光、服装。我觉得首要的就是创新。一部分是节目的创新,本来中国没有这个节目。比方说《空中吊环》,体操里有吊环,我们杂技演员也到空中表演吊环节目;《溜冰》节目也是我们上海杂技团改革创新的;又如《射击打枪》,也是我们杂技团全国独一的,舞台上有块钢板,中间有几个隔档,点了七八支蜡烛,演员站在台边上用手枪打蜡烛;还有《女子四人造型》,四个小姑娘摞起来,表演各种柔术造型。还有一部分是技巧的创新,像薛晶晶创造的单手顶:落汉水,单手顶,再落汉水,再汉水起。

上海杂技团有接待外宾的任务，在"文革"中第一个带头搞纯杂技性的节目。同时我们也重视表演，提高演员的文化素养，将各种文化中的艺术元素融入杂技表演中，表演不土气，而是技术和艺术的兼容并蓄。

采访人：上海杂技场建造有哪些幕后故事？

徐志远：我1961年到杂技团的时候，他们在人民大道的大篷里演出，遇到刮风下雨的时候怕出事，所以就要先拆掉大篷，如果有外宾经过或者有游行活动，也要把大篷拆掉，等过后再搭起来。有一次市领导问，人民广场这么严肃的地方怎么有一个大篷？谁在那里？旁边人就说上海市人民杂技团在大篷里演出，结果上面意见传达下来说要把大篷拆掉。王峰团长说如果拆掉以后让我们演员怎么生活，我们没有剧场，就靠大篷演出，别的地方搭不下来，只有这个人民大道能搭得起来。领导一听也蛮通情达理的，让我们打个报告，找地方建立一个半固定性的杂技场。这个报告还是我亲自写的，报上去以后就获批了。当时批的是南京西路仙乐斯剧场旁边的一块空地，原来是垃圾厂，但是那个地方不够大，所以我们这个杂技场最初是砂锅式的，底下小，看台上面是扩展开来的，再盖个顶。最初才批了18万元，后来才追加到24万元。

因为南京路地段好，大家去逛逛商店，晚上再看看杂技，所以杂技场每天都客满。演出是下午一场，晚上一场，春节则是一天四场，演员也很辛苦。

采访人："文化大革命"中，上海杂技团还有演出吗？

徐志远：当时全国文艺院团基本上都不演出了，上海杂技团还有演出，主要是接待外宾，如柬埔寨的西哈努克亲王、埃塞俄比亚皇帝塞拉西一世、美国总统尼克松等。

采访人：1963年和1983年上海杂技团两次到北京演出给首都观众留下了深刻的印象。

徐志远：1963年，我们把全团的力量集合到北京去，连演四个月。

上图为1964年建成的位于南京西路的上海杂技场,下图为改建后的上海杂技场

本来我们打算带大篷去演出,搭在工人文化宫外面,后来一量尺寸不够,而且搭大篷还要打桩子,工人文化宫旁边有古树,如果打桩子要砍树的,砍树要经过国务院批准,那绝不会批准的。当时文化部很支持我们,让我们到工人体育馆演出,正好赶上五一节,当天来了很多中央首脑,包括贺龙、陆定一都来了。杨惠芳表演了女子钢丝。这个钢丝高度有一米五左右,她是第一个在钢丝上做后空翻的演员,一个跟斗

1963年上海杂技团赴北京演出的节目单

翻好，站住了以后一个亮相，贺龙看了很高兴，马上鼓掌。正好这个时候，周总理来了，这时候杨惠芳还在钢丝上没下来，就决定再翻跟斗，可能是有点紧张，一个跟斗后就弹出来了，下面的保护人员赶紧把她抱住。要是骑在钢丝上就糟糕了，要大出血的，就怕骑在钢丝上，我们内行叫骑马。她连翻了五个，翻第六个时，总理站起来说，不要翻了，没想到第六个成功了，全场响起掌声。此外，还有《驯狮》《驯虎》《大飞人》《单手顶》等节目也让北京观众眼前一亮。所以这次演出在北京引起了很大的轰动，体育界、文艺界都很佩服。我们从北京工人体育馆又移师中山公园里的音乐堂演了一个多月，接近两个月，不容易。这次的演出，内行都服了，所以我们就被文化部看中了。1963年11月，文化部派我们参加了在印度尼西亚举办的第一届新兴力量运动会，规格很高，团长是司马文森。

第二次赴京演出是1983年，那个时候我们更厉害了，把熊猫带去了，全国独一无二的，也造成了轰动。

采访人： 您参与起草了1984年第一届全国杂技比赛评奖条例，请您聊聊这件事。

徐志远： 1984年在兰州举行了第一届全国杂技比赛。当时文化部艺术司杂技处处长许淑娥把我和广州军区杂技团（战士杂技团）的团长助理小麦调到文化部，我们俩花了一个多星期，起草了第一届全国杂技比赛的评奖条例。那届比赛只设立了一个金奖，颁给了河南郑州的单手顶演员孔红文，是个小姑娘。她最大的特点是一字顶撂得很高，拐子上单手顶。挂保险绳还不算本事，心理状态可以不受影响，安全了，也借力了，因为我也拉过保险绳，我知道。孔红文表演的《单手顶》没有用保险，撂到最后就是一把椅子，这样斜着卡着，她就单手顶起来了，起来了以后一下子跳到左手，左右开工，一个手顶还可以，没想到她两个手换着顶，这个是她创造的——左右单手顶跳。评奖的时候，评委异口同声表示金奖应该给她，我们上海杂技团的《大跳板》拿了一个银奖。

第三届全国杂技比赛回到上海举办，我们一下拿了三个金奖：《大跳板》一个，《驯熊猫》一个，魔术一个。

采访人：改革开放后，上海杂技团开创了海外商演的先河，当时有怎样的契机？

徐志远：1979年美国的哥伦比亚艺术管理公司派人到中国，再通过文化部到上海来，找到文化局想邀请我们杂技团去演出。当时王峰团长生病在家，我代表杂技团出面，加上文化局的代表吴敦宏、专职翻译，和哥伦比亚艺术管理公司的老板谈判，确定《蹬技》《快乐的炊事员》《跳板蹬人》《倒立》《摔跤》《低圈》《转碟》《顶技》《钻桶》《双人技巧》《顶碗》《集体车技》等节目去美国进行商业演出。

1980年3月，上海杂技团作为中国第一个商业性演出团体赴美国演出，三个多月里一共去了八个城市。因为出访规格很高，上海市文化局的局长兼党委书记李太成作为团长带队，副团长是宣传部部长张立惠（他是毛泽东在延安文艺座谈会上发言讲话的记录者之一）。王峰是艺术指导，我担任舞台监督。

在美国演出有很多插曲，那次我们正赶上了地铁大罢工，又是下大雨，交通堵塞，所以有一阵子演出上座率不佳，后来逐渐好转。我印象最深刻的是我们在华盛顿演出，那天美方老板说，今天卡特总统会来，

1980年，美国哥伦比亚演出公司印制的上海杂技团赴美演出宣传册

当时他正被伊朗人质事件搞得焦头烂额，所以他带着全家一起来看演出，解解愁。

采访人：1986年上海杂技团与美国玲玲马戏团合作赴美演出，请您讲讲当时的情况。

徐志远：玲玲马戏团可以说是杂技界的联合国，它有长达一百多年的历史，起源于欧洲，美国人老费尔德把马戏团整个演员和动物都带到美国。据说玲玲马戏团来邀请上海杂技团去演出还是通过尼克松介绍的，因为他1972年访华时看过我们的演出，印象非常好，所以他把我们介绍给了玲玲马戏团的老板肯尼斯·费尔德。

我们平时在上海杂技场表演时是一个马圈，但是到美国玲玲马戏团演出时，有三个节目同时在三个马圈表演。玲玲马戏团会到全美各地巡回演出，有时候是借在当地的体育馆里，体育馆都非常大，那么三个马圈同时表演的话，四周的观众都能看到，而且演出内容很丰富，观众看了也很过瘾。

采访人：您爱人潘素梅是杂技演员中的佼佼者，您能介绍一下她的情况吗？

徐志远：潘素梅是"潘家班童子团"第三代传人，七岁就跟着她的父亲潘玉善学习杂技，八岁就开始在大世界演出了。她业务能力比较全面，可以说是十八般武艺样样行，《转碟》《抖空竹》《蹬技》《蹦床飞人》，还创造了钢丝上的"前桥翻跟斗"。她是1972年加入上海杂技团的，之前是红色杂技团的演员，她享受国务院专家津贴。

1986年，玲玲马戏团印制的上海杂技团专刊，上图为专刊封面，下图为肯尼斯·费尔德的欢迎辞

　　我和潘素梅是在1964年认识的，当时罗马尼亚杂技团到上海来演出，我们俩都参加了。他们就对我说潘素梅没对象，你也没对象，想要介绍我们认识，我说人家肯要我吗？潘素梅找对象有三个要求：首先对象要是党员，她本人是党员；然后要有文化，起码是大学毕业的；最后，形象也要考虑。我是党员，又是大学毕业，年轻时形象也还可以。然后王峰问她，你看徐志远怎么样？她说好，一下子就成功了。1967年1月我们结婚了。

　　"文革"中，她们团里下放到南汇五四农场去劳动，接待尼克松之前，市委觉得节目还不够，就想把潘素梅调上来。一个命令下去，就把她调了过来，那时她已在农场劳动两年了，人发胖了，腿也硬了，但

1986年,玲玲马戏团宣传册内页中关于上海杂技团节目的介绍

是为了这个演出很努力地恢复训练。那个阶段我们很苦,我每天陪着她练。我们在文化广场给她支了一根钢丝,我那个时候心里很难过的,因为她已经吃过钢丝的亏了,已经骑过钢丝了,大出血后去医院缝了七针。所以她在钢丝上面跑、翻跟头,我在下面提心吊胆的,有的时候她没有站好掉下来,我马上奔过去抱住她,好在那个时候我体力也好。

70年代末,她借鉴国外同类节目,和朱复正等一起设计了"连翻""对穿斜托""双人落杠椅"等一系列跳翻和蹬翻相结合的动作,创作了一个新节目《跳板蹬人》。1984年,该节目在蒙特卡洛国际马戏节中获得了蒙特卡洛城市奖。为了表彰她的成就,中国杂技家协会在1992年颁给她中国杂技的最高荣誉奖——"百戏奖"。

不过说实在的,作为一名杂技演员,要演好每一场节目负担很重,压力很大,所以后来她得了肝癌。那天最后的表演,她怎么蹬也蹬不动了,但她说自己怎么也要完成演出。平时演出完以后,她都会围绕杂技场转一圈,向观众谢幕,结果那天谢幕也不谢了,到厕所一看全是血。

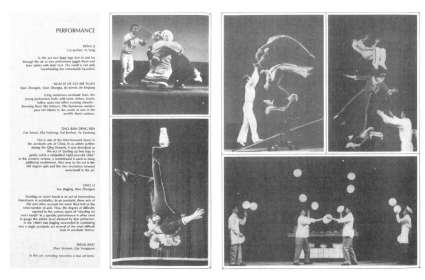

1980年，美国哥伦比亚演出公司印制的宣传页，右页左上为《跳板蹬人》

马上把她送到瑞金医院，一查，是肝癌。那个时候哪怕是百分之一的希望也要救，就开了刀，打开看了，癌细胞都扩散了，没法救了。我们也不能让她知道，说开了刀就好了，她的感受不给我们讲，我们也不敢跟她讲。最后拖了一年，1993年她走了，才52岁，太可惜了。

（采访：柴亦文　整理：柴亦文）

看效果的时候心里特别满足
——徐秀娣口述

徐秀娣,1942年出生,浙江余姚人。上海美术家协会会员,上海杂技团二级美术设计师。1961年进入上海戏剧学院舞美系设计专业本科学习,1966年毕业,1968年分配到上海杂技团担任舞台美术设计工作。为《顶碗》《跳板蹬人》《驯象》《驯狗》《魔术师的约会》《牌技》《大飞人》等在国际国内获得金奖的节目设计服装造型。因在全国杂技比赛中获得显著成绩,获上海市文化局记大功勉励。

采访人:徐老师,您小时候有什么爱好?

徐秀娣:我小时候喜欢一个人坐在家里,对着画片临摹,邻居看后常夸奖我画得像。后来我把图画带到班级里给同学看,他们都不相信是我画的,我当场画给他们看才相信。我的运气很好,是初中直升高中的。读高中时,大同中学来了位年轻的张文琪老师,他是行知艺专毕业的高才生,绘画水平很高。他来学校后,成立了课余美工组,学校里喜欢画画的同学,放学后都可以到他那里学。他除了教我们画图,还培养我们为学校服务的意识，比如，组织我们出墙报，搞宣传，有同学把文章写好，其余同学去加上花边、配上插图等。因为喜欢美术，课余时间我也常去美工组参加活动。在美工组里，张老师教我们怎样画石膏像和静物，星期天还组织大家到公园写生，我印象最深刻就是到外滩画风景。许多当代著名画家，张培础、毛国伦、方世聪、车永仁、邓明等都是在张老师的悉心培育下，从大同中学美工组成长起来的。

采访人：您怎么会想到去报考上海戏剧学院的？

徐秀娣：高考前夕，我正在考虑是考大学还是上班工作，美工组的一个同学叫我一起去考上海戏剧学院。我说我画画不好，怎么去嘛，他说不要紧的，张老师和我们说好了，让校工帮我们去报名，你出点报名费就可以考了，我想那就去吧。考试的时候先画静物素描，这个张老师教过我们的。下午考命题创作，要求以"上海的早晨"为主题进行创作。在美工组的时候，我们去外滩写生过一次，所以我就想到了用外滩的钟楼来代表上海，画完钟楼屋顶，下面空空的，怎么办呢？我就画一辆有轨电车，再点一个小小的人，画完就交上去了。我想自己不会被录取的，发红榜那天，我同学说一起看吧，没想到我居然榜上有名。文化考试考过了以后，好像等了一两个月就正式发录取通知了。

由于我报名的时候忘了写门牌号，只写了一个弄堂，所以录取通知来的时候，没办法寄到我家。结果邮递员也蛮聪明的，就放在我家弄堂口的胭脂店里，我去打酱油的时候，老板问我是不是考大学了？你的录取通知来了。我拿回去一看，录取了，而叫我一起去考的那个同学却没有录取。也许，这是命运吧，我能踏进大学的校门仿佛是老天爷安排的。

采访人：上海戏剧学院的老师看到了您的绘画天赋。

徐秀娣：学校可能是看画的题材是不是切题。虽然画面底下是虚的，但是正好符合早晨雾蒙蒙的气氛，雾境中间是一辆有轨电车，把外滩的景象也点出来了，所以切题了，也是歪打正着，如果题目是"上海的中午",可能结局就不一样了。

采访人：请您介绍一下上海戏剧学院舞美系的教学情况。

徐秀娣：我们在戏剧学院时，还是熊佛西院长主持教学工作，学院的学风很好。学生谈恋爱轻则留级，重则开除，所以同学们都专心致志，认真学习。上学时最开心的事就是我们每个月都有戏剧观摩，老师还带我们在舞台侧幕看演出，到后台去看舞台效果是怎么做出来的，比如沙幕的运用、灯光的运用、如何营造气氛，激发我们的兴趣，对我们巩固专业思想有很大的帮助。

上二年级时我参加了林佩珠老师带领的棉料革新小组，尝试用纱布替代各种材质的面料，制作表演系同学的演出服装。通过学习，我体会到舞台上以假乱真的观念，开拓了思路，对后来到杂技团工作很有帮助。

采访人：刚到杂技团的时候，团里舞美处在什么状态？

徐秀娣：上海杂技团原来有一位年长的美工主要负责美化工作，在道具和服装上加点传统图案。另外，舞美组里还有两个裁缝、两个电工、一个铜工，舞台装置就由演员来兼职完成。

戏剧学院毕业能分配到杂技团我也蛮开心的，因为当时只有三个名额能留在上海，杂技团两个，木偶剧团一个。杂技团的演员年纪小，都很直爽、单纯，跟我的性格很像。我们就和演员一起住在团里，一方面团里工作比较忙，另外一方面家里居住面积也比较小。团领导分配给我们一个办公室，就我和高进两个人，工作条件很不错。

我们到杂技团报到之前，《一月革命胜利万岁》已经上演了，背景毛主席像的灯片用得比较多，被灯烤的时间长了以后就褪色了，必须及时补色。因为剧组里的舞美工作很多，急需有人完成，所以团里就催我们早点报到。

采访人：徐老师，您到团里报到以后，主要做哪些工作？

徐秀娣：主要是化妆造型和服装造型，我先讲化妆吧。一般演员都是年轻妆,比较好化。我告诉他们化妆的几点原则,经常示范给他们看,眉毛该怎么画,眼睛该怎么画,底色怎么打匀点儿,口红怎么画,涂胭脂的时候不要涂得太假。跟演员说一说,要求他们尽量能自己化妆,如果每个演员都要我化,我一个人来不及。后来慢慢地他们自己也熟练了,有些画得比我还好。

画老年妆的时候需要我帮忙,我们在学校学过,脸上有哪些位置能够凸显年龄的要强调一下,比如说鱼尾纹、额头皱纹,要画得立体一些,胡子不要画,要一根根粘上去才比较真实。后来有一种片子,我把胡须固定在片子上,演员化妆时只要一贴就好了。到了《时空之旅》里化妆就比较夸张了,整个脸部都化了,就是要造型了,有时候也可以发挥的。当然先要有一个构思,然后画在图纸上,再和导演、演员交流一下,他们要认可,觉得这个造型符合构想,这样就达成一致了。

采访人: 演出服装是如何体现的?请您结合实际例子讲一讲。

徐秀娣: 我们读书时学校里没有开设裁剪课,到了杂技团以后,单位开了介绍信,让我专门到服装公司去学习裁剪,对我设计制作服装很有帮助。杂技表演中有些动作幅度比较大,演员一抬手,衣服会被带起来,我就请教服装公司的老师傅,他们建议我加一点儿氨纶进去,或者多加一块三角料子在里面。后来想了一个办法,就是在衣服下面加氨纶三角裤,穿上以后像连体服,等于把衣服拉在里面。下摆和腰带另外做了以后系在腰部,外面也看不出来,这样衣服就非常挺拔,不会缩上去。

一套演出服装,从设计图纸到完工,其中有很多环节,一般剧团会安排一位技师和裁缝师傅们根据设计意图进行二度创作,例如挑选合适的面料,决定采用哪一种制作方法,以及图案的布局和印制等。每一个步骤都很细致,环环相扣,因为细节决定成败。由于杂技团人手少,设计人员要兼职技师,有些特殊附件,如《大飞人》中的斗篷、《牌技》

中的肩饰等必须亲自动手制作完成。

采访人： 杂技服装有一定的特殊性，在设计制作过程中您做了哪些探索？

徐秀娣： 刚进杂技团时，我发现演员服装都是灯笼袖、灯笼裤，因为他们的动作幅度大，灯笼袖和灯笼裤不会妨碍表演，但是看上去就是老态龙钟的样子，和时代脱节了。我们去了以后，在服装上就往运动服靠，下身是白裤子，都是毛织华达呢面料，上身本来想改为羊毛衫，但是羊毛衫不好洗，一洗就缩水，演员出汗多，又不能不洗。所以我们就改用腈纶，腈纶的颜色比羊毛更好，色彩很明朗，而且不褪色，在织法上用了四平空转的织法，衣服很挺括。1972年招待尼克松时的《车技》节目演员就改穿这种服装了。这样一改，大家都觉得非常有时代感。由于《车技》中演员的服装色彩靓丽又不是太珠光宝气，我们演出以后就成为样板了，外地杂技团都来学。

朱慧真演《抖扛》时穿的服装，我也动了点脑筋，演出中动作幅度大，她本人又是少女，要求体现一种轻盈和飘逸。我就采用改良的芭蕾小裙样式，既不妨碍表演，又很现代，出去比赛一看就知道是上海团的演员。

杂技服饰还有一个特点，就是头饰部分。过去没有头饰的，后来演员有了角色，配合角色的造型，我们在头饰上也做了一些探索，既要美观，又要符合节目整体造型，还不能影响动作表演。比如《高车踢碗》，演员头上是要顶碗的，头饰就不能设计在头顶正中，只能戴在侧面或者后面。此外，柔术节目中有一些下腰的动作，身体弯下去，会压住头饰，待会儿翻上来，头饰还要保持原样。所以就要把它做成软的，并且有弹性的，压了可以不变形，因此用到海绵，既保持了造型，又不增加演员的负担。杂技演员运动量很大，所以头饰既不能太重，又要漂亮，还不能掉下来，不能变形。头饰制作上要寻找、挑选各种不同类型的材质进行尝试，真可谓法无定法。

采访人：我们看到80年代的杂技演出照片中，演员身上的服装色彩更鲜艳，面料也更轻薄了。

徐秀娣：后来有了光片、珍珠等装饰材料，这中间也有一个故事。我们到羊毛衫厂，看到他们的羊毛衫上有珠片、珠子点缀。我问这个是哪里来的，他说我们厂里有，我说可以给我们一点儿吗，他说我们仓库很多，但是不能随便给你。他叫我到进出口公司去，如果公司批了，他们才可以卖给我。那时珠光宝气也不能用太多，服装上用多了也销不出去，他们压在仓库里也没用。然后为了这个介绍信，我跑了十几家单位，好不容易才拿到。到了进出口公司，我说你们仓库里很多，我这里需要一点儿，你就帮帮忙，他们经理就摆架子，不肯批，那我就坐在那里等他，等了很久，他过意不去，终于同意了。

80年代开始，上海杂技团的海外演出逐渐增多，那么羊毛衫、腈纶服装到世界上去还是差点儿档次。我们从那时开始用丝绸了，丝绸很漂亮，而且颜色丰富，又有中国特色，丝绸上再配光片，灯光一打就很耀眼。服装上的光片要一粒粒地缝上去，因为杂技演员出汗多，衣服要经常清洗，如果用胶水粘上去，一洗光片就容易掉下来。所以我们服装间专门请阿姨把光片一片片缝上去，虽然费劲，也费时间，但是服装缝上光片就是好看，让人眼前一亮，演员表演时也更有自信了。

采访人：魔术表演有别于杂技表演，虽然动作不大，但是服装上还有很多门子，在魔术服装的设计和制作方面有哪些挑战？

徐秀娣：是的，魔术服装都有门子，在面料的选择上比较讲究。比如说王晓燕的《牌技》，这套服装外面看起来很轻巧，很修身，其实里面是很厚的。一般的厚度还不够，我选的是加厚的人造华达呢，没有弹性的。我们还给她装了一个蝴蝶肩，透明立体的，上面全是光片，很亮的，配上衣服外面的一层薄纱，就有了一种魔幻的效果。这个蝴蝶肩，服装

王晓燕的《牌技》，服装设计为徐秀娣

间不会做，我就自己做，做完让她穿上再看看效果，有没有妨碍她表演。1991年，《牌技》参加第三届全国杂技比赛时得了金奖。

周良铁的《魔术师的约会》中，女演员要换十套衣服，这十套衣服的颜色我们先把色块分配好，第一套衣服是白的，第二套衣服是红的，第三套衣服是绿的……每套衣服之间的颜色一定要拉开，不拉开就看不出变化。周老师人好，他的两个学生也很能干，我们一起琢磨。因为换衣术的服装属于魔术道具，上面是有门子的，不是普通的服装工厂能做的，有许多后期加工都要他们演员自己做，然后穿在身上看哪里不对，脱下来马上改，然后试穿，再改，直到满意为止。最后这个节目代表团里参加第三届全国杂技比赛，大受好评，获得了银奖。

除了西洋魔术，我们团里的传统节目《古彩戏法》也很精彩。"文革"当中，杂技团招待外宾时把这个节目重新拿出来演，导演构思了蒙古草原这样一个情景，我们就配合这个主题来做舞美设计。原来《古彩戏法》的服装像地主老爷的一样，虽然是织锦锻的，但是穿上去不好看。我们就在规定情境下重新设计服装，强调一种颜色，最后试下来，服装用了蓝色的镶锦边的蒙古长袍，因为冷色调不显得那么臃肿，也让演员形象也很饱满。助演的服装用了近似蒙古顶碗舞的服装式样，颜色选用了红色。道具方面试了很多配色之后，定下来用奶黄色，最后呈现出来的是红、黄、蓝三个颜色。这样一来，围绕整体构思，加上综合艺

《古彩戏法》，服装设计为徐秀娣

术效果，整个演出就很饱满了。

采访人：您是如何为马戏演员和他们的动物明星设计服装的？

徐秀娣：马戏节目《驯熊猫》中，陆星奇出场的时候披着华丽的斗篷，显得十分精神，威风凛凛，像一位将军，守护着我们的国宝动物——熊猫，衬托出熊猫的高贵。他的服装上借鉴了古装的特点，红色织锦缎的护身马甲，配上宽腰带，白衣白裤，加上大翻领就有一点时代气息，鞋子方面搭配金红相间的靴子。熊猫是黑白的，演员服装是红白的，很靓丽。

《驯象》节目的编创经过导演设想，我们把演员设计成印度王子和公主的形象，王子头上戴着镶有蓝宝石的白色头巾，身穿华贵的白色印度长衫，公主披着粉红色纱丽，戴着头饰、耳环、戒指、项链、脚镯，珠光四射。大象的鞍饰和头饰也很讲究，加上了吉祥如意的图案和吊坠，更凸显出异国风情。女演员骑着大象，在逆光中出现在舞台上，给观众以梦幻般的观感，为驯象表演铺垫了很好的想象空间。

陆星奇和熊猫伟伟,服装设计为徐秀娣　　董忆中和胡春霞表演的《驯象》,服装设计为徐秀娣

采访人：舞台美术是幕后工作,替人做嫁衣。您从事这份工作几十年,最大的感悟是什么？

徐秀娣：我们作为幕后工作人员,服装、头饰做好以后,就会在舞台下面看效果,看到自己设计的作品和演员的表演融为一体,并获得观众赞赏时,心里特别满足。

（采访：柴亦文　整理：柴亦文）

舞美使杂技成为一门综合艺术

——高进口述

高进，1944年出生于上海，浙江萧山人。中国舞台美术协会会员，中国杂技艺术家协会会员，上海美术家协会会员，上海杂技团二级美术设计师。1961年进入上海戏剧学院舞美系设计专业本科学习，1966年毕业，1968年分配到上海杂技团担任舞台美术设计工作。为《杂技园里百花开》《驯熊猫》《百戏春秋》《顶碗》《跳板蹬人》《驯象》《驯狗》《驯猩猩》《魔术师的约会》《变脸》《百鸟朝凤》《百戏春秋》等节目设计制作布景、道具、灯光及人物造型，多次在国际国内比赛中获得金奖。

采访人：高老师，请您先做一个自我介绍。

高进：我叫高进，1944年在上海出生，我的祖籍是浙江萧山。1961年考入上海戏剧学院，念的是舞台美术系设计专业的本科。我们进校时正逢周本义老师从苏联留学回来，学制从4年改成5年，本来1966年应该毕业了，因为"文化大革命"拖了两年，所以一直到1968年才被分配至上海杂技团,主要从事舞台美术设计工作。

采访人: 当时怎么会想到去报考上海戏剧学院?

高进: 我家庭环境还可以,5岁就开始上学。家里订有报纸,报纸上有些漫画、图画,我喜欢经常看看。小学二年级,也就是1950年的一天,学校发了一张白纸,说今天是图画比赛,全校每个人自己画张图,随便怎么画。我就画了一张,有一个大手,上面写着"不许动",下面画了一个小特务,正在点燃地雷。这张图画交上去以后,得了年级第一名,奖励了我一副蜡笔。就从那个时候开始,我好像觉得自己有点绘画天赋,业余时间经常照着报纸画画,并形成了爱好。

我高中在光明中学读书,高二半工半读到工厂去劳动时,工厂老师傅问哪个同学会画画,我说我会。他就叫我去画黑板报、宣传画,我画的也得到了老师的称赞。所以高二的时候我就定了目标,我想如果一辈子搞绘画倒也是不错。高三毕业前,学校公告栏里贴了艺术学院的招生简章。我当时想考上海美专,但没有看到美专的招生简章,结果看到上海戏剧学院里有个舞台美术系,也是画画的,我就想去试一下,能考上就去,考不上就算了。考前我也做了一些准备,到图书馆去找怎么样画铅笔画的书,知道写生是怎么回事,看了一些连环画,知道创作是怎么一回事。

戏剧学院考试时,考的就是一张写生,另一张是命题画,就是创作。写生考的是画静物。命题画的主题是"上海的早晨"。我现在回忆起来,当时我画了一条小河,河上有船,船上放了一筐筐蔬菜,还有一个农民摇着橹把蔬菜运到上海,远处楼房和工厂的剪影衬在红色的曙光前。后来我进了学校看到这张画被评了一个五分,虽然我写生水平不怎么好,但是创作水平还行。

进戏剧学院也是过五关斩六将,当时考的人不少。第一关初试后要到戏剧学院去看红榜,有点像看状元发榜一样。我也不知道能不能考上,心里有点忐忑不安。第一关下来,留下了大概五十个人,看到自己名字的那一刻,心里怦怦跳,既紧张又兴奋。然后就考文化课,我也通过了,接着就是到面试这一关了。面试我的是舞台美术系的党支部书记,他给我看了一幅冼星海在陕北采风的油画,我就讲了一讲,可能与主题内容比较吻合。接下来问了我一些家庭情况,就叫我回家等通知了。

我那天还在外面玩呢,回家后母亲说我被录取了,我完全没想到。我本来以为我戏剧学院是考不上的,因为我水平并不怎么高,自己心里没底。结果一下子录取了,高兴得要飞起来了。

采访人:学校教学中有哪些令您印象深刻的老师和事情?

高进:当时整个学校的教学气氛很好,老师教学都很认真。我们的专业课老师有周本义、丁加生、陈景和、王挺琦,学院里还有闵西文、杨祖述、胡若思等很有实力和名望的画家。我们班主任丁加生老师从一年级一直带到我们毕业分配。当时他年轻,我们也年轻,老师和学生之间就像兄弟姐妹一样。而且他很儒雅,从来不跟我们发脾气,生气的时候就说"我们的同学……",底下他就不说下去了。很遗憾,他已经去世了。

进戏剧学院前夕,学校寄来通知要买油画材料。我当时也没画过油画,就买了一本《怎样画油画》,还买了各种油画颜料、画纸、从HB到6B的铅笔。回来后临了一张列宾的《给土耳其苏丹王的信》里一个老头的肖像。因为我以前在工厂里面临摹过宣传画,就按照书本上讲解的步骤临了一张,一看蛮像的,自己觉得还不错,那时候自信心就慢慢树立起来了。初学绘画的人,学了一年以后自己觉得好像天下可得,但是三年以后就寸步难行。真正到三年级的时候,看的东西多了,觉得要学的东西也越来越多,就觉得自己各方面都需要提高。尤其进了戏剧学院,看的书也多,图书馆里的外国画册,主要是苏联写实主义的绘画,我们常常借来看,对我影响也最大。

除了基础课,学校里还给我们安排了舞美设计、艺术欣赏、中国古典文学史、哲学以及戏剧理论等课程。另外，我们还有一个课外学习的机会，就是每个月能观摩戏剧和电影，青年话剧团、上海人艺和北京人艺的经典剧目，我们基本都看过。所以我说进了戏剧学院，又能画画，又能看戏，那时候真是很开心。

采访人：从1961年进校到1966年毕业，正好遇到"文革"，当时毕业是怎么分配的？

高进：1965年冬我到嘉定锡剧团实习，基本上开始独立工作，搞了一个小戏，从设计到绘景再到体现。1966年4月份回学校，"文革"即将开始了。按理我们应该写毕业论文，搞毕业设计，接下来就是毕业分配。但"文革"一开始，这个步骤全部被打乱了。当时有一个杂技剧《一月革命胜利万岁》，已经有好几个同学在杂技团参加舞台美术设计工作，还有一些表演系、导演系的同学参加编剧、报幕，音乐学院的同学搞作曲和伴奏。在我毕业分配以前，这个剧已经基本成型在演出了。当时上海杂技团"革委会"主任感觉到需要有舞台美术人员充实进来，所以主动到戏剧学院来要人。他只要一个，后来说分配两个，他说能来两个也很好，我们就被分配到上海杂技团了，也蛮高兴。

采访人：进了杂技团以后马上投入工作了？

高进：我1968年进入杂技团工作的时候，这个剧组正好在市革委礼堂演出。我一报到，他们马上就叫我去绘制幻灯片。当时幻灯片上的主席像颜色褪掉了，蓝天白云的蓝颜色也已经不蓝了，所以我进了上海杂技团以后就没有过渡，一下子就投入了工作。

后来运动就开展到剧团了，我们参加了剧团的运动，到交大集中进行斗批改，再后来又下乡劳动。就在这期间，外事任务来了，马上把我们从农村调上来，准备招待外宾的演出。"文革"十年，上海杂技团完成了不少重大任务，从接待西哈努克亲王、塞拉西皇帝、到中美建交前接待尼克松，我们上海杂技团都是主场。演出的上半场一般来说是民乐、交响乐，或者舞蹈、样板团的清唱，样板戏外宾听不懂，情绪就下来了。

下半场我们杂技团的锣鼓一响，一看第一个节目，他们的精神就振奋起来了。到最后全体演员谢幕时，背景天幕上打了一个大标语，整场晚会的演出气氛就烘托出来了。

招待外宾的演出中最重要的一条是最后要打一条红色的标语，比如尼克松来的时候，就是"中美两国人民友谊万岁"，西哈努克亲王来的时候就要打"中柬两国人民友谊万岁"。这是一个带有政治色彩的标语，所以市委外事工作组很重视。我负责完成演出的幻灯制作，演出的时候必须要我去把那些灯片插好，因为换了其他人可能会把灯片插倒，插的时候是要倒过来插的，这样投影上去才是正的。如果不知道的人，把灯片正的插上去，打出来的投影就是倒的了。还有一个担心，就是幻灯机的灯泡，万一要用时不亮了就麻烦了，所以在开演前都要试一试，而且要准备好第二套方案。当时很重视这些事情，到最后一刻底下看的人也担心，我们也担心，希望不要有什么问题，万一有情况，就是政治事件了，所以大家都很仔细。

当然招待外宾就不能像《一月革命胜利万岁》那么演了，我们重新选了一些节目，《蹬伞》《顶碗》《转碟》《双人技巧》《倒立技巧》《爬杆》《古彩戏法》《单手顶》《水流星》，还有《大跳板》。在发掘这些节目的时候也是不容易，因为一下子又要把传统的东西搬上舞台，服装还是"文革"以前的服装，一看就很陈旧，于是整个剧目都要进行包装。

采访人：当时对哪些节目进行了包装，请您举例说说。

高进：在选节目的时候有一些争论。比如像《蹬伞》，这个节目刚出来的时候就是演员躺在椅子上蹬一把传统的花布伞，服装也比较简单，有的同志就说这个节目太陈旧了。但是大家看了还是觉得这个节目蛮好，演员技巧也不错，最后还是让领导来审查。来审查的同志是外事组的，他看了以后说很好。那么我们就开始包装，演员个子比较矮，我们就在舞台上放了一个圆台子，上面是椅子，把大幕两边牵起来，搭成蝴蝶幕的样子。演员先是用脚蹬着伞玩耍，后来用脚一蹬，把伞蹬开

周演吉表演的《蹬伞》,道具设计为高进

了。观众看到的就是伞面,像车轮一样。原来用的花布伞比较陈旧,我们就改造了一下。伞面和伞里都画上了孔雀开屏的图案,很漂亮,而且孔雀的尾巴上面都粘上了亮闪闪的光片,伞转动以后灯光一打,闪闪发光,对节目而言,起到了画龙点睛的效果,所以整个节目就显示出时代特征。

另外,《车技》节目原来的服装也是比较陈旧的,就考虑是不是改用运动服装。当时市面上都是红色运动服装,没有花色。后来考虑舞台演出总是要有些舞台色彩,增加美感,徐秀娣就想到可以改变材质,选用羊毛衫。我们就到羊毛衫厂去进行试样。羊毛衫厂有个样品车间,听到我们要去搞演出服装,非常配合,协助我们试制面料,试下来之后有一种叫四平空转的面料,颜色好看,又能织出装饰条纹,还不会变形。当舞台上十几个小姑娘在车上表现孔雀开屏的动作时,一个亮相一下子显得色彩缤纷,靓丽动人。这就是把舞台美术体现到杂技里面去,为杂技节目增添了光彩。

邱家班的班主邱胜奎是南派《古彩戏法》的代表人物,他能从大袍子里变出鱼缸、长生果,最后还变出一个小孩。我记得招待西哈努克亲王的时候,他的徒弟姚振才说他会演,那怎么演呢?大家就开始集体创作。我们编排了新的形式,设置了蒙古草原的背景,就好像在蒙古包外面接待亲王一样。两个助演的小姑娘穿了顶碗舞的服装。我们把姚振才设计成一个拉马头琴的老头,戴着皮帽,穿着大袍,徐秀娣给他化了老年妆,还给他贴了胡子,用松香加酒精把胡子一根一根贴上去。这次节目编排也是开创性的,既包括了背景,又包括了人物造型、服装设计以及歌舞表演。

《古彩戏法》演出前有一个铺垫,舞台上有两个空的罗圈,先将罗圈向观众交代,然后再从两个罗圈里变出一盆盆糖果、糕点……演员就端着盆子一次次地跑到西哈努克面前献给他,然后再变出一个酒缸,用手拍上去还"当当"响,敲了以后又变出一个杯子,当场舀了一碗酒,洒给观众看里面是有酒的。然后向上方拉出一根用10厘米宽的纸条盘成的纸柱,一直拉到很高,接着拍散后洒在舞台上,五彩缤纷。纸条是请造纸厂切割好的,拿来的时候是一盘白纸,我们把纸染成彩虹一样的色彩。接下来从毯子里变出一个金鱼缸,里面有鱼,最绝的是变出两只活的小羊羔。《古彩戏法》的改造也很成功,整个气氛很符合迎接贵宾的场景。演出结束,西哈努克亲王到舞台上跟每个人握手,我也跟他握了手,他还送了一块金牌给姚振才。

当时演出主要是在中苏友好大厦里的友谊会堂,在舞台背景的设计上,我们考虑到杂技比较适合广场演出,所以就画了些蓝天白云等空旷的景色,包括有一些以衬托表演为主的吊景,还做了一个公园花坛作为挡灯片,主要的布景内容还是在幻灯片上体现,幻灯片就投影在天幕上。友谊会堂的舞台空间比较大,所以那个幻灯距离要缩短到最小的极限。

采访人: 这些包装为杂技舞台增色不少。

高进: 是的,这得益于在剧团实习工作的经历。在剧团体验生活的时候,从设计到绘景,包括所有的细节都是要我们自己独立完成的。当时布景画好以后要把布景剪出来,都是自己剪的。所以到杂技团工作,对工作内容还比较习惯,觉得理所当然就是要我们自己去完成。

上海杂技团原来也没有什么舞美班子,除了我们进团以前有一个年长的美工。他是广告公司来的,负责帮演员在服装上加一些图案,以

高进设计的演出海报（1985年）

及负责道具工作。我们去了之后添加了综合艺术的一些元素，强调了设计，根据每个节目的主题进行设计，赋予节目一定的意境。

采访人：1972年美国总统尼克松访华，上海杂技团也接到了同样重要的演出任务。

高进：招待西哈努克亲王的演出获得成功，基本上奠定了上海杂技团招待外宾演出的基础。之后一些重大的招待任务主要是由我们上海杂技团担任，包括1972年尼克松访华。整个舞台、灯光都是由我们上海杂技团负责的，舞台装置都是由我们去完成的。每场演出之前我们先要到友谊厅去装台，所以工作量蛮大的。除了灯光，演员还要去走台，因为这个舞台比较低，其实不是太适合于杂技演出。但是为了招待外宾，演员也克服了一些困难。最适合演的可能还是像《古彩戏法》《蹬伞》《转碟》《扯铃》《车技》这些节目，小节目比较好，但是大节目比较提气氛。《车技》节目在舞台上转一圈，舞台效果很好的。

演出前一天，我们整个团全部集中到浦江饭店。第二天，我们就坐专车来到友谊剧场。当时我在后台看到美国专门派来了电视转播车，周总理提出这个牵涉主权问题，所以外交部跟美国方面协商，虽然转播车是他们的，但是这段时间的转播权是我们买下来，再交给美国播出。这样，既保存了我们中国人民的自尊心，又把任务完满地解决了。那一台演出的确是比较严肃，整个舞台上大家认认真真地演出，基本上没有发生什么情况，圆满地完成了演出任务。

采访人：1973年上海杂技团出访欧洲，这个契机使得杂技舞台艺术又得到了进一步的发展。

高进：1973年，上海杂技团又接到了一个重大任务，就是上海市市委（当时是"革命委员会"）组织牵头到欧洲的巡回演出。为了这个巡回演出，专门把整个杂技团集中到文化广场，住在那里，练功也在那里。我们准备舞台道具、画布景等工作也都是在文化广场完成。经过这次访欧演出，杂技在舞台上通过运用综合艺术来表现的形式基本上成形了。

我记得当时还请程十发老师帮我们画海报。我专门去跟他沟通，他拍了《转碟》的照片回去，先画了小稿，再画了正稿送审，审查以后觉得国画的白色背景气氛不够，后来又请越剧院的黄子曦老师和人民艺术剧院的杜时象老师做了修改。我跟程老师说，你的画后来又改了一下，他笑着说蛮好，这是合作。当时程十发的处境还比较困难，能够接到这么一个任务，他也非常高兴。当时邀请了杜时象老师来帮着一起完成设计任务，我到人艺去画了一些布景，周柏春、姚慕双、袁一灵还在人艺舞美工场劳动，他们就帮我一起剪柳树上的一片片小叶子以及松树上的松针。所以，整个布景上又有挂景，又有网景，还有幻灯，这次任务是经过多方协助才圆满完成的，这是"文革"期间到欧洲的一次重大的外交政治任务。

采访人：第一次全国杂技会演，上海杂技团的节目在舞美方面有哪些突破？

高进：1975年，第一次全国杂技会演的时候我们把溜冰节目挖掘出来了。这个节目原来是法国杂技团1956年到上海演的，我小时候还去看过这个演出，印象最深刻的就是《溜冰》和一个造型节目。造型节目就像我们的《柔术》一样，主要表现健与美。演员身上还擦了橄榄油，用彩色灯光投射着好像一座活的雕塑一样，很美。另一个《溜冰》，以前没有看见过，当时朱复正就到那里去学习了。它跟冰上的溜冰不一样，以前叫旱冰，是四个轱辘的溜冰鞋。朱复正和他的学生徐文静在圆台上表演，内容跟法国杂技团的表演差不多。

全国会演的时候徐文静再带她的学生李月云一起演出，她们俩像姐妹一样。这个节目中我们就加进了一些元素。考虑到溜冰的季节是冬天，而且两个少女像花朵一样美丽，所以我根据当时的时代精神，采用毛主席的诗词"梅花欢喜漫天雪"中的诗意，取材数枝梅花作背景，天幕前还挂了朵朵雪花。原来表演用的圆台上放了一些玻璃杯作为道具，里面放了红颜色的水，后来换成了从玻璃厂定制的冰凌雕塑。她们在圆台上表演时就绕着冰凌旋转，所以一开场，雪花、梅花、头戴滑雪帽的少女、冰凌就构成了整个"梅花欢喜漫天雪"的意境。1975年在北京会演的时候，当舞台大幕一打开，台底下就出现了轰动的效果，这是什么原因？因为以前杂技演出没有这么一个完整的艺术表演，有些外地杂技团可能连舞美创作人员都没有，而上海杂技团已经有了幻灯，再加上舞美元素，整个舞台表演就提升了艺术层次，从单纯的技术表演变成综合艺术的表演。

所以后来外地杂技团都到上海杂技团来学习，把我们整台剧目全部学习过去。演员很忙，我们服装道具人员也很忙，要接待一个个外地剧团。他们有些拍了照片回到自己团里制作，有好多还是我们上海杂技团帮他们做好，帮他们送回去，因为有些服装面料外地没有，所以服装组的任务也很重。

反正"文革"期间我们一个任务接一个任务，从设计到体现，都要按照节奏工期来完成。有同志说，杂技不需要什么包装，也不需要什么布景。其实不然，每一个节目就是一台小戏。同样一个节目《顶碗》，如果是蒋正平的老师邱涌泉演，他是一套服装，到蒋正平演又是另一套服装，背景也要变，换了蒋正平的学生演，又不一样。虽然是同一个节目，但是换一个演员就是另一套服装、另一种表现形式。所以，每个月就像车轮打转一样，这个节目完成，那个节目又跟上，其实是没有空的。

"文革"当中由于形势所迫,杂技团一直在舞台演出,但是舞台演出使得许多技巧性节目不能得到充分发挥,比如《大跳板》,最多演四节人,再上去就碰顶了;还有高空节目,必须到杂技场才能够表演。舞台演出有它的局限性,也有优势,即舞台综合艺术能够得以发挥。

"文革"结束以后,杂技团又开始重视技巧,发展技巧了,演出主要场地又回到杂技场。到外面巡回演出基

高进创作的熊猫表演年画(1982年)

本上是借用当地体育馆,除了演出服装和灯光是必需的,灯光大多以照明为主,布景就没有了,所以舞台布景综合艺术这一方面开始衰退。

采访人:1996年杂技剧《百戏春秋》上演,这台戏在舞美方面有哪些亮点?

高进:《百戏春秋》中比较出彩的几个地方,一个就是演出前奏,观众进入剧场可以看到一道金色的画天幕。我是按照百戏春秋主题画的,上面的图案是汉朝的杂技百戏,有《顶碗》《串圈》这类节目,有些星星闪闪发光的。原来剧场大幕就不用了,开闭就用这道幕,再配上音乐就好像进入了远古时代。下半场穿越时空,开场时一束追光投射在大自鸣钟的钟面上,有个小丑,时针随着小丑的身体转动而走动,"嘀嗒,嘀嗒,当当当"。灯光渐明,舞台上跟着钟响慢慢进入现代场景。下半场主题叫"都市春秋",一开场是《独轮车》《溜冰》这些节目,其中还有一段比较梦幻的串场节目。当时在幻灯上加了只薄薄的

水缸，水缸里放了些小鱼，灯光一亮水缸暖和了，鱼就在里面游动。这个投影就打在天幕上，有一种电影的幻象感，观众蛮轰动的。当时还有个魔术节目，两根魔棍会在空中跳动，带有些舞蹈色彩，这个背景比较出彩。最后谢幕时，满天金花飘落下来，十分灿烂。我利用转轴，在当中放了些金银彩色纸屑，滚桶一转，全部洒下来了，所以等到谢幕时也有些彩头。

《百戏春秋》这台戏是一出从编剧、导演、音乐、舞美设计到呈现都比较完整的舞台杂技剧，从创作初衷、演出编排到舞台感染力都有别开生面的效果。所以根据这个剧本后面演化出的《东方夜谭》《都市春秋》，最后发展到《时空之旅ERA》，实际上基本思路还是从穿越的角度出发，把整台杂技节目串联起来。当然每台节目导演不同，演员不同，表现形式也有所不同。

采访人：回首这几十年的舞美工作，您最大的感悟是什么？

高进：因为《一月革命胜利万岁》，我进了杂技团，最后到要退休了，又回到了一个杂技剧《百戏春秋》，有剧本、编导、作曲和舞美加入，是一场比较完整的舞台剧，也算是一个轮回。

杂技走到现在，慢慢成为一种以杂技剧的形式进行表演的综合艺术，观众不再单纯追求惊险和刺激了，开始注重一种完整的艺术感染力。《ERA时空之旅》能够演到现在，经久不衰，与它本身的表演形式和综合艺术的参与是不可分割的，尤其是在加入了多媒体以及灯光体系以后，广场杂技被融入崭新的时代空间当中。

（采访：柴亦文　整理：柴亦文）

演到极致,那就是成功了

——章连惠口述

章连惠,1944年出生,浙江绍兴人。中国杂技艺术家协会会员。1954年加入张国樑魔技团并拜张国樑为师学习杂技,1956年随团到重庆等地演出。1958年加入上海江南杂技团。1971年加入上海市人民杂技团。演出的节目有《钻桶》《桌圈》《耍叉》等。代表作《钻桶》曾几乎失传,经张国樑指导形成了健康、风趣、新奇的杂技节目。1963年随北京的中国杂技团赴日本演出,轰动日本。同年10月随上海杂技团赴印度尼西亚等国演出,载誉而归。1960年获得上海戏曲青年会演优秀节目奖,1978年获得上海青年演员会演优秀节目奖。1974年再赴日本演出,1980年、1986年以及1987年赴美国参加商业演出。

采访人:章老师,请您先介绍一下您的师父张国樑老师。

章连惠:张国樑老师5岁跟随父亲和两个哥哥去印度,18岁回国,他们父子当时被称为"四大金刚"。两个哥哥在北京组织了中国杂技团,他留在上海和张慧冲一起演出,后来和邓凤鸣一起组织了一个小型私人杂技团。邓凤鸣父亲管财务,表哥管道具,她表妹表演软功《咬花》。

我的老师技艺比较全面,他能表演很多节目,顶技、武术都会。他小时候和他哥哥演对手,他在底下,他的哥哥把他手对手拉起来,表演单手顶,这是个绝活。他还能模仿卓别林的表演,演一个冷面滑稽的小丑,戴一副眼镜,扔三个球,其中两个是木球,一个是皮球,表演到一半他故意失手,球落下来,掉在头上,假装晕过去了。接着再拿一个很轻的球扔到观众席,下面哄堂大笑。他很善于在演出中活跃气氛。还有刀火门,他一个人表演,要从刀、火和纸头三层里面穿过,他的块头很大,穿过去的时候我对他佩服得不得了。我老师比较会表演。邓凤鸣的舞台形象很好,她在舞台上表演西洋魔术也很火。我们一台戏两个小时,从张老师开始表演,接下来有《水流星》《停车》、我的《椅子顶》,我师妹的《咬花》等节目。后来到了江南杂技团,他又搞了活动钢丝,两边像船一样翘,他走过去后面翘起来,在钢丝上表演单手倒立和头顶倒立,这是很不容易的。他哥哥张国琛曾经在电影《欢天喜地》里也表演过。所以老师给我的印象就是他比较敢于尝试,包括火箭飞人。这和他很早到国外,眼界比较开阔也有关系。

张国樑演出海报

采访人:您最早开的节目是《椅子顶》,后来怎么会改练《钻桶》?

章连惠:到江南杂技团以后,张老师觉得我基本功比较软,就让我改练《钻桶》。他给我讲了两个铁圈怎么表演,倒立、软功怎么练。我第一次表演

《钻桶》是在南市大戏院的学生场,这个节目在小朋友当中很受欢迎,我就有信心了。自己再把动作一点点加上去,像椅子顶上的动作元宝顶,我就加在上面。给老师看,我说你看看好吗?他说好啊,你坐在筒口,再滑到筒里。一开始屁股有点痛,通过几次的训练,找到了门道,表演起来就轻松了。就这样自己一点点琢磨,一点点完善,节目就比较完整了。

采访人:我们看到您在表演《钻桶》时,会把头和身体完全折叠起来,钻进口径九寸宽的桶,这是如何做到的?

章连惠:桶的直径只有35厘米,高71厘米,钻进去以后半个身体都在桶里面,钻进钻出要配合各种技巧动作。关键就是要放松身体,而且要放得很松,因为圈、桶都是比较小的,大小都是正正好好的,套进去是硬道理。首先我交代清楚,就是从这里一点点挤进去的,靠自己表演,身体完全贴着桶,关节还要放松,我以前关节很灵活的,一松就下来了。我钻小圈也是的,开始套上以后,给观众印象是这个圈蛮紧的,但真的表演的时候,我一抖就下来了。

其实每一个杂技节目都是好节目,看你怎么表演,一个是技巧,另

章连惠表演《钻桶》

一个是如何把节目呈现给观众。把节目的味道演出来，演到极致，那就成功了。

60年代初，我在艺术剧场听过一场京剧大师盖叫天的讲座。他说，观众等于照相机，一个个形象都给你拍下来，不管你亮相还是做什么动作，观众都拍下来了。他还表演了一个雄鹰展翅的动作，我看了印象很深，曾经想把这个动作放在我钻桶前面表演。我穿一件披风，等灯光一点点亮起来以后做一个亮相，再表演倒立。我想把自己的节目再提高一点，使其更加完美，艺术形象更好。要是成功了这个节目的分量可以重一点，有刚有柔，但是在服装道具等方面的投入需要领导的支持。

采访人：1963年您随中国杂技团赴日本进行友好访问演出，也是带着《钻桶》去的，您还有印象吗？

章连惠：是的。那个时候《钻桶》已经比较成熟了，在大世界演出也很受欢迎。日方老板之前在报纸上看到过我的资料，看中了这个节目，然后到上海大世界来看我们的表演，他在全国各个杂技团里挑选节目然后组团。1962年12月我被调到中国杂技团，经过集训、排练、审核，通过了以后赴日本。1963年我还参加了第一届新兴力量运动会，有各国许多文艺团体参加。

采访人：您的《钻桶》节目受到文化界广泛认可。

章连惠：文化部的副部长到我们杂技团来看演出，他说我的表演是真正的钻桶，他看了很佩服。我到加拿大演出，遇到电影《红色娘子军》里的主演王兴刚。谢幕时他上来和我们握手，说很佩服我。还有一次我们去慰问演出，张瑞芳作为嘉宾，看了我的演出，也是比较欣赏的，对我说了一些赞许的话。这些老演员认可我的表演，我觉得我付出的努力也蛮值得的。虽然表演比较辛苦，但能得到认可，对我也是一种激励。

采访人：1986年您参加赴美商演，这次海外演出中有哪些印象深刻的事？

章连惠： 我们是1986年第一批去的，去了半年。那时候美国玲玲马戏团的老板来挑节目，选了四个节目，一个是《顶碗》，一个是《软功》，一个是我的《钻桶》，还有一个《狮子舞》。表演的时候，《顶碗》《软功》和《钻桶》是同时在场地上表演。当时的演出是中国年的活动，我们演员都是中式打扮，演出结束时站在中式的桥上谢幕。

采访人： 您如何理解杂技表演中动作与音乐节奏的关系？

章连惠： 我觉得在理解音乐的基础上进行表演是很重要的，我的每个动作都和音乐节奏融合在一起，观众看了比较舒服。我觉得这和我老师很有关系，因为他表演的每个动作也是和音乐密切配合。比如，他的《顶皮球》，将小号和铜鼓与杂技表演相结合。在这种熏陶下，我的印象就深刻了。我经常和学员们说，要通过每一个动作、每一个亮相和观众交流，一方面要把杂技结合到音乐里，该紧张的时候紧张，该停的时候要停，每一个小节都要抓住。演员要善于抓住节奏，那么观众看了就有味道。有一次在文化广场表演，我根据音乐节奏跑出来一个亮相，观众就鼓掌了，表示认可你了，再一表演就更加好了。他们说章老师你上台表演很光彩的，我也是第一次听到"光彩"这个说法，和我们讲的"样子要好"，是一样的道理。

（采访：柴亦文　整理：柴亦文）

敢于在自己走过的人生道路上留下脚印
——蒋正平口述

蒋正平，1948年出生，江苏无锡人。国家一级演员，历任上海杂技团艺术室主任、演出队队长、副团长。中国杂技家协会会员，上海市杂技家协会理事，上海市非物质文化遗产海派杂技继承人。1960年考入上海杂技团学馆。与搭档共同演出当时全国杂技界绝无仅有的《小武术》中的"三掐脖"等，后主要训练、演出《顶碗》节目。该节目在继承传统的  基础上有较大的创新和突破，如"举顶下腰""顶上顶""头顶水平顶水平支撑"都是创新的高难度技巧，在相当一段时间内影响了中国杂技《顶碗》节目的发展。他和学生李月云表演的《顶碗》在1978年上海市青年会演中获"优秀节目奖"。1985年，在第八届法国巴黎明日世界杂技节上荣获金奖"巴黎城市奖"。担任上海杂技团副团长后，协助团长抓好业务建设和演员队伍的管理，《太极时空》《都市风情》《欢乐马戏》《时空之旅》《浦江情》《雕刻时光》等杂技晚会创排成功都离不开他的辛勤耕耘。还曾受文化部委派，作为中国杂技专家担任法国明日杂技节评委，并受邀担任摩纳哥马戏节评委，圆满完成任务。2019年被中国文联中国杂技家协会授予"终身成就杂技艺术家"称号。

采访人：您小时候有什么兴趣爱好？

蒋正平：我们小时候文艺活动少，就在弄堂里和邻居男孩子一起玩。读书的时候我们自己组织了一个杂技团，经常表演叠罗汉、翻跟斗。那时候感觉练杂技的人本领很大，能做一般人做不了的东西。这是小时候单纯的想法，没想到一干就是一辈子。我有好几个姐姐，后来我母亲连生了两个儿子，我父亲很高兴，老是和我开玩笑说，生了我之后开心得要到马路上翻跟斗去了，结果他儿子真的去翻跟斗了。

采访人：您考进上海杂技团是受您父亲影响还是您自己喜欢？

蒋正平：都有，当时我爸爸喜欢文艺，曾经是京剧票友。他开印刷厂，因为经常替一些院团印刷海报、票子以及说明书，所以和上海评弹团、上海京剧院经常有联系。当时上海各院团都在招生，他朋友看我顽皮的样子就让我去试试。第一个报考的就是杂技团，我自己也喜欢杂技，算是自投山门，但父亲说练杂技很苦，我说我喜欢，就这样去了。他们一看我这个小家伙很讨人喜欢、很机灵，当时就把我招进来了。

因为我父亲的关系，我出身有一点成分问题，不是很理想，后来还是王峰团长决定要我，他说没问题的。我对他一直很尊重，他在上海杂技团历史上有很浓重的一笔。所以我一生当中，从一开始就遇到很多贵人，对我以后的人生有非常大的影响。

采访人：初入学馆有些什么体会？师生之间是怎样的关系？

蒋正平：我们刚进学馆的时候还有一些旧社会过来的老师受到旧班底的影响，教学中有一些打骂和体罚。在这样的环境下，就看你挺不挺得住，也有同学离开或是被淘汰，但是好在我们挺过来了。

1963年之后这个情况有所改善，因为申方良老师来了，是他把我业务上的悟性真正地带出来。从此我对杂技不仅喜欢，而且有离不开它的感觉，所以他是我生命中很重要的一个人。申老师来了之后虽然练功更辛苦了，但是我心情舒畅了，因为他教功非常文明，没有打骂我们、没有压迫我们。我是自己喜欢杂技，老师把所有的东西教给我们，包括他自己的本领，以及他在国内外看到的最好的东西，给我们很多启发，所以我受益良多。申老师专门负责周良铁、吴慧珍和我。我们三个人当时练的技术和技巧，对我们后来演对手节目，《小武术》中的"三掐脖"等影响很大。这些基础都是申老师带给我们的。

申老师不仅教业务，而且教会我做人。做人最基本的就是要善良，要有良心，申老师不仅是一个善良的人，还是一个有能力的人。他一方面继承了传统，保持了传承，保持了连续性，另一方面他有创新，又有开创，所以我也是既继承了申老师他们老一代的技巧，又吸收了西方的一些现代的技巧。所以我后来做领导也好，做老师也好，申老师就是我的楷模。我对下一代演员也是非常爱护、喜欢，看到其他老师打骂坚决禁止。不能让学生和你对立，变成仇人，而是要让学生喜欢杂技，这样他以后才有发展、才有出息。只有爱上这个事业才会苦练，才有创造，逼他练了之后，如果他觉得是苦差事，感觉像奴隶一样要反抗，他的艺术寿命也不会长。这不仅是一个做人的问题，也是要引导年轻演员走上良性的艺术发展道路。

采访人：当时学馆的学制是六年？

蒋正平：我们1960年入学馆，1966年毕业。毕业之前，1965年有过一次实习演出，整个一台节目是我们学员自己演。我在里面演出《小武术》，可惜当时的说明书已经找不到了。这台戏在上海演出不多，后来出去巡演，到浙江丽水、金华、杭州等地方，一圈演下来，回来以后，"文革"就开始了，总算毕业前有这么一段经历。"文革"开始之后一下子荒废了，一度没有人练功了。我恢复得比较早，所以1971年、1973年招待外宾的时候我们还能演出。后来吴慧珍结婚了，我和周良铁两个人一直保持练功，我们想练得好一点。

采访人： 请谈谈您对科学训练的理解。

蒋正平： 当时我们学习体委的"三从一大"，就是"从严、从难、从实际出发和加大运动量"，因为杂技和体育在训练方面是接近的。实行加大运动量的时候，我们每周一次从延安路跑到外滩。当时只知道拼命练，按照现在来说，应该更科学一点，男女有别，不能一概而论，有些人能跑全程马拉松，有些人只能跑半程，有些人只能跑两公里。还有压腿，不管腿硬腿软，这种情况下能出好的演员、好的节目概率不是很高，弄得不好反而受伤，练不下去。后来邱涌泉、王玉振，包括申老师，他们之所以能够成功就是因为他们在训练中有头脑、有意识、不盲目，知道什么地方下大力气、什么地方下小力气，什么地方天天要练、什么地方过一过就可以了，所以他们在艺术上能站得住脚。我也学习他们用聪明的方法，最好的节目一定是聪明的人练出来的，很庆幸我们遇到了好老师。

采访人： 您前面提到了《小武术》中的"三掐脖"，请您介绍一下《小武术》中还有哪些动作？

蒋正平： "三掐脖"是《小武术》里的一套动作，此外还有"背膀子""反把顶"和"打滚顶"，这四套动作是周良铁、吴慧珍和我三个人为主的动作。一个底座上面一般是两个人，最多就是三个人。这个动作到现在为止，难度也属于相当高的，不是每个杂技团都能练得出来。所以这套动作寿命很短，演了几年演员人大了就演不了了，因为底座撑不住了，但是这给我后来的《顶碗》打下了基础。

那时候还有一个小插曲。我一个礼拜回家一次，一回去我母亲就给我缝衣服。因为我上面的人手掐在我的脖子后面，脖子这里的皮肤要破的，所以一定要穿衣服，穿了又老是要崩开，所以这件衣服一周要缝一次，破得不得了还要缝好再穿上去。后来我脖子这块很黑的，周良铁的两个手也很黑。这套动作最难了，最花功夫。

《小武术》造型"背膀子"(下为蒋正平、上左为周良铁、上右为吴慧珍)　　《小武术》集体造型

采访人: 请您解读一下《顶碗》的动作和技巧。

蒋正平:《顶碗》节目中有一半技巧来自申老师教的《小武术》动作,节目架构也是以这些结构为主,其中以"顶上顶""水平顶""顶摞顶""扯旗顶"为主,下腰是后来加的。这些动作也是之前《小武术》打下的基础,所以我一直能够演到41岁。

最早"水平顶""单手顶""劈叉"都是在地上做,危险性就小一点,后来上架子,要在一定的高度上做这些动作,应该说花了很多功夫。我的学生要把碗摆到头上,我上架子、脚腾空,接下来她用脚把头顶上的碗夹起来,还要送回到头顶上才能下来,一套动作做下来要一分多钟。所以你看我支撑的时候要静止三到五秒,差一点的话掉下来也很危险,没有人保护的。但是我们练习的时候从来不失误,尽管难度很高,但我很喜欢这个动作,这个动作是原创的。

我们这个《顶碗》还体现了底座的基本功。以前底座只要有力量,扛的人多就可以。我这个底座是有基本功的，除了要保持水平，头上顶着人，脚上放着碗，我自己还有倒立，倒立上面再有倒立，劈叉再做动作，举人还能下腰，从而丰富了这个节目。很多东西是申老师这里继承过来的，在这个基础上我开创了对手方面底座的新的样式。所以最好的双人技巧中，底座一定是有基本功的，不仅是一种力量的展示，还有技巧和艺术上的展示。

还有一个"顶摞顶"，即倒立上面再倒立。这个动作在苏联50年代就有了，两个男演员表演的，但是我用在《顶碗》中，倒立上面接倒立，上面再顶着碗，在中国杂技舞台上是第一个。现在很多了，但是当时没有人想到。当时申老师拿来一本画册，我和周良铁一看这个动作难度高，我们就练了，但是我和他没练出来。因为他人太大了，我在下面自身稳定性达不到，我两个手撑着这两个支点，上面这个人再要上去。后来我还是想要练，就把它放到《顶碗》里。练的时候前面铺了几块海绵

扯旗顶

水平顶单手顶夹碗

单手顶抱腰

顶撂顶

举顶下腰

蒋正平、李月云《顶碗》

垫子，我们领导支持的。当时海绵垫要花很多钱，前面两块，后面两块，我每天坚持练终于练出来了。

还有"扯旗顶"，我的学生做倒立，我在她脚脖子上撑着，人家想上面这个女演员这么小怎么撑得住那么大的底座？它在形式上有一点变化，突破原来习惯的看法，这个节目就有可看性。

底座有腰功的人很少，我的腰功在男同学里算是比较软的，但是男演员中练腰功的人很少。当时我和周良铁练的是反把，后来我用到《顶碗》中去了，但是好的是我当中还停一停，不是直接下去。所以我这个底座有倒立，又有腰功，和上面配合得好，我的学生能做很多高难度动作。

采访人：训练中，老师或者前辈们还会帮您指点吗？

蒋正平：训练的时候邱涌泉、张凤池老师都在旁边指导。他们都非常喜欢我，知道我练功很卖力，下班了还练。我会盯着一个动作一直练，他们启发我，不要盯着一直练，怎么样分配好体力，有的时候我茅塞顿开，有时候也会钻牛角尖，还好我这个人悟性还可以。训练当中这些前辈对我的帮助太大了，从人员、道具、练功场地、练功时间的安排上尽可能满足我，很多领导亲自来关心，所以这个节目的成功不是我一个人的功劳，而是从领导到乐队、服装、训练时同事们的保护，甚至是做道具的木匠，各方的支持才有了后来的那块金牌。所以我很感恩，这些我永远不会忘记。

采访人：1985年您在第八届法国明日杂技节比赛上获得了金牌，当时国门刚打开不久，是什么机缘巧合使您到巴黎参加比赛？

蒋正平：改革开放以后，国外的杂技友人到中国进行友好交流。中国杂技家协会和团里面举荐了几个节目去参加比赛，明日杂技比赛的组委会主席默克莱尔夫人看了之后就选中了我们。王峰团长和时任中国杂技家协会副主席蓝天一起研究认为，节目的前面都很好，后面的高潮还不够，于是就把顶三个凳子，改为顶六个凳子，三个凳子上面再

蒋正平和李月云凭借《顶碗》在第八届法国明日杂技节上问鼎金牌

加三个。这是一个很好的机遇，但实际上只给了我半年不到的时间进行准备。

采访人：第一次参加国际比赛，又是首战告捷，您还记得当时的情景吗？

蒋正平：我们先到广州，广州杂技团的团长李甡是我们的领队，也是我的贵人。到广州之后我们休息一段时间，再从广州出发到法兰克福再转到巴黎，路上三十多个小时。好不容易到了旅馆之后，半夜着火，我们马上和翻译打电话，然后把道具往走廊里放，人从窗口走，紧张得不得了。最后火是扑灭了，我们也折腾了一个晚上没有睡好，很不舒服，本来就要倒时差，加上又不能休息，第二天马上要熟悉舞台。后来我在浴缸里面泡了一晚上，早上走台，到外面一看冰天雪地。我们去的时候是冬天，1月23日到，1月24日就走台了，冰天雪地再加上一晚没睡好，感觉很糟糕。第二天到现场练走台时发现没有保险，有些动作练的时候希望有根绳子作保险，包括顶六个凳子，结果沈阳杂技团不知道从什么地方弄了一个绳子过来帮忙，这天走台就完成了。

1月25日正式比赛，云开日出，我心情马上就好了。再加上第二天晚上睡好了，精神焕发，我的学生心理很稳定，我有把握她不会出任何纰漏，上场以后果然很稳定。这天比了两场，上午一场，下午一场，一样的动作，一点没有失手，两场比赛打分后，第三天成绩就出来了，金奖没有问题，我就放心了。但到正式颁奖的时候人就瘫了，就像弓一样，箭放出去人就松下来了。要颁奖的时候我是最后一个进去的，颁奖前要演出。当时我一看没带道具箱的钥匙，这个时候也没想到撬，要是撬了回去路上箱子就没法用了，只好回旅馆拿。当时巴黎晚上和上海现在一样，堵车，一来一去，晕车了，本来人就垮了，眼睛也睁不开，又要颁奖又要演出。后来请了法国的一个按摩师，他帮我全身按摩了40分钟后，我马上恢复了，很神奇。接下来演出和颁奖都很顺利。

1月28日回国先到北京，上海市文化局领导和杂技团领导都专程到北京去接我们，当时的全国人大常委会副委员长周谷城在人民大会堂为我们开庆功会，开完会之后回上海。回上海以后，上海市人大常委会主任胡立教在国际饭店主持庆功会。当时电视台，还有《解放日报》、《文汇报》、《新民晚报》三个主要的报纸都来了，因为这个节目为团里、为上海、为国家争光了。

当时来说我还算幸运，能够有这个机会去参加比赛，得到这么多人的支持，而且一点不紧张，现在想来像做梦一样。当时还是蛮有自信，不是简单说有冲劲，因为练了这么长的时间，天天练，到处演出，很少失手，表现很稳定。要是紧张就会有差错，有些动作不能差一点，差一点就是失误，一失误金牌就没有了。所以我相信自己，一个人做事情的最高境界是能下意识地做这件事，并且能做好。作为艺术来说是很自然的，当时我感觉自己已经下意识了，停、起、下，完全是默契，这种默契是由于熟练程度达到了下意识的程度，所以我很自信，不害怕。

采访人：所以这就是您获得成功的原因。

蒋正平：为什么1985年我参加第八届法国巴黎明日世界杂技节比赛能够获得成功？因为成功是给有准备的人的。我从1973年开始练到1985年，我下的功夫深，我练的东西难，我的眼界宽，所以我一直很自信。当时有这个机会去巴黎比赛，我是非常认真的。《顶碗》从编排到技巧都很吸引人。原来中国杂技有一些技巧虽然难度很高，但是缺乏美感。评委看了我们的演出，觉得非常自然，非常美，非常愉悦，一气呵成，纷纷感叹原来中国杂技不是那么压抑。当时我们出去比赛不是一定要金牌，但我感到很自信，我和学生说我们不看别人，我们只要自己演好，展示中国最好的杂技水平。

我学生来的第一天我就和她说要能吃苦。为什么吃苦？我们要做中国最好、世界最好。这个学生非常好，和我完全是同心同德，后来实现了自己的追求。

我为什么有这个想法？因为我看得多，世界上同类节目有很多，高难度、高精尖的技术和完美的编排，是我的追求。80年代中国刚刚改革开放，国门刚刚打开，出国的人少，外国引进的东西也不多，我们上海杂技团是最早走出国门，最早和西方文化零距离接触的，所以看到了很多东西之后，我想要做到世界最好。

采访人：您参加巴黎明日世界杂技节比赛时，已经38岁了，作为一名杂技演员，是如何保持状态的？

蒋正平：武节目在我们这代当中，我演的时间最长，我已经想办法保持状态了，我到41岁还在做弯腰。但是年龄大了肌肉力量达不到了，所以现在是不敢做了。江湖越老，胆子越小，我们当时胆子挺大的，当然这个胆子也不是盲目的，我当时天天练，我相信自己不会失手。我很稳定，杂技场演出从来不失手，而且我身体状况还可以，所以我相信自己。

我平时注意科学训练，还有申老师给我基础也打得好。一次我们到加拿大演出，底座也是我的学生，他出车祸了，我临时顶上去。那年我41岁，恢复了一个月就上场了。年轻的时候我体力好得很，我拉肚子，一天拉十几次，台上照样演。现在年纪大了，各方面衰退了，但骨子里面的能量还在，我感觉自己还顶得住。另外，我有良好的生活习惯，没有什么特别的嗜好，不抽烟，不喝酒，又不打麻将。我年轻的时候衣服四个袋子，一包烟，但是我抽得不多，一张《参考消息》，一个半导体，一块手帕，在马路上一边听新闻一边看报，很有趣的。生活习惯到现在基本也是这样，就是把烟戒了。

采访人：您还担任过国际比赛的评委？

蒋正平：法国的明日杂技节专门会邀请过去获得过金奖的演员来

做评委。1998年在巴黎比赛,我带昆明军区杂技团的《阿细跳月》去的,这个节目是表演跳花式绳子,各种各样的绳子,大绳子、小绳子。这个节目很不错,后来拿了金奖,而且是总统奖。还有一次是2005年在摩纳哥蒙特卡洛,我带着节目出去,也做评委。

采访人:和自己参赛相比,当评委是不是轻松一些?

蒋正平:不轻松的,因为评委要当场打分,要签名的。组委会要求评委坐下来评,金奖是谁,银奖是谁,为什么有的分压这么低,又为什么有的分打这么高,要讲出道理来。2005年,中国有两个同样的节目出去,我很公正打9.7分,其他评委也都是打9.8分、9.9分以上,我们国内有评委给我们节目打8.9分,这是明显的压分,把我们压下来。组委会就请他讲出原因,为什么打这么低,他也没话讲,结果我们还是金奖。这个节目的水准在9分以上的,9分以上根据评委的角度不同,或者在艺术上、技巧上、演员台风上面的看法不同,打分有高低很正常,但是打到9分以下就落到第二档了,到银奖了。评委会很公正,现在国际比赛评比透明度很高。

作为评委第一是要公正,第二是你的能力。所有节目一看就心里有数了,比如说一台戏15个节目,金、银、铜牌,我马上归类了,这个节目是第一档、第二档,还是第三档,归类好之后再分一、二、三、四,结果出来基本上偏差不大。这个也是经验和能力。

采访人:蒙特卡洛国际马戏节和法国明日世界杂技节是国际上两大重要的杂技赛事,在评奖方面是否各有侧重?

蒋正平:摩纳哥蒙特卡洛国际马戏节的比赛以技巧为主,凶、厉害、极限、玩命,西方杂技极限的代表在摩纳哥。比如,人家翻三周,你翻四周,并且能够完成得漂亮,这样金小丑奖就有希望了。当然摩纳哥也讲究艺术,但是得分更侧重技巧高,很难看的话没有市场了。巴黎明日世界杂技节不仅仅要求技巧高,水准一流,还要求创新,要与众不同,"明日杂技",要明日的、追求发展的和未来的。

朝鲜到中国来比赛一定是金奖，全世界飞人的最高难度就是在朝鲜，他们能翻四周。比赛中只要三次之内做到，这个技巧就是成立的，如果三次以后再做不到，这个分数就没有了，所以允许失手两次，第三次一定要接住。朝鲜演员也只有一半的成功概率，因为已经是极限了。翻三周以后还要能分清地面上下，要知道什么时候该放脚，要是朝天放，头就着地了，很危险。翻四周以后放下去，演员完全是下意识的，零点几秒，一放下去正好站住，或者一放手正好接住前面的人。吴桥比赛，只要这个动作能完成，金奖肯定有了。

参加国际比赛的除了参赛选手，还有演出商，他们和市场结合，比赛结束，后台马上签约。现在中国也是这样了，也有演出交易会。但中国演员为什么不去呢？因为我们的演员一个人身上都有好几个节目，我这个节目出去三个月半年，其他的节目就垮了，一个演员出去，其他节目没办法演出了。国外都是私人马戏团，他们没有国家马戏团概念，俄罗斯虽然叫国家马戏团，其实是代表国家的私人马戏团。

采访人：参加国际杂技比赛的节目，是为了比赛专门训练的，还是现成的？

蒋正平：一种是全国杂技比赛当中得奖的优秀作品，经过中国杂技家协会推荐去参赛，另一种是巴黎、摩纳哥等国际杂技比赛的组委会官员到中国来挑选的节目。

采访人：请您谈谈上海杂技团《时空之旅》的创作初衷？

蒋正平：我们不能做简单玩杂技的人，不能只管艺术、管节目，要生存的话还需要市场。上海是最早有这个意识的，俞亦刚和郑梅之前都是在演出公司，专门负责演出市场的两个领导。我们有一个共识，就是中国特色社会主义一个重要点是政策创新，《时空之旅》就必须走政策创新之路。结合我们团队的软件以及马戏城的硬件，又有当时文广局和中演公司的资金投入，三方合资，单独成立了一个时空之旅的公司，才有了这台戏，演了一年多就收回成本了。

采访人：《时空之旅》已经成功上演了12年，这当中有什么秘诀？

蒋正平：《时空之旅》对杂技团来说这是一个非常大的转折，能够演到现在第12年，就说明这是有生命力的。外国人为什么喜欢看，不是看太阳马戏团、不是看玲玲马戏团，而是看中国马戏团？因为里面的元素是中国的，但包装又是现代的，吸收最先进的世界文化，最先进的传媒科技，音乐、服装。我们请艾里克来导演，从他的主题构思到引进编导，最后展现在舞台上的不是在练功房练练就可以呈现的。

上海杂技团为什么海派，海派就是传承和创新，一个是不忘记历史，一个是海纳百川，所以海派的能量很大。

采访人：您的家庭对您一生有怎样的影响？

蒋正平：我受父母影响很深，他们是很善良的人。虽然我父亲是老板，但他总是和工人打成一片，他亲自操办职工婚礼，我还去做了小傧相。早些年没有钱的时候，我妈妈把金银首饰当掉之后给职工发工资。我爸爸说，正平，你放心，肯定会变化的，虽然你的工资全部给家里了，但不要担心，以后你结婚，爸爸肯定支持你。所以1981年我结婚时在浦江饭店办了17桌，我的领导和学生都来了，当时一桌37块钱，相当于一个人一个月的工资，大家都吃得很好。

采访人：杂技艺术渊源已久，在新时代杂技如何传承和创新？

蒋正平：杂技肯定会发光，只要这个理念在，杂技就还会长久传承下去。虽然科技越来越发达，但人工的东西一定会永远传承下去的。杂技又是高级的人体活动，挑战肢体极限，人家一定会尊重你，因为你做到了大多数人做不到的东西。

杂技还要不断调整、修正，要创新、要开创。我们要把这门艺术完整地传承下去，让杂技本体更美、更现代、更有市场、受众面更广，目的是这个。所以我们年轻一代的杂技演员一定要尝试创新，在继承的基础上肯定要有变化的。传承是可以的，但没有自己的变化只不过是跟

2019年,蒋正平获得由中国文联中国杂技家协会颁发的"终身成就杂技艺术家"证书

屁虫、模仿者,杂技艺术生命力在于创新。我们小时候练功苦,有中国的传统元素在,如今一定要加入现代意识,要科学训练,杂技才会发展。《时空之旅》有市场,它是现代意识的集中体现,它成为一个作品,不是虚构的东西,一定要落地,成为实体。

保持连续性,开创新局面,很多东西是在变化的,科学不是完全不变的。科学是变化的东西,科学一直在自我修正又探索新的东西,又发现了新的疑问,这叫科学。杂技也是这样,我希望今后保留资料要保留观念,体现一种发展轨迹,这样才有意义。

采访人:回顾您的艺术生涯,有哪些快乐或者遗憾?

蒋正平:人生的关键几步都是要靠自己走的。进杂技团这一步是我自己走的,比赛是我们自己走的,一生几十年,关键几步走好了,你的命运就掌握住了。当然一个人的成长过程中一定会有人帮忙,一路上有很多人扶你、支持你,这都不会忘记的,因为你不是孤单的一个人。

每个人都会遇到挫折、不高兴甚至痛苦的时候,但是总体上,我一直很乐观,很开心。现在年纪大了,我对自己还是非常满意,身体好,心情好。一开始走的这段路没有后悔,走到现在,一直很开心,这很要紧的,不是人人都可以做到这一点的。人家说我付出这么多回报这么少,我从来没考虑过。因为我喜欢杂技,喜欢的东西不会感到累,不会感觉浪费时间,而是愿意在这方面花费时间,去辛苦,去承受,所以报酬不是很主要的,开心就好。

做这份工作还是要有追求,要敢于竞争,敢于在自己走过的人生道路上留下几个脚印。我一生走来没有白活,杂技没有白学,人家还是很尊重我的。退休后我回到了一个比较安逸的港湾,过上了平静的生活。

我的人生没有惊心动魄、大起大落,我感觉我自己能够承受的东西都承受住了,因为我感觉我自己走的艺术人生之路是健康的,是正道。蒋正平,是正正派派、平平安安的意思,我父亲起的好名字。

(采访:柴亦文　整理:柴亦文)

我喜欢杂技,所以一辈子都献给了它
——谭代清口述

谭代清,1951年出生,湖南人。曾任上海杂技团演出队队长、演员部副主任、演出保障部主任,《时空之旅》技术总监。中国杂技家协会会员,上海市杂技家协会理事,国家一级演员。1960年起就读于上海杂技团学馆,专攻《大跳板》和《秋千飞人》。其参加的《大跳板》分别在1984年荣获第一届文化部全国杂技比赛银奖,1987年荣获第二届全国杂技比赛金狮奖,1991年荣获第三届全国杂技比赛金狮奖。

采访人:谭老师,当时您怎么想到去报考上海杂技团的?

谭代清:我父亲和杂技团几个老前辈都很熟,因为我父亲在上海电机厂工作,团里找到我父亲制作道具,他也比较喜欢杂技、魔术,就帮杂技团制作、改革了一些道具。团里对我父亲做的道具也比较满意。20世纪50年代末,他为《女子四人造型》做了一个比较大型的道具,当时全国的杂技团都没有这样的道具,是一个机械的、直径两米的圆型转盘,里面有彩灯,上面是有机玻璃。四个女孩在转盘上做造型表演,演出的时候很轰动。当时全国的杂技道具都比较简易，像这种大型的机械道具很少。后来上海杂技团和上海电机厂成为了亲家，每逢过年过节上海杂技团都派节目到厂里慰问演出。1960年杂技团要招学员的时候，邓文庆老师问我父亲，杂技团在招生，你家有孩子吗？我父亲说好啊，就送我和弟弟两个去考。后来我录取了，一直从事杂技事业至今。

采访人：进杂技团的时候您多大？

谭代清：我九岁进杂技团，当时心里蛮高兴的。邻居也都蛮羡慕我。那个时候"三年困难时期"，日子过得都很艰苦，没什么吃的。我们进团以后马上改变了伙食，一个月伙食费有十四块五毛，本来定粮才二十七斤，粮食局给我们增加粮食定量，一般可以加到四十一斤，胃口比较小的是三十九斤，比外面超了很多。因为我们训练当中体能消耗比较大，肯定要保证有充分的营养。

采访人：杂技训练相当艰苦，您有什么记忆深刻的事情？

谭代清：早上六点半我们就起床了，起来以后打扫宿舍，要评比的，所以我们都会把宿舍打扫得相当干净。然后就开始上午的训练，训练很艰苦，先要跑步，一个星期还有一次加强训练，从延安西路跑到外滩，一个来回。回到练功房，摆一个凳子，跳，跳完了以后马上倒立。你腿酸了吗？给你竖起来，还要扳腿。是挺苦的，好在我们都熬过来了。

20世纪60年代，日本女排教练大松博文的训练方法很严格，后来上海市体委看了杂技团的训练表示，你们训练程度不比他们差，所以就让各个体育项目的运动员到团里来学习。

这时候我出了一个意外。体委来参观我们训练，我正在练车技，躺在三角架里面，结果车子倒下来，横杆砸到我的牙齿。那时候恒牙刚换好没多久，就磕掉四颗，一直到毕业之前才装的假牙，从此以后留下了这个伤痕。其他地方骨折，是可以接好恢复的，这是终身缺陷了。那个时候我们同学之间很要好的，我在班里年龄不算大，祁晓芸是老大姐了，对我们都是很关心的。

过去杂技界都认为不打不成才,但是到了我们这一批好很多了,新社会教育方法改进了,虽然还是保留了一些过去传统的东西。后来申方明、申方良老师从演员队调来了,我们这一批好多同学都师出这两位老师,后来基本上也都在杂技团挑大梁。申方良老师脾气很好,有时候是哄着孩子们训练,自己带一点糖果,基本上不动手,急了最多骂你两句。所以他退休了以后我们每年都去看他,包括去敬老院看望他,给他钱,逢年过节都请他到杂技团来。他身体很好,性格也很好。

采访人: 1973年上海杂技团出访欧洲九国,这也是您第一次到国外演出?

谭代清: 1973年我第一次出国就是随团到欧洲友好访问演出,我那时才二十岁出头一点,因为《车技》已经演了很长一段时间了,比较成熟了,所以是带这个节目去的。除了演出,我还要管理道具,装车运车也是由我和另外一个同志负责。当时中国和很多国家都还没有建交,所以他们对中国的概念很模糊,更别提了解中国了。说到上海,他们有不知道的,我们就把上海是中国的一个沿海城市解释给他们听。第一站到了阿尔巴尼亚,中阿两国是友好国家,一路上有警车开道,路边还有人群夹道欢迎我们。后来又到罗马尼亚、英国、法国、联邦德国。那个时候东德和西德还没有统一,局势不是很稳定,联邦德国的国家安全局专门派了人负责保护我们。我们住的宿舍,电梯到了六

谭代清表演的《车技》

楼就封掉了,楼梯口坐着两个保安都带枪,通宵值班负责安全。

在英国演出的时候,驻英国的大使对我们说,大使馆好久没有这么热闹了。自从我们来了以后好多人到大使馆来,有的来要票子,有的来表示祝贺,这样一来外交局面有点打开了,原来有些人不知道中国。很多其他国家的领事也来交往了,领事馆的同志很高兴,还给我们发了一点奖金。我们在欧洲演出都是国家出钱,每人每天有1块人民币的零用钱,加起来相当于在上海时一个月的工资不到点。

我们在联邦德国演出的时候,演好了观众就会跺脚,还会站起来,把手举过头顶拍手,相当热情。一路上,华侨总会都给我们安排好到哪些地方,有华侨接待我们。演出以后,德国领事馆还招待了我们,因为我们去了以后为他们打开了局面,给他们的工作带来了很多方便。

采访人: 您后来在上海杂技团的《大跳板》节目中挑大梁,是什么契机使您从《车技》转到《大跳板》?

谭代清: 这里有个插曲,当初我最开始接触《跳板》是帮他们拉保

《集体车技》,左图中穿深色服装的为谭代清,右图中间男演员为谭代清

险，因为他们觉得我拉保险比较好。后来一个老师说，你给他们再砸砸板，不要光拉保险，砸板砸好了以后，再压压人，接接人。后来越来越好，越来越像样，就挑大梁了。

采访人：《大跳板》节目是上海杂技团的传统保留节目，技巧难度高，训练强度大，请您谈谈《大跳板》的基本功和关键点。

谭代清：上海杂技团的《大跳板》是李殿起、张立勇老师从苏联带回来的，比较正规，没走弯路。跳板节目中每一个演员都要承上启下，上面要翻到位，下面底座也要能接到，所以需要团队里每一位队员的互相配合。我做组长的时候对组员的要求很严格，训练时不能带手机。即使你上面的演员在练，你正好没在练，你也一定要在现场看着，看他起落姿势对不对、跟斗的远近对不对？因为你要接他，要对他负责，你不知道他翻的远近，到时候要闯祸的。你想第四节人翻上去，720度落在三节上面都没有保险的，而且除了训练还天天演出，每天这么来，多危险啊，心里肯定紧张啊。所以有些上面的演员要挑选下面的演员，因为自己的命是交给别人的。他们也知道谁的责任心强，下面是信得过的演员他才敢翻，如果他对下面演员不放心，一有思想顾虑，翻的时候动作都会走样。

讲到翻和接，基本上是有标准的。但是万一上面的演员翻得有前有后，底座要看清楚，要相应地做小范围的移动。另外第二节人因为离上面演员更近，看得更清楚，这时候就要带底座，如

《大跳板》五节人，第二节人为谭代清

果上面的演员翻远了,二节人脚头会一拨,那么底座就要往后一点。所以二节人比较关键,要承上启下。我们在北京演出的时候,中国杂技家协会主席夏菊花说上海的跳板里我们这一队人都是线条好,比较瘦,底座也不胖,不容易。

我平时训练蛮苦的。我演二节人,一般要扛五节甚至七节人,七八个人在上面压着你,压得腰都直不起来。而且上面人落下来还有一个冲击力,你要是没有抗衡力量怎么支撑,就是要靠平时训练时给你加倍的负担。练六节人的时候,我上面要压六个到七个人,刚刚上去不到几秒钟就受不了了,超负荷了。后来逐渐能够坚持10秒、20秒,因为有些动作上去都是一刹那的,摒住就摒住了。现在没有六节了,这个动作没有人演了。现在我们的节目不是以高度为标准,而从动作优美、技巧以及跟斗的难度来衡量,但是六节肯定是跳板的一个顶峰,单单一个六节来说不比其他的动作难度低。

《大跳板》六节人,第二节人为谭代清

采访人: 1987年第二届全国杂技比赛有六节人了?

谭代清: 是的,那次比赛有六节人,比赛结束以后再也没有了。比赛前,我们团里两个队都有《大跳板》,我们要先参加内部选拔,两组都在练,到底谁上?那个时候我们这个队竖起来了,但是我们这一波人条子太长,越长越难找平衡,那一队尽管没有竖起来,但他们的结构比我们短一点,一旦竖起来,相对而言稳定度比我们高。后来决定我们这一组不要练了,叫他们练,我们攻其他难度。

第一届全国杂技比赛上海杂技团就有跳板节目参赛,当时评委就表示上海杂技团的《大跳板》是玩命的,演员上去都不带保险的。平时我们有一些比较危险的动作都带保险的,比赛时把保险都拆了,演员负担多重,心理压力多大,可想而知。尽管有失误,但是整个节目技术含量是具备的。其他地方都比不过上海玩命的精神。之后几次比赛,其他地方的杂技团一看上海杂技团去了,他们主动撤回,因为真的没有办法比,在难度、稳定性、动作规范度上还是有差距的。

那时候我想一定要在舞台上展现六节人,让上海的市民可以看到,后来我就和队里商量说一定要把跳板六节人演给观众看。我们专门到体校去招尖子演员,体校学员的技艺比较好。我们在静安区体育馆集训三个月,每天都练得破皮出血。那个时候我还是二节,有时候底座受不了,我就站在平台上往上面扛,每天坚持练。这个节目后来在马戏城的开台节目《东方夜谈》里正式演出了,六节人也正式跟上海观众见面了。

1987年4月第二届全国杂技比赛《大跳板》节目组合影,后排右二为谭代清

采访人：请您给我们讲讲《大跳板》有哪些主要的看点？

谭代清：跳板主要看你跟斗的姿势，还有转身、跟斗旋的难度，翻三周的和两周的落肩，差了很大一个级别。翻三周也有一个高度，翻上去、落下来的高度，都有讲究。高度不够，你来不及翻，就要砸背了，就是说落下来就要趴在人家身上；高度太高，人过了，跟斗有一个惯性，肯定要过。你翻上去，正好落下来，要对跟斗有正确判断，

谭代清获金狮奖时留影

所以很有讲究。我们实事求是地说，杂技不像体育，有数据、有理论支撑，我们杂技缺少这块，就只能凭自己的经验。所以说杂技缺文化，需要有文化的人，把这些动作的要求、达到的水准、规范写下来。

采访人：《大跳板》表演中带的保险以及底下的保托人员，在保证演出安全上起到了怎样的作用？

谭代清：保险绳和保托人员是《大飞人》《大跳板》等这些高空节目中的重要组成部分，都是为了保证演员和演出的安全。一方面，到一定的高度以后，上面演员就要带保险了。我们刘君山老师是很好的跳板演员，他说每次拉保险都害怕，因为他责任心很重，表演《秋千飞人》的时候，拉保险就要收、放、收、放。演员飞出去的时候，保险要放，但随时随刻要收，所以拉保险的时候思想要非常集中。另一方面，万一上面演员失误掉下来，底下的保托是很重要的。有的时候翻跟斗的演员翻得偏差了，接的人没接住，或者虽然是接住了，但是搭把没完全搭住，撒手了，掉下来了，这时候就要靠保托来保护演员的安全。我做保托的时候，演员一个跟斗上去，我马上先往前冲一步。你要是经验丰富一点

就能把握，如果这个跟斗基本上是好的，就不要冲了，但这是人的本能，演员上去，我先冲一步，放心点。有一次《抖轿子》节目中，那个小演员翻偏了，我已经在台口了，马上冲过去把他从外面拉进来，这个小学员说："谭老师谢谢你哦，我已经看到外面的坐位了"，真的是千钧一发。那个时候我年轻，身体也结实，马上把他抱进来。所以保托工作是很严肃的，平时不能嘻嘻哈哈，一定要了解动作要领，要有牺牲精神，万一有演员从上面摔下来，保托人员自己要先当"垫背"。刘君山老师做保托时为了保护演员，也受过伤。还有一点我和刘老师的想法一致，就是保护的时候千万不能抓脚，抓脚的话，头肯定要着地了，这样就非常危险，所以一定要抓手、抓头，也就是说要保上半身。所以说保托也是很有讲究的，人家说上海杂技团的保托非常优秀，呱呱叫。

采访人：《跳板》是集体项目，如果演员有伤病怎么处理？

谭代清：杂技节目风险高，磕磕碰碰，大伤小伤总免不了。总的来说杂技演员还都比较能吃苦。1983年上海杂技团去北京演出，不巧我心脏不好，在医院住了15天。《大跳板》是我们的强项，我在跳板里面是二节人，是关键人物，怎么办？当时杂技界中我们是第一个上五节人的团体。所以团领导和我太太商量方案，我太太是医生，她再找心内科的医生，但是人家说也不好替我做主，让我们自己考虑。后来我想想为了团里的荣誉，就去了。当然领导也很关心，我是后去的，去了以后对我照顾比较周到，他们知道我的脾气，样样事情都要自己动手，所以叫我其他都不要管，就演一个五节人。还把我太太带去，天天为我打针。那个时候中央领导同志都来看演出的，上海杂技团的《大跳板》一炮打响。

采访人：谭老师，您在节目道具上也做了相当多的探索，请您谈谈这方面的工作。

谭代清：我们到蒙特卡洛参加比赛的时候，跳板高度上不去，怎么办？那个时候我们团长说，你动动脑筋想想办法看，我说想办法得花钱的，研制道具没有经费怎么研制？他说尽量少花钱，花了钱研制，一定要成功，我肯定要往这方面努力。我在跳板道具方面动了很多脑筋，原来跳板是木制的，因为木头弹性不好，而且容易断，后来改成铝合金，也不行，再后来我想办法把跳板材料改成了玻璃钢。我找了耀华玻璃钢研究所的一个朋友，我们考虑到撑杆跳的杆弹性很好，就问他们类似的材料能不能做成板条形的。他说里面的材料是碳素，价钱很贵，中国现在是要依靠进口的，他尽量给我搞好一点，做成扁的，试下来比木板条子好多了，一直到现在还有好几幅在使用。这种材料弹性好，既有刚性又有韧性，但是用的时间长了以后也会老化，脆掉或者断掉。此外，跳板下三角形状的架子也很有讲究，那个架子原来不高，把架子升高以后，砸板弹起的高度更高，但是架子下面又不能垫东西。我就想办法跟厂里的老师傅研究制作了一个能提升降的架子，中间有一个滑槽，一锁锁住。虽然前前后后花费了几十万元改进道具，但是把弹跳的高度提高了，相应来说跳板的难度技巧也得以发展和提高，节目后来还拿到了荣誉。

  我在道具方面做了很多工作，包括后来搞的杂技道具我都动了脑筋，自己做，自己改。《秋千飞人》是我看了朝鲜杂技团的节目后，受到启发。我们自己也想演，但是没道具怎么办？我就自己做。我先把管子弄好，因为团里没人烧电焊，我们就向文化局车队借了一个电焊师傅。为了不把它烧歪，要帮他摆位置，所以师傅烧电焊的时候，我在旁边看，结果晚上睡觉眼睛疼得不得了，肿得不得了，电光把眼角膜刺伤了，医生诊断是严重的电光眼。

  后来我当队长了，队里节目都要管理，都要去关心。其中《椅子顶》的道具（七个人排椅，后来发展到九个人排椅）是中国杂技家协会的蓝天副主席请安徽杂技团的孙老师来指导的。因为这些道具的尺寸、斜面的角度以及每个演员的身高都有讲究的，当时孙老师就把道具带过来，我们再根据他的道具改革了一下。他给我们指导了一个星期，我接触之后就自己做了。

后来俞团长找我，希望我再发展一下《抖杠》节目，我说行啊。因为"文革"的时候我搞过《抖杠》，也上演过，用的是高低杠的杠子，太硬，道具性能上达不到要求，所以这个节目后来就没有再演。但是我对这个节目比较喜欢，既然领导有这个想法，我对这个东西也有点熟悉，我就来抓这个节目。我先到体校选学员，他们是练蹦床的，能够比较好地适应抖杠的弹跳力，所以走这条路还是比较快的。道具方面，我就到上海市体委了解撑杆跳的杆子。他们说这个很贵，进口的，我说你们报废的、不用的有没有？他们说有，我就在他们淘汰下来的杆里挑了几根，试下来蛮好。撑杆跳的杆是圆的，一般两根绑在一起变成一个平面，后来改成三根弹性更好。基本上团里的抖杠都是经过我的手，那个时候我已经是队长了，但是这个节目基本上还是我亲手教的。这个节目抓了几年，参加第十三届法国玛希杂技比赛拿了金奖。

有一次我们去俄罗斯比赛，《抖杠》用的道具很长，用飞机运输的话，价钱非常贵，怎么办呢？我们想办法跟组委会联系，向他们借道具用，组委会也同意了。我们只要带自己的绑带到当地现场包就好了，怎么包、怎么绑，我都教过演员们，演员自己都懂了。一般来说演员适应一个道具以后再换一个道具会生疏，但是我们两个小演员，包括底座的功底好，所以适应、掌握得很快。后来他们就是用借来的两根现成道具拿了金奖，俄罗斯人也很佩服。所以现在领导也强调，一样的道具，你能用，我也能用。

有时候我看到别人的道具，知道了大概的原理，回来再做就比较快。比如我们做的一个道具滑杆，就凭一张照片，我想了好多天，自己制作，花了很少的钱再要求工厂加工，做得相当好，就是稍微笨重了一点，后来在这个基础上让厂家模仿做了一个轻便的。一般做道具我们会请厂家协助，他们不懂杂技的原理，我们会在现场指导。我们到法国去演出就把这个滑杆带了出去，它像一个小船一样，两头有点翘的，上面有两个拐子，滑出去、收进来，演员站在上面做动作，劈叉劈过去，劈完了以后一夹又收进来。这个道具是我自己看了照片以后亲自做的。

采访人：《抖杠》节目中有大量的空中技巧，它和《跳板》有哪些不同之处？

谭代清：《抖杠》主要也是翻腾、连翻以及跟斗，360度、720度带团身和转身，落点非常小，但要

谭代清改制《时空之旅》演出中的降落伞

稳，所以难度相当高。这个节目的看点在于连翻的次数，单翻下来站稳了还不稀奇，上去落下来，再上去再落下来，空中动作和蹦床接近，但是蹦床落点这么大，抖杠落点就这么细一根杆，落下来哪怕偏一点点，人就斜着出去了。内行人一看，三个连翻，那水平高的。所以说上面演员也好，底座也好，要配合。上面演员落下来以后，随着一股冲力下来，杠肯定是往下的，两边底座再往上送的时候，要借这个劲往上再顶一下。下面底座要是一看不对，收杠要收得好，上面演员自己一看不对了，要刹车刹得好，到时候你自己一刹，下面的人给你一收，就安全了。有时候下面底座看不懂你在收的话，他再给你送，那上面演员肯定是出去了。还有双翻，就是一个演员坐在另一个演员肩上，两个人竖着叠起来作为一个整体同时翻，《跳板》里面也有。我们去比赛的时候是两个人连着翻三个跟斗，一般翻好了以后停一下，再来一个。比赛时是连着的，对准确性的要求很高，如果起翻或者落点不准，人就出去了。

第十三届法国玛希杂技比赛中,上海杂技团《抖杠》节目获得金奖,图中两位演员正在做双翻

采访人: 80年代,上海杂技团频频亮相国际舞台,当时有哪些趣事?

谭代清: 那时候政府不拨款了,要靠我们自给自足。80年代杂技团的海外商演很多,多到什么程度呢?多到演员不够用。因为既要到国外商演,也要保证上海的整场演出,怎么办呢?你过去是演员,现在做厨房工作、门房工作,或者检票工作,手头事情先放一放,恢复半个月一个月,就跟着出国演出。当时刚刚改革开放,出国很不容易,大家都很高兴,到日本、到美国,回国是有购物配额的,一次可以带一个大件、一个小件。上海滩最好的摩托车都是上海杂技团的,演员家里的电器产品,都是比较高级的,都是全进口的。团里还有很多创收,1988年投资建立了马戏学校,专门培养杂技人才输送到团里。

采访人: 1999年马戏城开演,当时演出情况如何?

谭代清: 那时还有一段艰苦岁月,我们刚刚搬到马戏城时,那里周围很荒凉,没有地铁,没有高架,现在周围的闸北体育场和大宁绿地都还没建。因为交通配套设施欠缺,所以演出上座率很低。当时我们俞团长就说,保证你们演出后夜宵,一碗阳春面,现在是艰难的时候,大家要勒紧裤腰带。演出收入只有几毛钱,有时演员比观众还多。后来一建马路,一建高架,观众就更少了,因为修路也进不来了。后来销售负责拉客人过来,情况逐渐好一点,像这种几毛钱的收入的状况没有几个月就转变了。接下来高架通车,地铁一来,生意就好了。

采访人: 您是什么时候离开舞台的?

谭代清: 我50岁以后不再上台演出了。我们第一、第二批学员功底比较好,所以舞台寿命比较长,虽然技术是好的,但也很悲哀。为什么悲哀? 没有接班人,没有带好接班人的悲哀。所以下不来,这么大年纪还在扛人。现在演员淘汰快,有些演员三十多岁就退下来了,有些转业、改行,或者做行政工作。当时要是某个演员不行了要下来了,没有人接替只能等,马上招人。新人招进来你带他、指导他,等他可以接替你,你就能退下来。因为我对杂技比较懂,对道具的制作也比较了解,可以少走弯路,所以离开舞台以后,团里叫我管道具和负责演出保障。

采访人: 2005年《时空之旅》开始与观众见面,请您跟我们介绍下初创时期的情况。

谭代清: 2005年杂技团开始搞《时空之旅》,我主要负责设备道具。那段时候最辛苦,整整八年的时间里,我每天朝九晚十,没有双休日,没有家,天天守在剧场里,万一道具出问题,还要连夜调整。

《时空之旅》完全打破了传统的杂技表演的形式。我们最早的杂技演出,是报幕的,下一个节目是什么,演完再报幕,下一个节目是什么。《时空之旅》从开演到结束没有报幕,每个节目之间都有连贯性的,没有断层,恰到好处。

《时空之旅》刚刚开台的时候张训导和我搭档,他抓演出质量很严格,对服装和灯光的要求也是非常高的。我是抓技术的,我这个人做事一定要我自己过目觉得没有问题才行,人家搞好了哪怕没有问题,我也要上去看看,我就这种脾气,所以演出质量也比较稳定。

采访人： 到2017年，《时空之旅》已经连演12年，还在继续上演，这期间节目有哪些变化？

谭代清： 在这12年当中有一点做得比较好，就是对节目质量的把握。有一些演员生病，人员调整了一下，衔接形式没有改变。个别节目技巧的难度可能有一些降低，但是总体没有什么改变。整个的演出形式结构保持原来样子，包括做准备工作的要求都是很严格的。晚上七点半演出，我们五点半报到，然后对全部道具设备都要检查一遍。我们有些道具是"上天入地"的，比较危险，万一出了事不得了，所以每天都要检查，雷打不动。今天降落伞没有问题，踢碗的小船没有问题，大球没有问题……，都没有问题才能确保演出安全，这一点我们做得比较规范。我们有专门人员检查道具，有的演员自己也会检查，别人检查他不放心。演员说我要用的道具，如果你马虎一下，到时候摔的是我。每个道具检查完了，检查人一定要签字，责任落实到人，到时候万一出问题，要有一个说法，这个制度保留到现在。

采访人： 演出过程中，您印象中是否发生过险情，后来又是如何化险为夷的？

谭代清： 有一次绸吊演出当中出了点故障。控制箱有三相电源，有一相缺线了，虚了，这样一来，电机抱死，升降机升升停停。工作人员马上示意演员不要演了，但是演员不知道，因为舞台后面暗，前面亮，他没看见，继续演，自己绕上去，电机升上去下不来了，就吊在空中。人的臂力有限，而且他下面还吊了个人，怎么办呢？正好我值班，我说赶紧拿个海绵包出去接人。五六个演员拿了海绵包候着他们，都准备到位，一喊，"好，跳吧"，让演员跳下来。那个时候我在后台，马上冲到舞台上去了。还有一个演员的手被绸带捆住了，没办法脱身，下又下不来，手又充血，肿胀得不得了。我让同事快点到机器那边再去点点看，点点放放，好不容易才放下来。我们的演员资格也蛮老的，下来了以后和观众打了个招呼，因为这个节目基本上临近表演结束了，只是最后的动作出了问题，但那场观众相当好，全场掌声，拍手叫好。后来我要求把所有的控制箱连夜检查清楚，包括插头、螺丝。有些设备会发生你意想不到的情况，要做好应急处理，避免事故发生。杂技演出是高风险的，我们现在全部的高空设备都规定要定期检查，谁检查谁做好记录。

《时空之旅》的导演埃里克对我是比较信任的，因为我对杂技道具、设备、演员要求都比较懂，而他对这些不是太了解，他就经常找我商量。另外，我做事比较认真，从早到晚我都在，有不对的，马上改，少走弯路，道具制作商对我也比较满意。《时空之旅》的领导看我在，也比较放心。

采访人：谭老师对杂技有一份热诚的心。

谭代清：我喜欢杂技，所以一辈子都献给它了。虽然退休了，公司领导还是希望我回去。他说你对这些设备都懂，哪些关键部位出现什么问题，马上可以查出来。所以，我晚年还要站好最后一班岗，要是自己身体实在不行了再说。

（采访：柴亦文　整理：柴亦文）

这是我一生热爱的事业

——潘连华口述

潘连华，1943年出生于上海。上海杂技艺术家协会会员，上海市非物质文化遗产项目"海派杂技"代表性传承人。中国著名杂技艺术世家潘家班的嫡派传人，自幼随父参加潘家班童子团学艺、演出。1959年在上海红色杂技团担任演员，1970年进入上海杂技团。基本功扎实、技艺精湛，擅长表演《双人技巧》《车技》《高车踢碗》《大飞人》《晃板球技（踢碗）》等杂技节目。1956年凭借《高车踢碗》荣获华东六省一市青年会演优秀奖；1981年凭借《双人技巧》荣获华东六省一市会演二等奖。在杂技滑稽方面成绩更为突出，开创海派杂技滑稽的艺术风格，冷面的表演风格内敛诙谐、回味无穷。创作并表演了《滑稽照相》《滑稽魔术》《滑稽倒水》《滑稽飞刀》《滑稽转盘》等一系列节目，深受观众喜爱。1981年主演电影《飞燕曲》，影片讲述了新老两代杂技艺人在追求艺术道路上的曲折故事。1998年，他主演的五个滑稽节目在中国杂技金菊奖的邀请赛上获奖，并获得个人表演奖。

潘连华在演出之余，特别是退休以后，培养了一批海派杂技接班人，为海派杂技的传承做出了贡献。

采访人：潘家班童子团在上海滩杂技行当里颇有名气，您能跟我们说说这段历史吗？

潘连华：我知道的潘家班，是从我的爷爷潘德林这一代开始的。他人高瘦，脸漂亮，身体结实有肌肉。他解放前在北京天桥撂地（摆地摊卖艺），爱穿长衫，衣角一掖，手长脚长，动起来比较舒展和潇洒。他和其他的艺人，唱京韵大鼓的、说书的、说相声的，各占天桥的一个角儿。北京天桥那一带的卖艺传统就这么被带起来了，很多今后有名的班子，都是从那里开始的。

爷爷潘德林一共八个子女，前面六个都是儿子，老七、老八是女儿。潘家的传统就是喜欢闺女，宠女孩子，没有重男轻女的思想，奶奶一直生到了两个女儿才罢休的。我的父亲潘玉善排行老五，后来在上海的大世界里被称为"潘老五"。

我爷爷教他的孩子，基本功一样练，但每个孩子的个性、先天条件都不一样，所以学的节目也就不同。能演的节目多起来了，就形成了潘家班。潘家班只是一种笼统的说法，有正式命名的第一个团体是以我的大伯父，也就是爷爷的大儿子潘玉珍来命名的，叫"潘玉珍杂技团"。因为他年龄最大，得到的传授最多，加上他自己也确实喜欢这行当，对节目有很多自己的想法。他领导的这个杂技团，弟弟妹妹都加入其中，也包括我父亲。当时他们的节目、服装道具、音乐，都比较追求新颖。杂技不是比惨，不是单单卖力气，而是在舞台上要体现美，要有能令观众赞叹的技巧。这个观念在当时来说就已经很新了。除了杂技，他们还会西洋乐器，演节目的时候，都是自己伴奏。后来由演出经纪人介绍，他们开始了海外巡演，参加过各国的马戏团，在当地演出。他们还参加过美国的世界博览会的演出，所以他们眼界开得早，比较容易接受新的形式，比较海派。

回到国内的演出，他们当时分成两组队伍，一组由四伯父带头在上海的国际饭店演出，一组是我父亲带头，成立了潘家班童子团，长期在上海的大世界里演出。国际饭店这组有时候节目不够了，要滑稽节目，总要叫我父亲去客串。他比较全能，所以也演了很多滑稽节目。杂技里能演滑稽的，都需要比较全能的，否则演不了。

国际饭店组请他帮忙，他就客串一个《刀火门》。《刀火门》是这样的：第一道是火门，当中一道是纸门，最后是刀门（门框四周对中间插着8把刀）。因为当中是一道白纸，从火门就看不见后面的刀门，增加了表演难度和惊险性。人从火门进去，穿透纸门，再从刀门穿过去，整个技巧动作就算完成了。但是穿过去的时间是很短的，精彩在一瞬间就结束了，作为一个节目来说是不完整的，所以就需要铺垫，也需要对观众的情绪进行不同角度的调动。演《刀火门》的演员上身打赤膊，或者穿背心，露出肌肉，显示穿过火门和刀门时候的惊险。传统的《刀火门》演出是带有一点残酷性的，有刀有火，肉身就往里冲。但我父亲偏偏不这样，他当时属于微胖的身材，他就利用自己这个特点，上身在胸部戴着两个锃亮的铙，下身穿夏威夷草裙，他真的会跳草裙舞。他这样穿着一上场，观众就绷不住要笑了，然后一段正宗的草裙舞还有点小惊艳。但是当刀火门的火被点起来，现场气氛就立刻被悬起来了，本来在嬉笑的观众一下子就紧张了，摒住呼吸了。等这位草裙大叔肉身往火门、刀门里穿的时候，有不少观众都会当场惊叫。当我父亲穿过刀火门以后，又来一段妖娆的夏威夷舞蹈，观众们这才重新缓过来，再次轻松起来。国际饭店老板看我父亲演过一次，见到现场观众反应那么热烈，所以只要我父亲有空，就邀请他晚上过来客串。发展到最后，《刀火门》必须要由他来，必须要这么演，不滑稽的演法不行。看杂技的观众，心理一直处于很紧张的状态里，如果没有滑稽穿插其中，其实到最后是非常疲劳的，是没有乐趣的。所以杂技演出中滑稽的影响、滑稽的作用就在这里。我大伯父说，别看你父亲耍手技、骑单车的"正经"节目很多，但他就是搞滑稽的料。

回过来说潘家班童子团。我父亲带的潘家班童子团都是小孩，有我哥哥潘连义,姐姐潘素梅,堂兄潘连志、潘连仲,还有我母亲那边的亲戚,我阿姨的子女,朱文忠、朱文杰。年龄差不多的孩子们都在一起,这样就成立了童子团。

我们人小,由爷爷的徒弟、大伯父的徒弟教我们练杂技,培养我们小的一代。后来我们这一代逐渐可以独当一面了,就每天演出两场,一场大概是三刻钟,主要在大世界的中央舞台,另一场在大世界楼上的舞台演。上海滩的大世界天天人山人海的,观众一直满满的,两边的楼梯上都站满了人。潘家班在大世界(后改名为人民游乐场)驻扎演出了很久,后来的红色杂技团也是以潘家班为主要成员的团体,也在大世界演出。大世界的潘家班成为很多老上海人的回忆。

新中国成立以后,我大伯父参加了总政杂技团,潘玉珍杂技团就解散了,在海外没有回国的叔伯姑妈们,可能还沿用着潘玉珍杂技团的牌子。

采访人:您小时候练功有什么印象深刻的事?

潘连华:我小时候练功还不大开窍,好像父亲说什么就是什么,见到我父亲有点害怕。我们家里长辈对女孩子和男孩子有区别的,对男孩子特别严厉,对待女孩子就温和很多。我们练功,虽然也不怎么挨打,但是有时候比打还厉害。我父亲手里有根棍,就像小时候看到人民警察手里的交通指挥棒,红白的,也是串根绳子套在手腕上。比如教我们练基本功倒立(又叫拿顶),脚面没有绷直,或者膝盖有点弯了,他也不说,过来一看到不对的地方,就轻轻打一下。他轻轻一下,我们感觉很疼,就是打在骨头上的那种疼,脚马上就伸直了。我父亲教基本功比较严格,他说基本功练不好,其他节目就不用练了。就说一把倒立,倒立不直在台上很难看的。我们看到以前老的艺人倒立时总有点弯腰,不直的,还是因为在练基本功的时候没有到位。所以他教我们倒立一定要直,立着就像一根棍,笔直。我现在回忆起来,满脑子还是那一把笔直笔直的顶。

我父亲在练功方面比较严格，男孩都很怕他，他平常还有笑脸，一练功就没有笑脸了。有个事情我印象很深，大世界有些地方早上不对外开放，但可以练功，所以我们每天七点半进去练功。我父亲他早上九点钟在延安路上的新城隍庙里买好包子，拿到大世界给大家当早点，大家吃完了再继续练。从七点半到九点，是没有人来监督我们练功的。大家都是小孩子，没有自觉性，就打打闹闹说说笑笑，等到我父亲来了，我们才开始认真练功。我们常年在大世界演出，也经常看其他团体的演出，滑稽戏、独脚戏都看得很熟。记得有一个滑稽戏里有一段唱，是提倡大家勤俭节约的，"只要每人节约一分钱、一粒米……"，唱腔朗朗上口，我们一学就会。一天早上练功时，我父亲还没来，我们就找机会表演了。几个人就大声学唱这一段，其他人嘻嘻哈哈在旁边看。学着学着我表哥突然说"来了！"，我就问："再来一段？"他脸都抽筋了，压低声音说："不要来了，是真的来了！"我问："什么真的来了？"他说："姨夫来了！"我才知道我父亲来了，这下我们几个"滑稽说唱新秀"吓得都僵掉了，不能动了。本来他应该九点到的，不知道为什么这天提早到了。我父亲走过来说："你们挺自由的嘛。你们不错，一专多能了，连独脚戏都会唱了，可以转业了。"那天罚得蛮厉害的，练顶，他说："我不叫你们下来，你们就不许下来。"最后倒立得人都变形了，实在撑不住了，我的表哥说："姨夫我受不了了。"我说："下次不敢这样了，改过了，肯定努力练功了。"父亲才说："好，下来吧。"大家才敢下来，一下都瘫倒在地上。从那以后我们练功就注意了，不敢偷懒了。我们小时候还是不太懂，怕苦，掌握技巧花了很久。如果像现在的小孩那么聪明，早就练出来了。当然后来我基本功练得挺扎实的，跟斗和顶都不错，我父亲说顶和跟斗练得好，节目就容易练，而且数量多。

长大以后练节目，我就发现我父亲的话是对的，没有扎实的基本功练起来是很难的。虽然全能是不可能的，样样通，可能样样不精。但是样样不通,样样不精是因为什么?因为基本功不对,练的路子不对。基本功扎实了以后,也要根据自己的自身条件来练,我们说天生条件占七分,三分是练功,还是要科学练功。

采访人: 基本功练到一定程度就开节目了,您最早开了哪些节目?

潘连华: 我开的第一个节目就是《椅子顶》,也是中国杂技的传统节目。这个节目主要考验拿顶的技巧。如果顶没有练好,各种造型是没有办法完成的,或者即使完成了,也没有美感。

还有一个就是传统节目,叫做《三桌九碗》,也是跟斗的第一个节目。三桌,就是把三张桌子叠加起来;九碗,是指演员身上最多可带九个碗做技巧动作,两手各抓三只小饭碗,嘴里衔住一个碗,左右腋下各夹住一个碗,加起来一共九个碗。还有其他的道具,如茶盘、茶壶等。演员表演的时候有几套动作,难度逐步加大。比如先从三张桌子上跟斗翻下来,但不是空翻,而是手里拿个圈,跟斗翻起来穿过这个圈再落地,接下来就是手上端盘子,上面摆四个碗、一个茶壶,带着这一套茶具,跟斗翻下来,所有东西都还要在盘子上。翻得不好盘子上的东西就全甩出去了,所以要讲究技巧,利用惯性。我第一次跟斗下得蛮好,圈穿得也都很好。后来拿着盘子、四个碗、一个茶壶翻,翻下来一看,盘子上什么都没有了。我父亲说:"歪了。"什么道理?手歪了,起范儿就不对。我的肩膀总有点高低,跟斗不正,人一用力就歪了。大概歪了五六次,五六个碗都摔了。我父亲不打我也不说我,你摔了一个他再给你一个,这个比打还厉害。他不说话我更害怕,他认为他不讲我应该自己知道,自己改过来。其实我还是不太聪明,总觉得自己姿势是正的,不知道问题出在哪里。后来我父亲说不对,你膀子是歪的。后来我自己注意了,一翻正了,落地后东西没飞出去。原来是我起范儿的时候就错了,习惯这样了,要改。三桌九碗最后一个动作就是夹碗,你手上三个碗这样抓起来,再夹着两只碗翻下去,力道要含住才行。我的基本功就是从《椅子顶》和《三桌九碗》这两个节目开始练出来的。

采访人：您在舞台上演过很多节目，可以说是杂技多面手，特别是您的《车技》也给观众留下很深的印象。您是什么时候开始练《车技》的？

潘连华：我蛮喜欢独轮车的，后来我向父亲提出来说想要练《车技》，他说喜欢就可以，就怕你不喜欢。那时候我12岁。两个节目训练完，其他时间就练《车技》。我父亲说看你练其他节目不太聪明，练《车技》倒挺聪明的，看来对路子。我堂哥当时演出《车技》，我就常常看，没怎么多练就都会了。比如绕杯子，地下放十个杯子，独轮车绕来绕去，我练了几次就熟练了，很快就和堂哥一起表演独轮车了。

有一次，我看到父亲在美国演出滑稽的照片，骑的像独轮车又不是独轮车。就像大锅盖，一块圆型的木板，圆盘两侧装上两个自行车踏脚，人站上去踩，行业里叫做"踩锅盖"。还有一种"锅盖"是鸭蛋型的，踩在上面，因为是椭圆的，人就有高有低，产生了滑稽的效果，这属于滑稽车技的一种，我车技起家就从这里开始。

正当我感觉自己快要开窍和起步的时候，我父亲生病了。1958年，父亲去世了。我父亲在的时候，逼我练功，父亲一走，早上也没人来管我们了，但我不知道怎么脑子就开窍了，反而努力练习了。北京的中国杂技团的金家班跟我们潘家有点关系，里面有位前辈金业勤，我管他叫师叔。金家班他们以车技为主，技巧都很高。后来我大伯带领他们访问朝鲜，金叔叔就和他们一起，熟悉之后，我就开始向他学习车技技巧。

没多久，全国杂技团都有《车技》节目了，其中北京铁路文工团的演员刘章树，我和他也是好朋友，大家会互相交流。当时业内说北方的《车技》他最好，南方的《车技》我最好。我由于喜欢，就一直在提高技巧和创新改进。

采访人：后来又怎么想到在车技上表演踢碗？请您介绍一下这个节目。

潘连华：我四伯父经常从英国寄回来的各种节目剧照，给了我一

潘连华表演的《车技》骑车过人

些启发。有一张剧照是踢东西的,演员头上顶一个花瓶,然后用脚踢东西进去。于是我想这个节目如果改成踢碗呢?如果我踢十个碗,上面再踢个茶杯,再踢个调羹,这样不是有层层递进吗?我想试试看,一开始用的是搪瓷碗,但是搪瓷碗没有底沿,无法放在头顶上。于是就请搪瓷厂的师傅帮忙,在搪瓷碗下面焊一个底,一做就做了两摞,我就开始练了。

我本来表演过顶碗,虽然没有踢碗的经验,但还有点基础。我倒坐在自行车的车把上,一边踩车在舞台上打圈,一边踢碗。节目刚开始,踢第一个碗时,观众就开始鼓掌了。因为观众没见过这样的形式,我越踢越多,掌声也越来越热烈。后来踢了个杯子,最后再拿个调羹出来,观众的反响达到了高潮。

我是第一个表演《高车踢碗》的,后来踢碗的节目多了起来,各式各样的都有了。我于是就想,是不是可以踢咖啡杯?一个咖啡杯,一个咖啡盘子,摞起来也蛮好看。当时估计踢咖啡杯盘会有点难度,但我没想那么多，我就想到这种形式总是新的，在舞台上也挺好看的。于是又请工厂里的师傅帮忙做道具，做一个模子，按照咖啡盘的大小用生铝浇出来，浇了一套就开始练了。最后这个节目被我练成功了，后来还得了个青年会演的优秀奖。

后来我不在车上练了，想在晃板上踢。我练的时候，有点年纪的老演员说："你这个不可能的，你不要乱想了，在滑动的晃板上，一个脚怎么站得住？"如果要踢东西，人就要站在晃板的中间，单脚站中间很危险的，而且另一个脚在踢，需要找劲，平衡很难掌握的。我就在晃板上试，一步步来尝试，两只脚都站平了，晃板当中也能站了，我再一只脚抬起来，也可以站。我练功很喜欢动脑，也喜欢思考和总结经验，要掌握巧劲。另外在体力上，要给自己留充分的余地。比如我踢一套杯子盘子要十秒钟，全部踢好要5分钟，我就必须要练习在晃板上站一刻钟、半小时而毫不费力。要把体力练到有充分的余地，否则力量不够是站不住的，动作也是出不来的。

踢咖啡杯子盘子的难度高于踢碗，是因为如果杯子没有很精准地落在盘子中间，歪一点，掉在盘子边上，整个就会翻掉。所以一定要踢得准，最后再把调羹踢进去。这个节目练了以后，团里审查一看，签订外交演出合同时，马上就把这个节目放进去了。他们说完全可以想象这个节目的舞台效果。

跟《高车踢碗》相关的有两件事，我印象很深。"文革"末期，柬埔寨西哈努克亲王到上海访问，需要安排招待演出。那时我在干校的农场里劳动已经好几年了，一直没有练功，演出用的自行车用来驮石灰，车况一塌糊涂。外交部门过来调节目，指名要《车技》。他们就到田里来找我，只给我5天的恢复时间。除了把演出用的自行车马上整理好，重新上好油漆，擦洗调整好之外，人也要赶快恢复。好久没演出了，一下子猛练了以后，腰酸膀子疼，但毕竟是回到了心爱的舞台，我和我的自行车都很争气，很快就进入状态了，演出很成功。

潘连华表演的《高车踢碗》，摄于1972年

另外一件事情，差不多相同时期，中美恢复邦交，尼克松总统访华，我的《高车踢碗》节目也参加演出。演出前团里领导开会通知招待演出日期，强调大家对节目要重视，要多练、要巩固、不要失手，演出关乎国家和上海的形象。这样一说演员感到压力极大，可能领导也感觉到演员们的压力，最后领导说："我不说了我不说了。"

当时我也很紧张，准备出场的时候，其实不热，就是出汗，紧张的汗。以前招待演出也没这么紧张，不知为什么那次特别紧张。但是当我踩着车一出场，上了舞台的时候，反而心定一点了。刚上来的各种技巧都没有失手，接着人倒转过来踢碗。踢碗是有声音的，碗是从边上蹭进去的，还是从中间"空心进篮"的，我都听得出来，一个一个踢，节奏很好、很稳，按照这个来，茶杯也踢得挺准。

最后要踢调羹我有点担心，因为平时也容易失手。我一踢，因为紧张，思想太高度集中了，结果踢高了，一高就直直地落下去，"空心"落到茶杯底，一下反而弹出去了。后来我自己总结出经验：调羹落杯子的角度最好是斜斜地进去，不容易弹出来。当时我听到"咣当"的声音，调羹就掉地上了，心里一愣，听这声音明明是进去的声音，怎么会掉地上？拿起来再踢第二次，还是思想高度集中，特别准，调羹一点都不溜边，结果连续三次都落进杯子再反弹出来，直到第四次，我调整了力度，降低了调羹踢起来的高度，才没有弹出来。

观众的反响是异常热烈，连周总理也哈哈笑起来。因为杂技节目的高难度，所以表演带有很大的不确定性，就因为这种不一定成功的不确定性，使得观众的心被牢牢抓住。你紧张，观众比你还紧张，你担心，观众比你更担心。从失手到成功的起伏，就像带着观众坐过山车一样，惊险刺激，最后终于到达终点时，观众的情绪会完全被激发出来。不过作为演员，失手还是我自己不能接受的，我下场以后还很担心。谢幕的时候，周总理过来拍拍我，对我说："很好很好。"其实我也知道没什么好的，三次都掉地上，第四次才踢进去。

我们演完以后，回来就总结这场演出。第二天早上开会，市委领导会给一些反馈意见，后来他们告诉我，总理建议我是不是能在杯子里面垫一点海绵之类的东西，减少弹力，不然里面太硬了，三次都那么准，进去再弹出来，不是很冤枉嘛。我心里想周总理还牵记我这些细节的处理，蛮激动的。后来巧了，没多久又有招待演出，周总理照例出席，这次调羹掉进杯子没有再弹出来。谢幕的时候，周总理上来跟我说："好，今天演得不错。"我能看出来，他知道我按照他的建议改进过了。我在杯子里垫了一块薄的海绵，很薄的，厚也不行，厚了没有声音了，要带点撞击时的声音才好。

采访人：刚才您说的踢碗和踢茶杯，好像难度还不一样，区别在哪里？

潘连华：踢碗如果歪一点点的话，可以滑进去，因为碗都是撅起来的；杯子、盘子都是平搁，就是平面的，所以要求特别准才行，如果咖啡杯子歪一点落在盘子边上不就翻掉了嘛。所以杯子叠得越高越难踢，越高就要越准。翻掉一个杯子，一摞都会翻掉了，稀里哗啦的。碗是往里扣的，所以碗歪一歪还可以微调，杯子盘子歪一点点，就没办法了。

《晃板踢碗》这个节目我演到45岁。最后一场表演在美国，我和领导讲，今天是我最后一场，回去以后我可以传给别人。我的体力和年纪都已经不适应节目演出了，而且我已经摔过一次了。表演的时候站得很高，一张桌子上面是一个箱子，箱子四个角上放四个葡萄酒瓶，酒瓶上是一块长板，上头一个圆轱辘，再上面一块板，离开地面越高越惊险，效果越好。我就站这么高踢杯子，还是有风险的。美国也有《晃板》，但是没有这个技巧，所以这个节目在美国挺受欢迎的。我年纪到了，感到害怕了，那天是最后一场，我努力把它完成，回去以后我就不踢了。

采访人： 您还有一个《滑稽车》，也是从《车技》节目发展而来的？

潘连华： 是的，有一次表演《车技》，我踩了一半，链子掉下来。我不可能当场上链子，没时间，那怎么办？我搭档刘京洲让我别拿工具，来不及了。后来他就站在自行车当中的拐子上，扶我肩膀，我没有链子，不能踩了，只好晃着，一晃车就会往前走，扭来扭去，就这样走一圈走回去了。观众还以为我们是故意的，都笑起来了。后来我请教了师叔金业勤，受到他的启发，再根据这个舞台插曲，我们搞了《滑稽车》节目。表演是这样的：我在准备演出，我搭档故意拆掉链子，他跟在后头，看着我，你没链子行吗？我一上车，发现没有链子，然后我一扭一扭地行车，你看，不是照样走了？然后我们两个就在一辆自行车上开始表演各种滑稽的技巧动作。

采访人： 您在训练或者演出过程中有没有受过伤？

潘连华： 我练功其实很谨慎的，比较科学。首先考虑到怎么练功安全才有保障。比如在桌子上表演独轮高车，离开地面近3米高，踩上去后如果重心不对，人和车要倾倒下来。所以在开始练车技之前，我先要想好，如果车子倾倒的话，我怎么才能安全落地。考虑车子朝不同的方向倾倒,我该用什么姿势来落地,保证自己的安全。朝前朝后朝左朝右,都要想清楚。车子都是铁的、钢的,如果不提前想好,糊里糊涂地练下去,摔车就出大问题了。我练过那么多的节目,皮肤擦伤有过,但是没什么伤筋动骨。一个杂技演员如果不注意摔一下,摔巧了,问题不大,摔得不巧,一辈子干不了,演员生涯就结束了。杂技演员摔成残疾也是有的。所以按照现在讲,练功要讲科学,万一失手,怎么样保证人员安全都是要优先、提前考虑的。

采访人: 除了《车技》,您还练过高空节目,在空中训练和平时有什么不一样的感觉?

潘连华: 不一样,我们练《空中飞人》就是在大世界练的。当时我父亲挺能干的,《空中飞人》的练习道具是他自己做的。在大世界二楼走廊空的地方竖两根高桩,上面挂梁,架得很高,每个梁上挂个秋千。就这么练,练好以后上中央舞台演出。

演《空中飞人》打秋千是基础。秋千荡得高才能飞,之后开动作就容易了。要是荡不起来,空中就没有余地去做动作。第二点,就是要敢松开秋千,落到下面的安全网上面。不要小看这个动作,人在高空中,明知道下面有安全网,落下去不会有任何危险,但是真的悬在半空,要松开手让自己落下去,是需要很大勇气的。

我那时候十二三岁,力气小,也害怕,一是怕高,二是见我父亲也很怕。第一次,我站在梁上面不敢动,太高了,虽然下面有安全网。后来我父亲给我身上栓了一根保险带,我就敢抓秋千荡了,也敢松开秋千落下去。因为身上有保险带,落下去的过程中有个缓冲,身体会先被保险带拉住,然后放下去,放进安全网里。下来以后,我父亲说你看没危险吧,就把我保险带拿掉了,让我再爬绳梯上去。

第二次练习落下来,身上没有保险带。我紧紧抓着秋千,不敢撒手。在空中,手没劲,荡不动了就停下来了,直直悬在那里。我父亲看着我说:"我看你荡到什么时候再下来。你不荡,就耗着吧。"我就耗着不敢撒手,没有保险带我害怕。我父亲走了,他说他上厕所去了,其实我知道他在后面看着,怕我掉下来有个万一呢?我后来实在撑不住了,大叫一声下来了。下来以后,我父亲迅速把网侧了一下,我就不会弹起来了。我父亲说:"小子你下来了?看,没什么吧,没有危险。"慢慢地,我克服了对高空的恐惧。

就这样开始打基础,动作练出来以后,才能练翻两周。《空中飞人》节目中很多都是两个人的对接,你翻过来我接住你,我翻过去你接住我。如果你翻得慢,或者节奏乱了,没在那个点上,就无法完成对接,就要掉下去了。这对演员的自身技巧和演员之间的默契都是很大的考验。但是高空节目毕竟好看又惊险,所以这个大飞人在玲玲马戏团演出是最受观众喜爱的一个节目。观众知道翻三周和两周效果是不一样的,周数越多越难掌握对接的时机。那个时候我们最多翻两周,或者一周半接脚,还不接手,因为剧场空间有限。

后来我调到上海杂技团搞《浪桥飞人》,当时这也是全国最好的一个飞人节目。我们有一个演员朱复正,他是团里大飞人的尖子,他是翻三周。我是前翻一周再加转身360度,也就是正的翻一周,接横着转一周。前翻加转身翻这个动作别人没有,所以我们两个人的《浪桥飞人》算最好的。

这个节目对时间的控制要很精准。打浪的时候,浪板前后移动,高低起伏,像一个平板的海盗船,人就在前后位置上下"船",做各种动作。浪板打出去是以秒计算的,怎么上板,怎么下板,打浪的时间要算准。到一半的时候脚用力一蹬,正好往上走,接上去,浪板要打得高,至少要打到和地面成90度。过去在大世界演出,我摔下来过一次,就是因为走晚了,下来直接掉在板的下面。板头离地很近,就有危险了。所以浪板一定要高,离地达一个人的高度。另外,我们在道具上也动了点脑筋,改革了道具,不用大木板了,改成有机玻璃,美观、海派,而且一看就轻巧。

采访人：您还有一个《双人技巧》的节目，您是如何创作的？

潘连华："文革"以后全国组织杂技调演，每个杂技团把各自最好的节目都带到北京组成一场晚会，大家互相交流。我们根据自己的特点，大家先展开讨论，看看在原有节目基础上还有什么发展，有什么创新，或者在原节目上把技巧再练得高一点。

接到这个任务后，我想能不能改革老节目变成新形式，杂技和魔术也都是由老的节目发展过来的。我就想是不是能发展一下双人技巧？原来的这个节目是以两个人的对手为主，展示体力和技巧，有单臂倒立等动作。我喜欢滑稽幽默的东西，想要把这种老的节目变成幽默类的节目，既幽默又有杂技技巧。那时候"文革"刚刚结束，不鼓励有滑稽的这种感觉，所以要很含蓄地体现在里面。

这个节目我融合了很多传统节目的东西。以前有个节目是《头倒立》。头在一个桌子上倒立，我们行家叫"头顶子"。倒立喝水、吃东西，人家吃东西是往下走，他倒过来吃东西往上走，这是个老节目。但是这种节目后来被逐步淘汰了。德国海金泊（音译）马戏团有一个节目，把倒立和蹬技相结合。我们蹬技讲究蹬东西，但他是倒过来的，拿头搁在架子上，手放掉，脚朝上，脚上还蹬东西，这样等于把这两个节目搁在一起了，是有难度的。我想结合这种老的基本功的内容，能不能借取精彩的地方，放到《双人技巧》里面去？我的想法是要把节目演活。比如说我坐着，这样一个跷腿的姿势搁在那，上面的人在我头上倒立不动，也是这样的姿势，就像上下的镜像一样。底座的人再站起来前后摆手地走路，上头的人也同样姿势走路，就像水里的倒影，观众就觉得有趣味。最后还有一个节目《梯子》，也是我们自己创造的。传统节目中就有《蹬梯》，我们把它改成幽默的表演。我头上顶着部梯子，我的搭档在我头顶上爬梯，然后我顶着他，再爬到另一个梯子上。梯子、人、梯子、人，共四层。我爬梯子以后，把我顶上的梯子拆掉就剩一根棍了，我搭档就倒立在这根棍子上，然后我顶他，再从梯子上走下来。梯子解体的时候,本来观众还沉浸在倒影式的趣味表演里,突然受到惊险的刺激,表演效果就出来了。所以我们创作的《双人技巧》在趣味、技巧、惊险方面结合得非常好,后来得了奖。

采访人: 潘老师,您创作过不少滑稽节目,也很有心得,您怎么看杂技表演中的幕间滑稽?

潘连华: 因为杂技节目特有的惊险性,所以观众来看杂技演出时的神经一直紧绷,有的时候节目太惊险了,他内心是害怕的,

潘连华表演的《双人技巧》

处于恐惧状态中。如果在惊险的节目之间,加入适当的滑稽表演,也就是我们所说的幕间滑稽,抖一抖包袱,缓一缓气氛,为前后的节目承上启下,就会带给观众轻松一点的感觉,会把他心理上的疲劳感卸下来。一张一弛,才是观看享受。有的时候,滑稽节目是把惊险表现成不惊险,把高难度技巧隐藏在滑稽幽默的形式之下。观众第一感觉是不那么紧张,觉得好笑有趣,回头再想想其实这个节目蛮难的,挺有技巧的,这样使节目达到一种有回味的高级感。我很喜欢这样的节目,很注意现场观众心里的想法。我不大让内行提意见,我经常问观众你喜欢哪个节目?很多观众跟我说,喜欢滑稽节目,看马戏,看杂技,就要看滑稽节目,没有滑稽节目的演出,他们觉得不完整,总是少了点什么。以前国外马戏团说过,小丑是杂技的灵魂,现在国际杂技比赛中一个很重要的奖项,就是蒙特利尔的金小丑奖。杂技大奖是以小丑来命名的,可见滑稽在杂技和马戏节目中的地位和意义。

全国有那么多的杂技团,滑稽节目到底有多少?可数的,没有多

少。上海杂技团的滑稽节目算全国发展得比较早的,因为老一代滑稽节目很多,到我们这一代,改革过去的老传统,改掉了庸俗的、低级趣味的内容。两场演出中间卸道具的时候,你出场搞滑稽,要把观众引到你的滑稽表演上,撤道具的时候观众就不会觉得冷场。如果滑稽节目质量不高,在台上纯粹就是拖时间,让道具快点下去,观众会说捣糨糊。观众到上海马戏团看杂技,首先小孩在等着看,大人也在等着看,怎么没有滑稽?红头发高鼻子的小丑是有的,为什么要戴这种东西给小孩子看呢?如果不戴这种东西呢,有没有能力像正常演出一样,靠幽默的表演、高超的技巧把滑稽节目演起来,行不行?《ERA时空之旅》现在也缺一点滑稽节目,正在努力弥补这个缺陷。大家知道滑稽的重要性,但是上海杂技团对节目质量的要求很高,没有一定质量的滑稽节目不能通过,因为和整台节目的水平不一致。

团里讨论滑稽节目的时候,我们团长说要搞一个滑稽训练班,收50人训练,由我们来教,能够出两三个好的滑稽演员,已经不错了。首先还是选拔人才,一个人是不是适合演滑稽,看得出的。人才选好还得训练,要好的教练带,要启发他。我经常推荐别人多看看二人转,我自己也看,二人转有自己的技巧,和南方的滑稽有点区别:一是他敢演,二是他有自信。这一点我们要学,上台不能怯场,要有自信。其次,我觉得滑稽演员是不容易的,他要成为杂技魔术的多面手,不能只会一样,如果抱着滑稽节目不是我的本行,我出去就是捣糨糊的这种心态是不行的。因为上海杂技的牌子搁那,拿出来的节目要有一定的质量。每次开会我总说,你是代表上海的,外国人看你是代表中国的,有时候外国人是礼貌性地鼓掌,如果节目真的好,观众拍手是不一样的,再好他就站起来拍手了,你要演得让观众站起来给你鼓掌。

我们上海杂技团很重视滑稽节目,专门搞了一个研讨会,认为要演好滑稽一是技巧要达到,二是演技要达到。单有技巧不够,还要会演,所以从演技方面要提升。

我通过拍电影《飞燕曲》，知道演技很重要，观众一看就知道这个演员有戏没戏。滑稽也是这样，你不会表演，人家一看就知道是捣糨糊。只有形象滑稽，表演不滑稽，没用。比如，大家都拎个箱子出来，会演和不会演的人拎出来的样子是两样的，会表演的一出场眼神都不一样，一看就看出来了。我认为表演滑稽要掌握各方面技巧，包括音乐都要会一点。我不是搞魔术的，但我爱好魔术，搞了滑稽节目以后，我就想把滑稽和魔术融合到一起。魔术和杂技都是一个系统，我为什么只会杂技滑稽、小品滑稽，不会魔术滑稽呢？所以我一直在想这个问题，搞了几个魔术滑稽，看了效果还可以。魔术表演很有意思，老演员出来比较有戏，越老越吃香，像老中医一样。

采访人：看得出您对滑稽节目的热爱，除了滑稽杂技，您还创作了不少滑稽魔术，能否给我们讲讲这些节目？

潘连华：我虽然没有什么文化，但是我太喜欢滑稽节目了，可能遗留下我父亲的影子。父亲走了以后我反而脑子开窍了，觉得舞台上人家有的我想有，人家没有的我也想有，技巧上还要有突破。到了上海杂技团以后，国外去得多，眼界开阔了，看国外马戏团演出，看各种文艺节目，还看电视节目，对各方面挺留心的。特别是魔术，因为魔术容易搞幽默，如果是把魔术搞成滑稽，运用特别的技巧穿帮，观众不是更喜欢吗？所以我搞的滑稽都是穿帮的，但是你不能全部穿帮，如果你魔术中好的比较新鲜的节目一穿帮，魔术界的人会说我把他好的东西都穿帮了，会有想法的。因为我不搞魔术，可能这方面没有概念。我认为不穿帮，魔术不公开，你就没有再往上走的机会。在美国还有魔术商店，比如我今天搞一场魔术，花一万美金买一场两个钟头的魔术。全是买来的，导演来排一排，商店里买来的魔术都能演。因为它总是出新的，所以魔术就是这么发展出来的，老的保守的根本不行，要保守永远上不去。

我有一个《滑稽音乐》，这个节目也是我自己搞的，是从吐鸡蛋发展而来的。这本来是老节目,一个演员把另一个打晕了再把他竖起来,看看你嘴里,你不动,给你一个鸡蛋,于是一个接一个吐。我想把它和音乐结合起来,把吹萨克斯管变成鸡生蛋的声音,这样搞成《滑稽音乐》。所以一个滑稽演员要成为多面手。我要这个节目成功,我很钻研的。虽然我不懂音乐,不识谱,但是我想用音乐来配我的节目,所以我一方面学吹萨克斯,另一方面我一直跑音像店找音乐。后来找到了,整个音乐正好调子和我一样,就配上了。

还有一个节目是和消防有关的。我搭档演一个在街上抽烟的人,我骑着高车,穿的是消防队员的衣服,叫他不要抽。我扔掉一个烟头,他又变出来一个烟头,用的是魔术手法,我把它结合起来,做成滑稽。最后他把烟头一扔,扔到帽子上,帽子着火了,自己不知道,这个时候打铃了,我过去要拽他,他的脚蹬在我车上,我就把他带走了。

采访人: 我们一直在说滑稽,其实杂技和魔术行当中的滑稽和我们传统舞台上的滑稽节目又有很大区别。

潘连华: 对,这是完全两样的。杂技魔术中的滑稽范围更广,趣味性、技巧性比一般的滑稽节目要丰富。传统意义上,包括相声、上海的独脚戏,主要还是靠语言,杂技和魔术更多是靠肢体和综合性的表达,它体现的幽默的感觉比其他滑稽更特殊。所以滑稽演员也要有一定的艺术修养,在艺术方面你要知道观众想看什么。

采访人: 您在滑稽节目当中如何体现海派特色?

潘连华: 比如《抢椅子》,首先这是个传统老节目,两个人抢一把椅子坐。成年人抢椅子不能你拉掉我椅子,我一屁股坐地下,这就不好看了。要有合理的技巧,你一拉椅子,我偏不坐空,维持坐的姿势保持在那里,这就有幽默效果了。然后我跳个舞给你看,引得你也站起来跟我一起跳舞,就把椅子空出来了,跳一圈我又坐那里,这样把椅子抢回来。最后抖包袱,我把椅子折叠起来,准备下场了,突然把椅子往观众的方向扔过去,前排的观众一下子紧张起来。当然,道具椅子里有装置的,不会真的扔到观众头上,椅子飞出去我能再拉回来,是受控制的。这样一带,最后的包袱惊险刺激,发出惊叫的观众最后安然无恙,就和台上产生了互动。节目中间我们融合了很多技巧,在抢夺的过程中,人坐在椅子上带椅子空翻的高难度技巧,这也是传统节目里没有的。我们去比赛,人家说上海杂技团的《抢椅子》是海派,不土。我们的《抢椅子》就是以技巧为主,不庸俗化,注意节奏感,干脆、利落、好玩。

还有我的滑稽出场,我拿把雨伞,戴着大礼帽,拎着箱子出场了,出了一半被绊了一下。你要绊得像,没有道具就缺乏逻辑,观众会说这是故意的吧。我就在手上藏块香蕉皮,走了一半,绊了一下,观众一看,地上有香蕉皮。刚才地上明明没有香蕉皮,你这个节目出来就有香蕉皮,观众一看就知道是滑稽。然后,捡香蕉皮也要潇洒一点,往前跨两步,回头一看是香蕉皮,观众想我肯定会去捡起来扔掉。但我是绅士,我不用弯腰捡的,雨伞一戳,这里就有机关,又带点魔术性的。我拿起来,想扔又不扔之间,变成了红色丝巾放进西装口袋里。这样表演文明了,很

潘连华表演哑剧

漂亮,如果滑一个跟斗趴地下,摔疼了,也许好笑,但没必要。所以这方面不管杂技也好,滑稽也好,首先一点台上还是要漂亮,这是我的艺术观点。观众心里也是要看漂亮的,要惊险,但要美。飞过去360度、转过来720度,很漂亮,下面有保护网,你知道摔下来是安全的。如果你翻过去翻过来,龇牙咧嘴地用力,表现出来就不漂亮了。技巧再高,不漂亮也不行。怎么吸引新一代人从事杂技这个行业?大众喜欢了,你招生招得到;如果大家不喜欢,谁来学?没人接班了。

采访人: 1981年您参加了电影《飞燕曲》的拍摄,能谈谈这次"触电"的心得体会吗?

潘连华: 有一次我在艺术剧院演出,演完以后一个导演过来看我,看完以后也没怎么多说就走了。第二天团里通知我去拍电影,我说别开玩笑,我哪能演电影?他说真的,有部电影找你拍,其他演员都找好了,有天津、西安的几个杂技团一起,我们上海就派你去。后来剧本给我一看,真是找我拍电影。到了西安开了会,导演说我是男一号,那个时候我也不太懂电影。天津杂技团两个走钢丝的女孩我还认识,听说我们一块拍,太开心了。

大家先看剧本,有的字我还不认识,我也不好问,怕难为情。后来我跟导演说我文化不高,导演说你大概看看剧本的意思,开拍前提早了解台词,今天拍多少个场景,有多少台词,你背熟就可以了。每次拍镜头的时候边上总有人,提醒我这句话怎么说,一个镜头之后你有几句话。但我总是紧张,说台词很不自然。后来副导演就说不行你就随便说好了,只要不超过那个范围,意思到了就行了。我就随便说了。导演说可以,你先演给我看看,这样一来我又讲得不自然了。但是通过这次演电影,我认识到表演一定要自然,不能让人一看就看出来你在故意演,那就太假了。我喜欢电影里幽默滑稽的东西,比如《007》,主角詹姆斯·邦德有一些语言滑稽,也有些动作是滑稽用以点缀,他虽然是间谍,但也不怎么一本正经的,带点滑稽的笑料。我从中吸收了一点演

电影《飞燕曲》剧照

技。以前没想到我要演电影,没想过揣摩角色。所以后来我在表演滑稽魔术的时候,带有点角色感,内心有一个人物的设定。比如我饰演一位大魔术家,出场是一本正经地演魔术,但有些东西总是穿帮。这就要靠演技了,一下子怎么穿帮了,要表现出来既要面子,又有点尴尬的内心戏,观众看了就会印象深刻了。

我们团里让杂技演员向滑稽演员学习,为什么?要他们放松,一个杂技演员如果能在台上放松、幽默,那你的台风就不一样了,你一旦失手也不紧张害怕了。比如跳板,最上面的尖子演员翻上去以后,万一没站稳失手往后倒了,没保险带就很危险。下面保护的人要非常有经验,如果掉下来接住他,接住以后一转手把他推出去亮个相,这是什么效果?或者抱着的姿势就很潇洒、很大方地推出去一亮相。这种失手给观众的感觉就完全不一样了,观众会觉得这是安全的,心里就不害怕了,整个舞台就是轻快自然的。

我以前也做过保托。跳板上的演员拿把椅子,从跳板弹起来的演员要翻上来坐在椅子上,结果翻远了,拿椅子的人控制不住,本来应该坐在椅子上的演员从后面滑下来了。我一把就把他抱起来,当时我没那么潇洒,抱起来后我就放下他了。如果换成现在,演过电影后我就知道了,抱起来落下,轻轻地推出去亮相,"捧"他一下,舞台效果就完全不同了。

采访人: 您的《滑稽转盘子》扣人心弦,很受观众喜爱,演出当中有什么小插曲吗?

潘连华: 这个转盘子表演是传统节目《快乐的炊事员》里的,我把它单独拿出来改革了一下,变成《滑稽转盘子》。

我准备了8张桌子,一共要转24个盘子,是至今为止转盘子的数量最多的一个节目。盘子一旦转起来,到演出结束,都不能倒下来。如果盘子越转越慢,需要我用一根小棍子再次把它们转动起来,盘子越多,就要"救"得越快,否则前救后倒。助演一次推出来一个桌子,在上面转三个盘子,然后我们两人开始跳舞。跳舞跳了一段时间后,盘子自转越来越慢,会倒下去,就要赶紧去"救","救"起来再跳舞。我跳的时候,助演再推一个桌子出来,就这样一共推出8张桌子。盘子始终处于快要转不动、就要倾倒下来、需要赶快来救一救的紧张状态中。

为了现场效果,我在中间设计了一个动作,我和助演手忙脚乱不小心两个人撞在一起,手里用来加速盘子旋转的棍子飞掉了。然后他把我扶起来我再继续转,发现手里空空,棍没了。我去找,他也找,终于他找到了,说在那里,我去捡了棍子再把盘子"救"起来。两人相撞、撞飞了棍子、分头找棍子、终于找到了棍子、再去救盘子的过程中,观众的忍耐度被一次又一次地挑战,他们都恨不得冲到台上来帮你去找那根棍子,因为他们不能眼看着一只只高速旋转的盘子停下来。这些环节都是设计好的,我跟我助手说:"我飞棍的时候,你得看清楚棍掉在哪里了。否则我接下来表演的是摔倒,是看不见落点的。你一定要看好。"

有一次演出，我棍飞出去了，助手也没看到落点。我们两人真的在台上拼命地找。盘子都快倒下去了，再晚几秒就失手了，失手就很尴尬，都倒掉了还演什么？后来还好我看见台下有个梯子，棍子掉在梯子后面了。等我从梯子下面捡出来，盘子基本上已经倒掉了，从来没有盘子瘫到那么低再把它"救"起来的。我练功的时候也是等盘子瘫到一定程度把它"救"起来。那次找棍子的时间太长了，到最后虽然还是把盘子全"救"起来，但我的手都抽筋了，用力过头了。手就发抖，不是演，是真发抖，观众都笑了，然后站起来鼓掌。

这个节目我连着四年在美国海洋世界演出，因为很火。海洋世界的总裁说，他每天坐在办公室里，听到观众欢呼，知道我一张桌子转完了，又欢呼，两张桌子转完了，一直听到八次欢呼，知道我转了八张桌子，节目就快结束了。那次他都听到孩子们的尖叫了，真的太惊险了。海洋世界的露天舞台可以容纳三四千名观众，看的人很多，小孩、大人都蛮喜欢看的。

还有一次在加拿大演出《转盘子》，推桌子的时候推重了，倒下来砸到我脚背上，脚背砸得骨裂了。桌子是三角铁做的，上面是胶膜板，很沉。我知道那个桌子砸下来肯定很严重，但是演到一半不能停，所以就坚持下来了。我觉得被砸的地方很凉，后来脚上打了石膏，但是一星期不到我又上去演了。

采访人：我们从很多老一辈的艺术家身上看到一种对艺术的追求和热爱。

潘连华：我们这代人在事业上的确是这样。干这个行当就要干好，干得比别人好。一个节目拿出去，我会想观众看不看，水平够不够？我有自信了，我才演给观众看。如果别的马戏团也有这个节目，比我高一招，你叫我出去我还不敢出去演，一定要有突破。

采访人：潘老师对现在的青年演员有什么寄语？

潘连华：要激发他们对事业的热爱。老师们要去带动他们，思想

潘连华表演《滑稽转盘子》,右为潘连华,左为刘京洲

上引导他们,教他们从精神上去感受,让他们热爱这一行。这个是蛮重要的。当然老师要具备文化、素质、品德,要以自己的热情去感染他们,培养下一代去喜欢杂技这个行业。我就是喜欢杂技,我觉得一场演出下来,效果好我就开心了。

(采访:柴亦文　整理:柴亦文)

独辟蹊径,飞向世界

——戴书成口述

戴书成,1935年出生,天津市人。1956年毕业于上海文艺干校,结业于南京亚伟速记学校。上海杂技团国家高级演员、上海杂技艺术家协会和上海中外文化艺术交流协会副秘书长、海南省杂技团副团长、中国杂技艺术家协会理论研究委员会委员、《杂技与魔术》专栏作者、美国国际杂耍协会会员。

出身于杂技世家,1930年大伯戴凤翔与父亲戴凤魁在天津创立灵寄子大魔术团,后来沪演出。戴书成自幼和弟弟书铭、书林、书华随父在上海大世界学艺,1951年起随父亲创建的新声魔术团及戴家班魔技团在上海大世界和先施乐园演出。1959年加盟哈尔滨杂技马戏团。1987年调回上海。戴书成广泛吸收艺术精华,为杂耍中的小品种《飞板》项目创作出"抢飞""七飞""四飞小翻""倒立接板""拐子打花""四面开花""萌娃挥手""定点飞落"等"飞、接、弹、打、落"五种技法。

1986年受中国杂技艺术家协会派遣,应邀赴美出席美国国际杂耍协会第39届年会,宣读论文《手技〈飞板〉的创新探索》并作示范表演,获"著名演员表演奖"和"国际友谊奖"。1988年应邀赴美出席在美国国家太空与航天博物馆举行的"中国飞板"交接仪式,并做飞技表演。同年应美国夏威夷大学邀请讲学。

采访人:戴老师,您出身在大家庭中,您的父亲和大伯都是这个行业的前辈,请您先介绍一下他们。

戴书成:1935年10月我出生在天津,我生长在一个杂技魔术世家,我的父亲和大伯在天津成立了灵寄子大魔术团,他们的演出颇受好评。1930年以后他们来到上海,在大世界演出。1951年父亲自己成立了新声魔术团,在大世界演出,1956年和其他几个杂技魔术团合并成为红色杂技团。这个时候我和二弟戴书铭两个人一起演出"杂耍",1957年父亲又组建了戴家班魔技团。我们从小就跟父亲学艺,所以到了戴家班之后,我的三弟戴书林、四弟戴书华也加入了,兄弟四人就能够联合进行杂技魔术演出。

我父亲主要是以魔术为主,大中小都会,而且他的魔术演出挺受欢迎。当时我们进上海大世界的时候要经过审查,审查的时候他们的头头脑脑来看,看完之后认可了,同意我们成为合同演员,就可以长期在大世界演出了,不用一年一年签合同。

在上海大世界演出期间,有一件事我印象比较深。有一年国防部长彭德怀到上海来视察,请我父亲到东海舰队演出。我们到了东海舰队之后,检查道具的时候发现缺了一件。这就麻烦了,怎么办?跟东海舰队商量,他们说赶快派车回去取,我就乘专车回去取魔术道具,等我带着道具再回到东海舰队时,离演出开始只有三分钟了,一场虚惊总算过去了。当天我父亲演的是他的拿手绝活《换人箱》,他请一名战士上台协助演出,这位战士身手敏捷,但还是没抓住我父亲,当我父亲从布袋里钻出来的时候全场响起了掌声。演完之后,彭德怀亲自上台接见我们。当我握着他的手,心里很热,因为我当年想参军没参上,这回能够亲眼见到他,心里非常高兴。

采访人:在这个大环境下,您是不是也受到不少熏陶? 您还记得小时候练功的情况吗?

戴书成:小的时候我并不想搞杂技魔术,旧社会杂技被贬为下九流,不能登大雅之堂,只是跑马戏撂地(摆地摊卖艺),我也亲眼看到大世界边上江湖艺人撂地,觉得这不是艺术。我愿意学京戏,大京班演完之后别人都在练功,我也上去练,就想成为京剧演员,但是没那个条件,你不拜师认宗也不行。父亲劝我还是搞搞杂技魔术吧。我从小喜欢小飞机,小时候我拿小纸叠成小飞机,扔出去又回来。后来我拿4个吃冰淇淋的小勺绑在一起扔,扔完之后飞不回来,还是父亲给我讲了一些原理和制作方法,慢慢地我学着制作。有一次真的飞起来又回来了,这就提起了我的兴趣,我开始慢慢钻研了。我在大世界、先施公司,以及黑龙江都演过,但是大世界有局限性,剧场小,飞不开。黑龙江给了我一个提升的机会。1959年我二弟书铭加盟哈尔滨杂技马戏团(后来和齐齐哈尔马戏团合并组成了黑龙江省马戏团)。他们有一个马戏大篷,天高任鸟飞,在那个场地中我的《飞板》就发展起来了。因为练习《飞板》对环境要求高,不能在室外练,挂在哪儿就麻烦了,而且风一吹就不回来了,有一点微风都不行,必须在室内练。我上台演出之前的一个节目,空调就要关掉,不然空调的风也会影响表演效果,所以它的演出条件还是比较高的。

采访人:您能详细讲一讲《飞板》的原理和技巧吗?

戴书成:其实《飞板》也是根据空气原理、气流原理、飞行的轨迹进行表演,再加上杂技演员对它的掌握,轻轻一掷,顺势而去,招之即回。

我给它归纳发展并创新成五种接法:飞、接、弹、打、落。"飞"是飞出去可以回来,无论在哪个方面,多少花哨;"接"是飞回来之后能接住,这是最主要的;"弹",我发明了一个小飞机,就像手掌这么大,可以放手中弹出去再回来;"落",就是落在头上,落在脚上。飞、接、弹、打、落都是不一样的技巧。

采访人:飞板古已有之,您在表演时是否也融入自己的创新?

戴书成:飞板是蒙古族的一种工具,蒙古语叫"布鲁"。它有什么作用呢?蒙古族最早是用它来打野兽、打仗的。原来我们中国一位老艺术家演《飞板》,我们看的时候觉得技巧是非常高了,也很受鼓舞,所以在这个基础上一点点发展起来。人家说是我发明的,我说不是我发明的,我只不过是把它发展、提高、创新了,因此这个飞板应该是非物质文化遗产。

采访人:您在创新时有哪些尝试和体会?

戴书成:创作起来非常麻烦,比如"萌娃挥手"。我们到哈尔滨秋林公司玩,看见一个娃娃,我爱人王凤娥说:"这个娃娃挺好的,你这个飞板左右手各接一个,头上接一个,太老套了。你用嘴咬一根小棍子,上面立一个娃娃,把飞板飞到娃娃头上,娃娃再向观众一招手,这样多好,有效果。"所以"萌娃挥手"就是这样创作出来的。

戴书成表演"萌娃挥手"

还有"四面开花",即左右开弓,扔出去四个六翅的飞板,回来之后右手接一个,左手接一个,头上接一个,还有一个没地方接了,怎么办?脚一伸出来,飞板落在脚尖上。这个难度也相当大,在上海杂技团演出有时候也会失手。人一定要站得稳,它回来点要准,正好就落在脚尖上,落下后四个飞板继续旋转。

再比如"四连飞",什么叫连飞? 一二三四扔出去之后,有一个飞回来接住,同时另三个还在空中,这个又扔出去了,再接住一个,三个在空中飞,就这样轮回,叫"四连飞"。这就和"七飞""六飞"不一样,"七飞""六飞"看的是数量,飞出去之后要一个个全部收回来。

采访人:您在创作过程中遇到过什么难题?

戴书成:在创作上,有成功的,也有失败的。比如说"凤凰寻窝",就是定点飞落,飞板扔出去之后飞回来,我用手一招,它自己落在盘上,都不用你去接。但是这个表演难度很大,因为空气、风、观众的气流不

《四面开花》

《飞拐打花》

一样，有时回来就落上，有时回来就落不上。当时我们杂技团团长说，你在娃娃头上的盘里装吸铁石，飞回来不就吸住了？我说不可以，为什么？杂技凭的是真本事，不能来半点虚假，如果你放了吸铁石，别人可以遥控，用高科技，比你搞得还要好。所以我没有采纳，但是这个节目难度太大，后来也就不演了。

后来我看这个节目不行，又搞了一个"花盆旋转打花"。我做了一个花盆，里面有四朵花，我用飞板飞过去，把花盆上的花打掉，之后飞板飞到我手里，这个时候花都开了。但这个节目也没成功，为什么？因为这个花是插在面条上的，打一两朵还行，打四朵就比较难了，要一朵一朵打也行，但是没有技术含量，后来也就不演了。

这里不得不提到我的太太，她也出身于杂技魔术世家，从小耳濡目染，对杂技很感兴趣，对我《飞板》的创作提供了很好的意见。比如说打花，飞板飞出去转一圈回来的时候打花。原来我是把粉条烤硬了作为花枝，但是这样不行，不能硬，也搭不住，一下就软了；我用针绑在飞

戴书成现场展示飞板

板上，能打破，但是一弹把飞板弹掉了；用刀片也不行，把我手都扎破了。后来我太太想了一个招，用挂面做花技，挂面不是硬么？我把花插在头上，飞板过去之后回来一下把面条打断，打断之后马上回来我就接住了，所以我的创作也离不开她的支持。

采访人：飞板形状各异，有六翅，还有四翅，在表演难度上有区别么？

戴书成：不一样，难度是各有千秋。因为十字（四翅）的是从数量来考虑，就是飞出去的数量多一点，我儿子戴珺那时候练功是练到七个。六翅像雪花一样的是从创作、创新和难度来考虑，数量上顶多飞四个，五个就很难了。我也设想过，先摆两个，但是来不及。我画了很多图，动了不少脑筋，因为飞板旋转有一定的时间，等你都扔出去，接完之后它就不转了，不转也不行。后来我找到了一个窍门，我在帽子里面做了很多小坑，它落进去之后就不掉。这个不是为了提高技巧，而是为了要这个造型，旋转时间长，否则上面的停了，下面还没有接到，就没有效果了，得要四个飞板都在转才有效果。怎样才能使旋转的时间更长？我做了一个门子（机关）。我请哈尔滨轴承厂做一个小轴承，把这个小轴承安在六翅的飞板上，你这一转，它落下来旋转的时间比原来增加五到六倍。飞板本身有个旋转力，再加上轴承就更有旋转力了，我要不讲的话同行他也不知道，他说怎么能转这么长时间，谁知道我这个飞板里面有机关？但是我不保守，辽宁旅大杂技团何团长带领全团到黑龙江学习，他说："小戴，知道你飞板不错，给我们看看？"我说看呗，表演之后，他说耳闻不如一见，确实不错。我告诉他这里有轴承，还把飞板送给别人。中国杂技团、齐齐哈尔马戏团、沈阳杂技团、江西杂技团、上海杂技团，还有台湾同行，我都送过飞板。这样也有好处，因为技艺可以发展，因为我也是学习来的，不能保守。我只是创新，当然《一飞三分》《四连飞》《四面开花》《拐子打花》都是我创新的，倾注了我一生的心血，也是一步一步完善的。所以艺术贵在创新，你不创新，老跟在别人后头走不行。

采访人：1986年，您作为当时唯一代表中国的演员参加了国际杂耍协会的年会,您还记得这次旅行吗？

戴书成：20世纪80年代中国杂技在国际各杂技赛场上摘金夺银，为国争光，所以国际上对中国杂技也非常重视。当时我的飞板技艺也引起了各方面的注意，中国杂技家协会给我来了一个消息，美国国际杂耍协会让我们派杂技家出席第39届年会，有三个要求：第一，要一个人去；第二，不带翻译和领队；第三，还要带论文。中国杂技家协会选来选去选中了我，给我创造了一个很好的机会。之后中国杂技家协会给美国去了一个函，说往返的旅费和吃住行要美方承担。美方就提出要看演员的资料，我知道后赶快把资料都发过去了。发完之后我就想这肯定泡汤了，因为它不符合国际惯例，一般都是往返机票由我们国家出，在美国的吃住行由对方负担。谁知道过几天中国杂技家协会给我来了一封信，说美方同意了，飞机票都寄来了，让我一个人带着论文和表演道具到美国出席年会。我心里这块石头才算落地了，但是这回要我一个人去，我既不懂外语，对美国又很陌生，还有一点担心，怎么办呢？只能硬着头皮去。

结果路上还真是出了点小意外。到日本的时候，人家都下飞机了，那我也只能下，我把行李都带下来了。下来之后我就问怎么不上飞机？他们说到美国要转机，你得赶快办手续，然后到30号柜台去排队。我还比较仔细，到了30号柜台我说您看我这个票对不对，他说不对，这是去台湾的，你要到31号柜台去排队。还好问了一下，不问的话我就飞台湾了，到时候美国接不到人，中国也找不到人，就麻烦了。

飞机到美国后也不是一帆风顺。出关的时候海关人员用手势问我，你来干什么，我说参加年会，他问谁来接待，住在哪里，会议在哪开，我说"NO，NO，NO"，都不懂，也不会回答。他也乐了，怎么办呢？我把杂耍的动作一做，再把道具飞板比划一下，他一看就有点明白了，正好这个时候海关过来一个翻译，他给我一翻译，就放行了。出关之后又有问题了，来函当中说我到了旧金山有人来接我，谁接我，姓什么叫什么我都不知道，怎么办？出来一看没人，都走光了。后来远远看到有一个人，拿了三个杂技演员用的捷克棒（捷克杂技团的演出道具），我一看差不多，这是同行，我就过去了。我还没到跟前，翻译过来了，他给我介绍这是国际杂耍协会主席比尔先生亲自来接您，我说好好好，杂技的特殊"语言"把我们连在一起了。

这届年会是在加利福尼亚州的圣荷塞表演艺术中心举行的，我被安排在上半场的最后。作为压轴表演，我表演了飞板的"飞、接、弹、打、落"五种技法，受到了好评。上半场结束，我到台下去拍照片，收集资料，让我意想不到的是，台下不少杂技同行、爱好者和观众一个个扔起了小飞机、小飞镖，用这种方式来表示欢迎。我看到中国杂技艺术影响这么大，心里也很高兴。年会之后开了一个化装舞会，有一个女演员看到我，一直给我鞠躬，后来翻译告诉我，她学习中国的杂技打花棍，看了我的表演非常感兴趣，原来如此。

年会上还举行了"中国杂技专题学术报告会"，这是年会中唯一的报告会。我发表了论文《手技〈飞板〉的创新探索》，这是中国杂技艺术家第一次登上国际论坛。当时我心情很激动，我能登上这个讲台，是我国"杂技外交"的功劳，是我国杂技英豪在世界各个赛场上为国争光的结果，从而引起了世界杂坛对我国杂技的重视。当天大厅里面坐满了各国的杂技家、爱好者，有一千多人。本来是论文发表会，结果变成了记者招待会了。为什么？很多杂技演员和爱好者问我：戴先生，这是你自己做的吗？在你们国家有多少个像你一样的杂技演员，你们家里都是杂技演员吗？什么问题都有，我一一做了回答。就这样，我跟美国、加拿大、法国等国家的杂技演员建立了良好的关系，后来他们经常跟我通信往来，寄一些资料。

回国之后我先到北京汇报工作，中国杂技家协会李甡副主席说要

1986年，戴书成获得第39届美国国际杂耍协会年会颁发的奖状，左图为"国际友谊奖"，右图为"著名演员表演奖"。

请蓝天副主席、夏菊花主席和北京的中国杂技团、北京杂技团、铁路文工团杂技团、铁道兵杂技团四个团派人来听汇报。等到汇报完，夏菊花主席说，小戴你不要回去，给你三天时间，把去美国的情况写一下交给《杂技魔术》杂志发表。我的水平也不高，没有上过正规学校，小学半日班毕业的，但是我好学，好积攒资料，我三天写完了交稿，总算完成了一个任务。

采访人：1987年您又重回上海，您是什么时候离开上海的？

戴书成：1959年我加盟哈尔滨杂技团，在那里一待就是27年，我的青春都献给了黑龙江。当时广州杂技团和中国杂技团都欢迎我和我儿子戴珺，但是我爱人说你哪儿也不要去，就回上海。我给上海杂技团王峰团长写信，他回信说欢迎我们回去，让我们演出给团里看一下，然后再请文化局、劳动局、人事局看，最后同意我们调回来。起初黑龙江省文化厅不放我，也是几经周折，我舍弃了一级演员的职称，到上海来评了二级演员，但回上海也是叶落归根了。我为上海也做了不少贡献,在国际上参加年会、讲学,还在报纸杂志上发表了不少文章和照片,给马戏学校写了教学大纲,还帮着撰写了上海文化志的杂技卷,出了不少力。

采访人:1988年您又带着飞板远赴重洋,这次是什么样的任务?

戴书成:当时中国驻美国大使馆给我寄来一封信,信上说美国国家太空与航天博物馆知道我在美国国际杂耍协会年会上发表论文及演出,他们对《飞板》非常感兴趣,准备购买一枚飞板用于太空博物馆收藏、展览、研究。我马上回了一封信,告诉他们中国杂技道具是艺术品,不是卖品,如果作为文化交流,我可以通过文化部送一枚给他们。博物馆知道之后非常高兴,交接仪式在美国国家太空与航天博物馆举行,我也让他们了解中国人对艺术品的态度。

当时我马上跟文化部杂技处许淑娥处长联系了,许处长建议我送一个不会飞的飞板给美国人,但我想万一美方让我现场表演怎么办,后

1988年,中国飞板交接仪式在美国国家太空与航天博物馆举行。左起:戴书成、中国驻美大使馆三秘戴星、美国国家太空与航天博物馆馆长哈韦托

来亏得我带去的是会飞的。到了太空博物馆，中国驻美国大使馆戴星先生和马克·威尔逊先生陪同参加交接仪式，他们的馆长、宇航家以及有关人员都在现场，交接仪式完了之后请我现场表演，就拿我送给他们的飞板来表演，如果送了假的不就穿帮了。表演完之后，他们非常高兴，虽然在场的都是宇航家，但是他们对这个飞板很感兴趣，拿过来一看，什么都没有，轻轻一掷，招手即回，觉得很神奇。这也是我国杂技艺术品第一次在国际展出。

当年还去了一次夏威夷大学，我们在美国搞了一个夏威夷中国文化节，我即兴表演了《飞板》。夏威夷大学的学生看了我的表演，准备采访我，让我讲学并且录了像，还把内容编成了讲义。讲学完了之后，一位姜教授说戴先生，知道你不但会杂技，还会魔术，给我们现场表演一个怎么样？我说，这次来主要是表演《飞板》、滑稽《快乐的炊事员》，没带魔术道具，他说你想想办法。我毕竟有点底子，临时想出一招——《气功搬运》。我找教授要了一枚美国的硬币，把一条手绢盖在硬币上，让他捏着，我表演气功搬运，一下把它搬走了。他们哪信啊，我说你打开看看，他们打开一看确实是没了，变成中国的硬币了。他说原来那个硬币哪去了？我说就在你的口袋里，他从口袋里拿出来了，是他那枚硬币。我说这枚中国硬币作为中美友好的纪念品送给你，他很高兴。这也是一段趣闻，这是中国杂技艺术家第一次在美国大学进行讲学。

采访人：作为一个杂技多面手，除了《飞板》，您还有哪些擅长的项目？

戴书成：我和我爱人演过对走钢丝，就是两人在钢丝上面对面走，两人"摆道"而过。我们练钢丝有一个特点，练钢丝的人练硬不练软，硬钢丝练好了后再上软的钢丝要打摆子，练软钢丝的上了硬钢丝也要打摆子，它俩是矛盾的。我和我爱人就是既练硬又练软，我们花了6年的工夫练这一套，现在来讲，水平还可以拿得出去的。为什么？走硬钢丝是我们俩演对手，表演走软钢丝的时候她在上面骑单轮，我在上面顶东西扔圈，最后到钢丝上两人对传花棒。过去我和四个兄弟演过对手杂耍，现在我和我爱人就把这个节目搬到钢丝上去了，这就提高了一步，不是在地面上，而是在钢丝上了。所以最后在硬钢丝上走，练出来了。但是后来我们还是放弃了这个节目，因为当时很多舞台是不允许在地板上打坠子挂钢丝的，也不能在舞台上打洞，有些剧场的台板不能动。马戏团巡回演出时装台很不方便，安装这两个东西要一天时间，要把钢丝绷起来，安装硬钢丝要有一个反正扣，越固越紧，把钢丝绷直了，所以我们最终放弃了这个节目。

后来我就练了《快乐的炊事员》。它是从手技演变过来的，最早比较出名的是中国杂技团的演员陈腊本，他是一个人演《快乐的炊事员》。我想我跟我弟弟两人演对手，把难度又提高了。我们准备了一把刀、一个叉子、一个瓶子、一个土豆、一个苹果、一个枣，这六样东西都不一样，两人对传完了之后，拿勺把苹果接住，拿刀把土豆扎住，用嘴把枣咬住，用两腿把瓶子夹住。这个表演难度比较高，而且搞不好手被会扎伤，虽然刀不开口，但是我们的刀是特制的四个尖，要扎土豆，别人不会用这四个尖的，所以风险比较大，后来也不演了。

采访人：您和太太都是出身杂技世家，您儿子戴珺也很好地传承了杂技，并且成为《时空之旅》的主要演员。在他练杂技这件事上您当时是怎么考虑的？

戴书成：开始的时候我跟戴珺讲，咱们老戴家几代人都搞杂技魔术，没有一个大学生，准备培养你当大学生，怎么样？当时毕业之后国家统一分配，分配到新疆、西藏你就得去，让他自己选，愿意练杂技还是上大学，他说练杂技。

他为了练杂技，从来不玩，功课在学校里做完之后回家练功。但是他没有在黑龙江杂技团练过一天功，反而我们在黑龙江农学院借了两年剧场练功，夏天热、冬天冷，这么大的农学院里面没有暖气，多冷

戴书成夫人王凤娥表演的《晃板板巧》

啊,就这样苦练了两年,终于练出来了。

《时空之旅》在组织B组的时候,上海杂技团的领导说大江南北长城内外找不到戴珺的《晃板踢碗》的B组。他一年365天只能在小年夜休息一天,平常休息不了,39℃高温照样得演,没有B组换他。这个节目的确难度比较大,踢碗本来就难,而且在晃板上,不是单层板,是三层板,一只脚要踢碗,只靠另一只脚站在晃板上保持平衡,需要多大的力量

戴书成儿子戴珺训练《晃板顶碗》

戴珺表演的《晃板踢碗》

啊。好在他从小就在晃板上长大的,所以基本功很扎实。到现在《时空之旅》演了十几年了,别的能换,就他的节目换不了。

采访人: 戴老师,您一辈子从事杂技表演艺术,您对新一代的杂技演员有什么寄语?

戴书成: 现在的杂技技巧比过去多,创新也多,演员更新换代也快,他们练功比我们聪明,进步比我们快,这也是历史发展的必然。希望他们再多用点心,作为一个杂技演员,也不能光盯在杂技上,要全方位吸取各种艺术的精华,开阔眼光。现在的理念和过去都不一样了,杂技艺术要靠年轻一代来实现华丽转型。

(采访:柴亦文　整理:柴亦文)

后记：留下一扇记忆的窗户

出版社跟我商量能不能写个后记，我发呆了许久，十多年来的一幕幕如同电影画面般闪过，个中的酸甜苦辣咸五味杂陈。有太多想表达的时候，反而不知从何说起了。

2005年年底，电台资深音乐编辑毕志光来找朱践耳（1922—2017）的音乐资料。朱践耳是我国著名作曲家，也是新中国第一代留苏学习作曲的留学生，他作曲的《唱支山歌给党听》传唱了几代人。当时我负责广播节目的数字化转存工作，看到过很多民国时期的老音乐家的作品，由于他们的资料很少，普通人对他们很陌生。当时我脑子里突然闪过一个念头，为什么不把目前还健在的老艺术家用镜头记录下来，给后人留下一份鲜活的资料呢？顺便也可以把他们手中保留的作品做数字化保存。我把想法跟时任馆领导的郭克榕、刘敬东做了汇报沟通，他们很支持。我们跟朱践耳先生一说，他也很高兴，一口答应了。最后，我们用了3—4个月的时间，把对朱践耳的口述历史采访和作品数字化全部完成了。为此我们还搞了一个小型的研讨会暨成果发布会。当时朱践耳先生推荐上海音乐学院著名音乐史家戴鹏海教授（1929—2017）在会上发言，但是他自己又不便出面去邀请。我没多想，从朱践耳家告别后直接奔到复兴路上海音乐学院宿舍去找戴鹏海教授了。老人住在一个平房里，阴暗潮湿，屋子里全是书。当我说明来意，老先生一口回绝。看情形似在气头上，果不其然，因为房子问题，他窝了一肚子火。事后得知，老先生在音乐界素以秉性刚直著称。那一下午足足谈了三个小时，终于把他说动了，我感觉自己的舌头都磨秃了一截。此后，我们成了朋友，而且第一批上海音乐家口述历史的名单也是他给开的，权威性毋庸置疑。可惜，由于家人在美国，老人赴美与家人团聚，最后终老他乡，好在他做了口述采访，他的故事留下了。

之后，我们又为闻讯而来的著名二胡演奏家闵惠芬女士（1945—2014）也做了口述和作品数字化保存工作。通过尝试为两位音乐家做口述积累的经验，我觉得可以推而广之，为更多的老艺术家做口述服务。但是，如果大面积推行，经费是个问题，我们毕竟是台里的职能部门，不是生产单位，没有专项资金可以提供支持。

2006年10月的一天晚上，我在《新民晚报》的文化版看到上海文化发展基金会刊登的资助项目启事，真是上天开眼。我对照着基金会的相关条款，觉得我们的项目可以达到资助要求。那么，以什么剧种作为开局呢？2007年正好是越剧进上海百年的大日子，以此为契机，连同戴鹏海教授开的音乐家名单，我们以《老艺术家口述历史》（越剧、音乐部分）的名义向上海文化发展基金会做了申报，没想到第一次申报就获得了通过，解了我们的燃眉之急和后顾之忧。从此，老艺术家口述历史系列项目扬帆起航了，历年来开展的项目如下：

2006年，音乐家、越剧艺术家口述历史；

2008年，老广播人口述历史；

2009年，老电视人口述历史；

2011年，音乐家、京昆艺术家口述历史；

2012年，话剧艺术家口述历史，上海科教片厂艺术家口述历史；

2013年，淮剧艺术家口述历史；

2016年，杂技艺术家口述历史；

2017年，木偶戏艺术家口述历史；

2018年，老广播人口述历史（二期），音乐家、舞蹈家口述历史（二期），沪剧艺术家口述历史，滑稽戏艺术家口述历史；

2019年，老电视人口述历史（二期），上影厂艺术家口述历史（一期）。

还有1 000余位非艺术类人士的口述采访，这里按下不表。

不知不觉间，我们已经采访了近400位老艺术家。

我们早期采访的老人，有些已经不在了。这些老人经历了岁月的风雨，在他们风华正茂的时代，以那一代人特有的吃苦耐劳、特有的聪明才智，创立了属于他们特有的辉煌。他们身上有着许多鲜为人知的故事，他们的奋斗经历对后来者，对这座城市都有着非常重要的意义。

在如今这个浮躁的年代，还是需要有人沉下心去认真做一些利在未来的事情的。这些老人的感悟和经历是时代所赋予的，在与这些老人的交谈过程中所触摸到的，则是来自于他们那个时代和当年的这座城市所独有的印记。历史需要后来者去梳理，有温度的历史真相有时并不存在于书本里，而是在人的记忆里，而人的寿命是有限的，当人逝去了，某些历史片段与细节也就消失了。历史记忆是亲历者、当事人对历史事件的回溯，口述历史在保存历史记忆方面具有其他形式文献资料无可替代的价值。

当然，口述者提供的信息也会存在误差或失真。客观而言，人的记忆会因时间久远而发生误记。原因一般可分为两类：一类是无意为之，是受个人经历、情感等影响，或因时代变迁导致后来的认识覆盖了先前的认识，从而导致口述者提供的信息失真，作为当事人不一定对此有清醒的意识；另一类则是有意为之，为了"趋利避害"，在口述中着意修饰提升个人的形象，遮蔽了个人不光彩的一面。上述因素提醒我们在采访、整理、汇编口述素材时要细加辨别、谨慎对待，在定论时要多方考证确定。

人的一生，做成一件事不难，但是要把一件事做成一个事业则不容易。我们希望能将老艺术家口述历史项目打造成上海城市的文化名片,为后人留下一个鲜活的、留存着上海文化事业发展脉络的记忆库,使上海的文化历史得以延续和保存。

我不是历史学家,只能算是一个历史爱好者,机缘巧合地做了一些记录历史的活儿,既然做了,也总想把事情做好,给自己一个交代,就像阿Q先生一样给自己画一个圆圆的圆。但是,我知道人生总有遗憾,我已过了知天命之年,即将迈入六十耳顺,后续还想将其他几个剧种的老艺术家口述资料也结集出版,但是能不能实现,要看天意了。

好了,拉拉杂杂说了这些,既是坦露心迹,也是立此存照,没准若干年后让我口述这段历史时,也好有个依据。

在此郑重鸣谢李尚智先生、郭克榕女士、刘敬东先生,你们三位是上海音像资料馆口述历史工作最早的推动者;

感谢历任馆领导对口述工作的支持,感谢你们容忍我的"不务正业";

感谢各分册的主编们,你们在日常工作之余审订几十万字的口述采访文稿,个中甘苦我深有体会;

感谢因为种种原因离开的参与者,成果中也有着你们的付出;

感谢上大社·锦珂优秀图书出版基金对这套丛书的出版提供的资助;

最后,要特别感谢上海文化发展基金会,没有你们的扶持,我们走不了这么远。

SMG上海音像资料馆口述历史工作室

李丹青

2020年5月20日